한국산업인력공단

일반직 5급(일반행정) 모의고사

[제 1 회]

KB086772

영 역	NCS직업기초능력, 한국사, 영어
문 항 수 / 시 간	100문항 / 100분
비 고	객관식 5지선다형

SEOWONGAK
(주)서원각

>> 직업기초능력(60문항)

｜1~2｜ 다음은 SWOT분석에 대한 설명이다. 설명을 읽고 문제에 제시된 SWOT분석을 통해 도출한 전략으로 옳은 것을 고르시오.

SWOT이란, 강점(Strength), 약점(Weakness), 기회(Opportunity), 위협(Threat)의 머리글자를 모아 만든 단어로 경영 전략을 수립하기 위한 도구이다. SWOT분석을 통해 도출된 조직의 외부/내부 환경을 분석 결과를 통해 각각에 대응하는 전략을 도출하게 된다.

SO 전략이란 기회를 활용하면서 강점을 더욱 강화하는 공격적인 전략이고, WO 전략이란 외부환경의 기회를 활용하면서 자신의 약점을 보완하는 전략으로 이를 통해 기업이 처한 국면의 전환을 가능하게 할 수 있다. ST 전략은 외부환경의 위험요소를 회피하면서 강점을 활용하는 전략이며, WT 전략이란 외부환경의 위협요인을 회피하고 자사의 약점을 보완하는 전략으로 방어적 성격을 갖는다.

내부 외부	강점(Strength)	약점(Weakness)
기회 (Opportunity)	SO 전략 (강점-기회 전략)	WO 전략 (약점-기회 전략)
위협 (Threat)	ST 전략 (강점-위협 전략)	WT 전략 (약점-위협 전략)

1. 다음은 국내 화장품 산업의 SWOT분석이다. 주어진 전략 중 가장 적절한 것은?

강점 (Strength)	• 참신한 제품 개발 능력과 상위의 생산시설 보유 • 한류 콘텐츠와 연계된 성공적인 마케팅 • 상대적으로 저렴한 가격 경쟁력
약점 (Weakness)	• 아시아 외 시장에서의 존재감 미약 • 대기업 및 일부 브랜드 편중 심화 • 색조 분야 경쟁력이 상대적으로 부족
기회 (Opportunity)	• 중국 · 동남아 시장 성장 가능성 • 중국 화장품 관세 인하 • 유럽에서의 한방 원료 등을 이용한 'Korean Therapy' 관심 증가
위협 (Threat)	• 글로벌 업체들의 중국 진출(경쟁 심화) • 중국 로컬 업체들의 추격 • 중국 정부의 규제 강화 가능성

내부 외부	강점(Strength)	약점(Weakness)
기회 (Opportunity)	① 색조 화장품의 개발로 중국 · 동남아 시장 진출	② 다양한 한방 화장품 개발로 유럽 시장에 존재감 부각
위협 (Threat)	③ 저렴한 가격과 높은 품질을 강조하여 유럽 시장에 공격적인 마케팅 ⑤ 저렴한 가격 경쟁력을 바탕으로 동남아 시장 진출	④ 한류 콘텐츠와 연계한 마케팅으로 중국 로컬 업체들과 경쟁

2. 다음은 국내 SW 산업의 SWOT분석이다. 주어진 전략 중 가장 적절한 것은?

강점 (Strength)	• 다양한 부문의 시스템 구축 경험 및 도메인 지식 확보 • 시장의 신기술 거부감이 상대적으로 낮아 선점 기회 높음
약점 (Weakness)	• SW기업의 글로벌 시장에 대한 경쟁력 및 경험 부족 • SW산업을 3D 업종으로 인식해 신규 우수인재 기피
기회 (Opportunity)	• 정부의 SW산업 성장동력화 추진 의지 • 제조 분야의 고품질화, 지능화 욕구로 성장 잠재력 기회
위협 (Threat)	• 중국 등 후발경쟁국과 급격히 줄어든 기술격차 • 고급 SW인력의 이직 등에 의한 이탈 심화

내부 외부	강점(Strength)	약점(Weakness)
기회 (Opportunity)	① 한발 빠른 신기술 개발로 후발경쟁국과의 기술격차를 넓힘	② SW기반 서비스 시장 창출 ③ 시스템 구축 경험을 바탕으로 글로벌 시장 진출
위협 (Threat)	④ 국가별 · 지역별 전략적 해외진출 강화	⑤ 작업환경변화 등 우수 인력 유입 촉진을 위한 기반을 조성하여 이직 등에 의한 이탈에 대비

〈결제규정〉

- 결재를 받으려면 업무에 대해서는 최고결재권자(대표이사)를 포함한 이하 직책자의 결재를 받아야 한다.
- '전결'이라 함은 회사의 경영활동이나 관리활동을 수행함에 있어 의사결정이나 판단을 요하는 일에 대하여 최고결재권자의 결재를 생략하고, 자신의 책임 하에 최종적으로 의사결정이나 판단을 하는 행위를 말한다.
- 전결사항에 대해서도 위임 받은 자를 포함한 이하 직책자의 결재를 받아야 한다.
- 표시내용 : 결재를 올리는 자는 최고결재권자로부터 전결사항을 위임 받은 자가 있는 경우 결재란에 전결이라고 표시하고 최종 결재권자에 위임 받은 자를 표시한다. 다만, 결재가 불필요한 직책자의 결재란은 상향대각선으로 표시한다.
- 최고결재권자의 결재사항 및 최고결재권자로부터 위임된 전결사항은 다음의 표에 따른다.

구분	내용	금액 기준	결재서류	팀장	본부장	대표이사
접대비	거래처 식대, 경조사비 등	20만 원 이하	접대비지출품의서 지출결의서	●■		
		30만 원 이하			●■	
		30만 원 초과				●■
교통비	국내 출장비	30만 원 이하	출장계획서 출장비 신청서	●■		
		50만 원 이하		●	■	
		50만 원 초과		●		■
	해외 출장비			●		■
소모품비	사무용품		지출결의서	■		
	문서, 전산소모품					■
	기타 소모품	20만 원 이하		■		
		30만 원 이하			■	
		30만 원 초과				■
교육 훈련비	사내외 교육		기안서 지출결의서	●		■

법인 카드	법인카드 사용	50만 원 이하	법인카드 신청서	■		
		100만 원 이하			■	
		100만 원 초과				■

- ● : 기안서, 출장계획서, 접대비지출품의서
- ■ : 지출결의서, 세금계산서, 발행요청서, 각종 신청서

3. 영업부 사원 I씨는 거래업체 직원들과 저녁 식사를 위해 270,000원을 지불하였다. I씨가 작성해야 하는 결재 방식으로 옳은 것은?

①

접대비지출품의서			
결재	담당	팀장	본부장	최종 결재
	I	/	/	전결

②

접대비지출품의서			
결재	담당	팀장	본부장	최종 결재
	I	전결		본부장

③

지출결의서			
결재	담당	팀장	본부장	최종 결재
	I	전결	/	본부장

④

접대비지출품의서			
결재	담당	팀장	본부장	최종 결재
	I	/	전결	본부장

⑤

지출결의서			
결재	담당	팀장	본부장	최종 결재
	I	전결	/	팀장

4. 편집부 직원 R씨는 해외 시장 모색을 위해 영국행 비행기 티켓 500,000원과 호주행 비행기 티켓 500,000원을 지불하였다. R씨가 작성해야 할 결재 방식으로 옳은 것은?

①

출장계획서			
결	담당	팀장	본부장	최종 결재
재	R		╱	전결

②

출장계획서			
결	담당	팀장	본부장	최종 결재
재	R		전결	본부장

③

출장비신청서			
결	담당	팀장	본부장	최종 결재
재	R	전결	╱	본부장

④

출장비신청서			
결	담당	팀장	본부장	최종 결재
재	R	╱	╱	대표이사

⑤

지출결의서			
결	담당	팀장	본부장	최종 결재
재	I	전결	╱	팀장

5. 다음 중 아래의 조직도를 올바르게 이해한 것은?

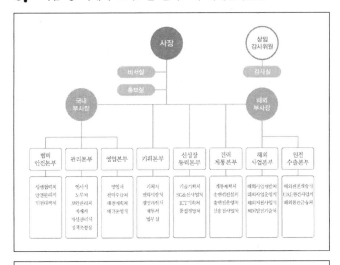

⊙ 사장직속으로는 3개 본부, 13개 처, 2개 실로 구성되어 있다.
ⓛ 국내·해외부사장은 각 3개의 본부를 이끌고 있다.
ⓒ 감사실은 다른 부서들과는 별도로 상임 감사위원 산하에 따로 소속되어 있다.
ⓔ 노무처와 재무처는 서로 업무협동이 있어야 하므로 같은 본부에 소속되어 있다.

① ⊙
② ⓒ
③ ⓛⓒ
④ ⓒⓔ
⑤ ⓛⓒⓔ

6. 다음은 어느 공문서의 내용이다. 잘못된 부분을 수정하려고 할 때 옳지 않은 것은?

대한기술평가원
수신자 : 대한기업, 민국기업, 만세기업, 사랑기업, 서준기업 등 (경유)
제목 : 2015년 하반기 기술신용보증 및 기술평가 설명회 안내

〈중략〉
-아래-

1. 일시 : 2015년 8월 6일 목요일 ~ 8월 9일 일요일
2. 장소 : 대한기술평가원 대강당(서울 강남구 삼성동 소재)
3. 접수방법 : 대한기술평가원 홈페이지(fdjlkkl@dh.co.kr)에서 신청서 작성 후 방문 및 온라인 접수
붙임 : 2015년 하반기 기술신용보증 및 기술평가 설명회 신청서 1부

대한기술평가원장

과장 홍길동   부장 임꺽정   대결 홍경래
협조자
시행 : 기술신용보증평가부-150229(2015.06.13)
접수 : 서울 강남구 삼성동 113 대한기술평가원 기술신용보증평가부
/http : //www.dh.co.kr
전화 : 02-2959-2225
팩스 : 02-7022-1262/fdjlkkl@dh.co.kr/공개

① 시행 항목의 시행일자 뒤에 수신기관의 문서보존기간을 삽입해야 한다.
② 붙임 항목 맨 뒤에 "."을 찍고 1자 띄우고 '끝.'을 기입해야 한다.
③ 일시의 연월일을 온점(.)으로 고쳐야 한다.
④ 수신자 목록을 발신명의 아래에 수신처 참조 목록으로 내려 기입해야 한다.
⑤ 일시에 요일을 표기할 때에는 목요일, 일요일이 아닌 (목), (일)로 표기해야 한다.

7. 다음 글은 사회보장제도와 국민연금에 관한 내용이다. 다음 글을 읽고 정리한 〈보기〉의 내용 중 빈칸 ㈎, ㈏에 들어갈 적절한 말이 순서대로 나열된 것은 어느 것인가?

산업화 이전의 사회에서도 인간은 질병·노령·장애·빈곤 등과 같은 문제를 겪어 왔습니다. 그러나 이 시기의 위험은 사회구조적인 차원의 문제라기보다는 개인적인 문제로 여겨졌습니다. 이에 따라 문제의 해결 역시 사회구조적인 대안보다는 개인이나 가족의 책임 아래에서 이루어졌습니다.

그러나 산업사회로 넘어오면서 환경오염, 산업재해, 실직 등과 같이 개인의 힘만으로는 해결하기 어려운 각종 사회적 위험이 부각되었고, 부양 공동체 역할을 수행해오던 대가족 제도가 해체됨에 따라, 개인 차원에서 다루어지던 다양한 문제들이 국가 개입 필요성이 요구되는 사회적 문제로 대두되기 시작했습니다.

이러한 다양한 사회적 위험으로부터 모든 국민을 보호하여 빈곤을 해소하고 국민생활의 질을 향상시키기 위해 국가는 제도적 장치를 마련하였는데, 이것이 바로 사회보장제도입니다. 우리나라에서 시행되고 있는 대표적인 사회보장제도는 국민연금, 건강보험, 산재보험, 고용보험, 노인장기요양보험 등과 같은 사회보험제도, 기초생활보장과 의료보장을 주목적으로 하는 공공부조제도인 국민기초생활보장제도, 그리고 노인·부녀자·아동·장애인 등을 대상으로 제공되는 다양한 사회복지서비스 등이 있습니다. 우리나라의 사회보장제도는 1970년대까지만 해도 구호사업과 구빈정책 위주였으나, 1970년대 후반에 도입된 의료보험과 1988년 실시된 국민연금제도를 통해 그 외연을 확장할 수 있었습니다.

이처럼 다양한 사회보장제도 중에서 국민연금은 보험원리에 따라 운영되는 대표적인 사회보험제도라고 할 수 있습니다. 즉, 가입자, 사용자로부터 일정액의 보험료를 받고, 이를 재원으로 사회적 위험에 노출되어 소득이 중단되거나 상실될 가능성이 있는 사람들에게 다양한 급여를 제공하는 제도입니다. 국민연금제도를 통해 제공되는 급여에는 노령으로 인한 근로소득 상실을 보전하기 위한 노령연금, 주소득자의 사망에 따른 소득상실을 보전하기 위한 유족연금, 질병 또는 사고로 인한 장기 근로능력 상실에 따른 소득상실을 보전하기 위한 장애연금 등이 있으며, 이러한 급여를 지급함으로써 국민의 생활안정과 복지증진을 도모하고자 합니다.

〈보기〉

사회보장 (광의)	사회보장 (협의)	사회보험	건강보험, (가), 고용보험, 노인장기요양보험
			공적연금 : 노령연금, 유족연금, (나)
		공공부조 : 생활보장, 의료보장, 재해보장	
		사회복지서비스(노인·부녀자·아동·장애인복지 등)	
	관련 제도	주택 및 생활환경, 지역사회개발, 공중보건 및 의료	
		영양, 교육, 인구 및 고용대책	

① 연금급여, 사회보험 　② 산재보험, 장애연금

③ 사회보험, 연금급여 　④ 사회보험, 장애연금

⑤ 장애연금, 산재보험

8. 다음 청첩장의 용어를 한자로 바르게 표시하지 못한 것은?

알림

　그동안 저희를 아낌없이 돌봐주신 여러 어른들과 지금까지 옆을 든든히 지켜준 많은 벗들이 모인 자리에서 저희 두 사람이 작지만 아름다운 <u>결혼식</u>을 올리고자 합니다. 부디 바쁘신 가운데 잠시나마 <u>참석</u>하시어 자리를 빛내주시고 새로운 출발을 하는 저희들이 오랫동안 <u>행복</u>하게 지낼 수 있도록 <u>기원</u>해 주시기 바랍니다.

고○○·허○○ 의 장남 희동
박○○·장○○ 의 차녀 선영

다음

1. 일시 : 2015년 10월15일 낮 12시 30분
2. 장소 : 경기도 파주시 ○○구 ○○동 좋아웨딩홀 2층 사파이어홀
3. 연락처 : 031-655-××××

첨부 : 좋아웨딩홀 장소 <u>약도</u> 1부

① 결혼식 – 結婚式　　② 참석 – 參席

③ 행복 – 幸福　　④ 기원 – 起源

⑤ 약도 – 略圖

9. 다음은 정보공개 청구권자에 대한 자료이다. 이 자료에서 잘못 쓰여 진 글자는 모두 몇 개인가?

정보공개 청구권자

○ 모든 국민
- 미성년자, 재외국민, 수형인 등 포함
- 미성년자에 의한 공개청구에 대하여 법률상 별도의 규정이 없으나, 일반적으로 미성년자는 사법상의 무능력자로서 단독으로는 완전한 법률행위가 불가능하다. 그러나 무능력자의 범위는 대체로 재산보호를 위해 설정된 것이며, 정보공개와 같은 성질의 행위는 다음과 같은 경우에는 가능하다고 본다.
  - 중학생 이하 : 비용부담능력이 없기 때문에 단독으로 청구하는 것은 인정하지 않으며, 친권자 등 법정대시인에 의한 청구가 가능
  - 고등학생 이상 : 공개제도의 취지, 내용 등에 대하여 충분히 이해가 가능하고 비용부담능력이 있다고 판단되므로 단독청구 가능
○ 법인
- 사법상의 사단법인·재란법인, 공법상의 법인(자치단체 포함), 정부투기기관, 정부출연기관 등
- 법인격 없는 단체나 기관 포함
○ 외국인
- 국내에 일정한 주소를 두고 거주하는 자
- 학술·연구를 위하여 일시적으로 체유하는 자
- 국내에 사무소를 두고 있는 법인 또는 단체
※ 제외대상 : 외국거주자(개인, 법인), 국내 불법체류 외국인 등

---

① 1개　　　　　② 2개

③ 3개　　　　　④ 4개

⑤ 5개

---

10. 다음은 '전교생을 대상으로 무료급식을 시행해야 하는가?'라는 주제로 철수와 영수가 토론을 하고 있다. 보기 중 옳지 않은 것은?

철수 : 무료급식은 급식비를 낼 형편이 없는 학생들을 위해서 마련되어야 하는데 지금 대부분의 학교에서는 이 아이들뿐만 아니라 형편이 넉넉한 아이들까지도 모두 대상으로 삼고 있으니 이는 문제가 있다고 봐.

영수 : 하지만 누구는 무료로 급식을 먹고 누구는 돈을 내고 급식을 먹는다면 이는 형평성에 어긋난다고 생각해. 그래서 난 이왕 무료급식을 할 거라면 전교생에게 동등하게 그 혜택이 돌아가야 한다고 봐.

철수 : 음… 돈이 없는 사람은 무료로 급식을 먹고 돈이 있는 사람은 돈을 내고 급식을 먹는 것이 과연 형평성에 어긋난다고 할 수 있을까? 형평성이란 국어사전을 찾아보면 형평을 이루는 성질을 말하잖아. 여기서 형평이란 균형이 맞음. 또는 그런 상태를 말하는 것이고. 그러니까 형평이란 다시 말하면…

영수 : 아, 그래 네가 무슨 말을 하려고 하는지 알겠어. 그런데 나는 어차피 무료급식을 할 거라면 전교생이 다 같이 무료급식을 했으면 좋겠다는 거야. 그래야 서로 불화도 생기지 않으니까. 그리고 누구는 무료로 먹고 누구는 돈을 내고 먹을 거라면 난 차라리 무료급식을 안 하는 것이 낫다고 생각해.

철수 : 그래, 네 말처럼 누구는 무료로 먹고 누구는 돈을 내고 먹는다면 서로 불화가 생길 수도 있겠지. 하지만 그런 걱정 때문에 무료급식을 하지 않는다고 하면, 급식비를 낼 형편이 없는 학생들이 굶는 것에 대한 책임은 네가 질거니?

---

① 위 토론에서 철수는 주제에서 벗어난 말을 하고 있다.

② 영수는 상대방의 말을 자르고 자기주장만을 말하고 있다.

③ 영수는 자신의 주장이 뚜렷하지 않다.

④ 위 토론의 주제는 애매모호하므로 주제를 수정해야 한다.

⑤ 철수는 영수의 의견에 일부 동의하고 있다.

11. 다음에 주어진 자료를 활용하여 '능률적인 업무 처리 방법 모색'에 대한 기획안을 구상하였다. 적절하지 않은 것은?

(가) 한 나무꾼이 땔감을 구하기 위해 열심히 나무를 베고 있었는데 갈수록 힘만 들고 나무는 잘 베어지지 않았다. 도끼날이 무뎌진 것을 알아채지 못한 것이다. 나무꾼은 지칠 때까지 힘들게 나무를 베다가 결국 바닥에 드러눕고 말았다.

(나) 펜을 떼지 말고 한 번에 점선을 모두 이으시오. (단, 이미 지난 선은 다시 지날 수 없다.)

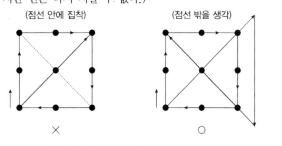

(점선 안에 집착) ×

(점선 밖을 생각) ○

(가)		(나)
날이 무딘 도끼로 나무를 베는 것은 비능률적인 일이다.	자료해석	점선 안에만 집착하면 문제를 해결하지 못한다.
↓①	↓	↓②
근본적인 원인을 찾아야 문제를 해결할 수 있다.	의미추출	고정된 사고의 틀을 벗어나는 창의적 발상이 필요하다.
끈기 있게 노력하지 않고 좋은 결과를 바라는 업무 태도를 개선하는 데 적용한다. ③	적용 대상 모색	고정 관념에 빠져 새로운 문제 해결 방안을 모색하지 못하는 업무 태도를 개선하는 데 적용한다. ④

↓

주제 발견 : 문제의 진단과 해결 방안의 모색 ⑤

12. 다음은 시공업체 선정 공고문의 일부이다. 이를 통해 알 수 있는 경쟁 매매 방식에 대한 적절한 설명을 모두 고른 것은?

시공업체 공고문

공고 제2016-5호
○○기업의 사원연수원 설치에 참여할 시공업체를 다음과 같이 선정하고자 합니다.
1. 사업명 : ○○기업의 사원연수원 설치 시공업체 선정
2. 참가조건 : △△ 지역 건설업체로 최근 2년 이내에 기업 연수원 설치 참여 기업
3. 사업개요 : ○○기업 홈페이지 공지사항 참고
4. 기타 : 유찰 시에는 시공업체 선정을 재공고 할 수 있음

ⓣ 입찰 참가자는 주로 서면으로 신청한다.
ⓛ 최저 가격을 제시한 신청자가 선정된다.
ⓒ 신속하게 처리하기 위한 경매에 해당한다.
ⓔ 판매자와 구매자 간 동시 경쟁으로 가격이 결정된다.

① ㉠㉡ ② ㉠㉢
③ ㉡㉢ ④ ㉢㉣
⑤ ㉠㉢㉣

13. 다음은 (주)○○의 자금 조달에 관한 대화이다. 이 대화에서 재무 팀장의 제시안을 시행할 경우 나타날 상황으로 적절한 것을 모두 고른 것은?

사장 : 독자적인 신기술 개발로 인한 지식 재산권 취득으로 생산 시설 확충 자금이 필요합니다.
사원 : 주식이나 채권발행이 좋을 것 같습니다.
재무팀장 : 지식 재산권 취득으로 본사에 대한 인지도가 높아졌기 때문에 보통주 발행이 유리합니다.

㉠ 자기 자본이 증가하게 된다.
㉡ 이자 부담이 증가하게 된다.
㉢ 투자자에게 경영 참가권을 주어야 한다.
㉣ 투자자에게 원금 상환 의무를 지게 된다.

① ㉠㉡ ② ㉠㉢
③ ㉡㉢ ④ ㉢㉣
⑤ ㉡㉢㉣

최근 국제 시장에서 원유(原油) 가격이 가파르게 오르면서 세계 경제를 크게 위협하고 있다. 기름 한 방울 나지 않는 나라에 살고 있는 우리로서는 매우 어려운 상황이 아닐 수 없다. 에너지 자원을 적극적으로 개발하고, 다른 한편으로는 에너지 절약을 생활화해서 이 어려움을 슬기롭게 극복해야만 한다.

다행히 우리는 1970년대 초부터 원자력 발전소 건설을 적극적으로 추진해 왔다. 그 결과 현재 원자력 발전소에서 생산하는 전력이 전체 전력 생산량의 약 40퍼센트를 차지하고 있다. 원자력을 주요 에너지 자원으로 활용함으로써 우리는 석유, 석탄, 가스와 같은 천연 자원에 대한 의존도를 어느 정도 낮출 수 있게 되었다.

그러나 그 정도로는 턱없이 부족하다. 전체 에너지 자원의 97퍼센트를 수입하는 우리는 절약을 생활화하지 않으면 안 된다. 많은 국민들은 아직도 '설마 전기가 어떻게 되랴.'하는 막연한 생각을 하면서 살고 있다. 한여름에도 찬 기운을 느낄 정도로 에어컨을 켜 놓은 곳도 많다. 이것은 지나친 에너지 낭비이다. 여름철 냉방(冷房) 온도를 1도만 높이면 약 2조 5천억 원의 건설비가 들어가는 원자로 1기를 덜 지어도 된다. ㉠'절약이 곧 생산'인 것이다.

에너지를 절약하는 방법에는 여러 가지가 있다. 가까운 거리는 걸어서 다니기, 승용차 대신 대중교통이나 자전거 이용하기, 에너지 절약형 가전제품 쓰기, 승용차 요일제 참여하기, 적정 냉·난방 온도 지키기, 사용하지 않는 가전제품의 플러그 뽑기 등이 모두 에너지를 절약하는 방법이다.

또, 에너지 절약 운동은 일회성으로 그쳐서는 안 된다. 그것은 반복적이고 지속적으로 실천해야만 할 과제이다. 국가적 어려움을 극복하기 위해서는 얼마간의 개인적 불편을 기꺼이 받아들이겠다는 마음가짐이 필요하다.

㉡에너지 절약은 더 이상 선택 사항이 아니다. 그것은 생존과 직결되므로 반드시 실천해야 할 사항이다. 고유가(高油價) 시대를 극복하기 위해서는 우리 모두 허리띠를 졸라매는 것 외에는 다른 방법이 없다. 당장 에어컨보다 선풍기를 사용해서 전기 절약을 생활화해 보자. 온 국민이 지혜를 모으고 에너지 절약에 적극적으로 동참한다면 우리는 이 어려움을 슬기롭게 극복할 수 있을 것이다.

14. ㉠에 담긴 의미로 적절한 것은?

① 절약을 하게 되면 생산이 감소한다.
② 절약으로 전력 생산량을 증가시킨다.
③ 절약은 절약일 뿐 생산과는 관련이 없다.
④ 생산을 줄이면 절약을 하게 된다.
⑤ 절약하면 불필요한 생산을 하지 않아도 된다.

15. ㉡에 대한 반응으로 가장 적절한 것은?

① 새로운 에너지 개발은 불가능하다.
② 에너지 절약 제품이 더 비싸질 것이다.
③ 에너지가 풍부할 때 실컷 사용해야 한다.
④ 에너지 절약은 생존의 문제이므로 꼭 실천해야 한다.
⑤ 대체 에너지 사용을 늘려야 한다.

▌16～17 ▌ 다음 글을 읽고 물음에 답하시오.

5월, 일 년 중에서 가장 좋은 계절이다. 누구나 한번쯤 어디론가 여행을 떠나고 싶어진다. 봄이 무르익어 가면서 특별히 여행을 좋아하지 않는 사람들도 답답한 일상(日常)에서 벗어나 강물이 흐르고 산이 푸른 어딘가로 여행을 떠나고 싶어진다. 평소에 가 보고 싶었던 곳이 있으면, 이번 주말에 가족들과 함께 여행을 떠나 보는 것이 좋을 것이다.

'하회 마을'하면 가장 먼저 떠오르는 것이 바로 하회 별신굿 탈놀이이다. 하회 별신굿 탈놀이는 가장 인기 있는 볼거리이다. 중요 무형 문화재 제 69호인 하회 별신굿 탈놀이는 매주 토요일과 일요일 오후 3시, 탈놀이 전시관 상설 무대에서 열린다. 하회 마을의 입구에 있는 탈 박물관에 들러, 하회탈을 구경하고 탈놀이를 관람하면 더욱 좋다.

일정에 여유가 있으면 하회 마을뿐만 아니라, 주변의 관광지까지 둘러보면 더욱 좋다. 안동의 대표적인 관광지로는 민속 박물관과 도산 서원이 있다.

수도권에서 하회 마을에 다녀가려면 최소한 1박 2일의 일정을 잡는 것이 좋다. 하회 별신굿 탈놀이 상설 공연이 토요일과 일요일 오후 3시에 열리는 것을 고려해서, 먼저 안동 주변의 다른 관광지를 둘러보고 다음 날 하회의 탈놀이를 관람하는 것도 좋다. 특히 명절 때에는 하회 마을에서 여러 행사가 열리므로 이를 고려해서 여행 일정을 잡으면 더욱 알찬 여행이 될 것이다. 올 봄 하회 여행은 조상들의 삶을 만나고 우리 문화도 맛보는 좋은 기회가 될 것이다. 가족들과 함께 하회 마을로 떠나는 준비를 해 보자.

16. 주어진 글을 쓴 목적으로 가장 적절한 것은?

① 하회 마을 여행을 안내하기 위해
② 하회 마을의 문화유산을 설명하기 위해
③ 하회 마을의 아름다운 경치를 보존하기 위해
④ 하회 마을의 탈놀이를 홍보하기 위해
⑤ 여행의 즐거움을 알리기 위해

17. 다음 〈보기〉는 이 글을 쓰면서 글쓴이가 생각한 내용이다. 〈보기〉와 관련된 글쓰기의 유의 사항으로 적절한 것은?

> 〈보기〉
> 독자들의 호기심을 유발하면서 친근감을 표현하기 위해 질문의 형식으로 표현하는 것이 괜찮겠어. 또, 하회 마을이 많은 관광객이 찾는 인기 있는 관광지라는 사실을 강조하는 내용도 추가하면 훨씬 설득력이 있을 것 같군.

① 글의 주제나 형식에 맞게 개요를 작성하는 것이 좋다.
② 글의 통일성을 해치는 내용은 전체적인 흐름에 비추어 삭제하는 것이 좋다.
③ 독자들의 관심을 끌고 이해를 돕는 내용과 형식으로 적절하게 조정하고 점검해야 한다.
④ 자신의 의도와 독자의 흥미, 수준을 고려하면서 주제와 관련된 다양한 내용을 마련해야 한다.
⑤ 글의 신뢰도를 높이기 위해서는 올바른 맞춤법을 사용하는 것이 좋다.

▌18~19 ▌ 다음은 어느 좌담의 일부이다. 이를 읽고 물음에 답하시오.

> 사회자 : 안녕하십니까? 최근 유네스코 총회에서 문화 다양성 협약이 채택되었습니다. 오늘 이 자리에서는 전문가 두 분을 모시고 이에 대한 이야기를 나누어 보겠습니다. 먼저 김 교수님, 이 협약이 갖는 의의에 대해 말씀해 주시겠습니까?
> 김 교수 : 네, 우선 문화 다양성 협약이란 세계 각국의 문화적 다양성을 인정하는 국제 협약입니다. 즉, 각 나라가 자국의 문화 정책을 수립함에 있어 그 자주권을 보장하는 국제 규범으로, 이에 대한 국제법적 근거가 마련되었다는 점에서 의의를 가진다고 볼 수 있습니다.
> 사회자 : 네, 언뜻 들었을 때 자국의 문화 정책을 수립하는 데 있어 자주권을 보장하는 국제 규범이 왜 필요한지 이해가 잘 되지 않는데요. 이 협약이 채택된 배경에 대해 이 교수님께서 설명 좀 부탁드립니다.
> 이 교수 : 네, 현재 국제 사회는 세계화에 발맞춰 모든 영역에서 자유시장화를 추구해 왔습니다. 문화 영역 역시 예외가 아니었는데요. 그 결과로 몇몇 강대국의 대중문화가 전 세계의 문화를 지배하여 약소국의 고유한 문화적 정체성이 흔들릴 위기에 처했습니다. 이번 문화 다양성 협약의 채택은 이러한 배경에서 탄생한 것으로, 문화 영역을 다른 상품과 마찬가지로 단순히 산업으로만 보아서는 안 된다는 것을 전제로 한 것이라고 할 수 있습니다.
> 사회자 : 네, 그렇군요. 그럼 이 협약이 우리나라의 문화 산업이나 문화 정책에는 어떤 영향을 미칠까요?
> 이 교수 : 저는 이번 협약의 체결이 앞으로 우리 문화 산업에 긍정적인 영향을 줄 것이라고 전망합니다. 문화 산업 육성과 관련된 제도적 보완 장치를 도입하여 우리 문화 산업이 안팎으로 경쟁력을 확보할 수 있는 바탕이 마련되었다고 할 수 있으니까요.
> 김 교수 : 네, 저 역시도 이 교수님의 의견에 동의합니다. 다만, 이 협약의 근본 바탕이라고 할 수 있는 문화 다양성의 뜻을 다시 한 번 새기고 다른 나라의 문화도 균형 있게 받아들일 수 있는 자세가 필요하다는 것도 잊지 말았으면 합니다.
> 사회자 : 네, 말씀 잘 들었습니다. 그런데 일부 국가에서 이 협약에 강하게 반발하고 있는 것으로 알고 있는데요. 이 협약이 앞으로 얼마나 실효성을 가질지 의문입니다. 이 점에 대해 말씀해 주시겠습니까?
> 이 교수 : 글쎄요. 대다수 국가가 이 협약에 찬성을 하여 채택했지만 실질적인 영향력을 가지는 문화 산업 강대국에서 비준에 동의하지 하지 않는다면 자칫 선언적인 차원에 머물 가능성이 있습니다.
> 김 교수 : 네, 그렇습니다. 그러므로 우리나라와 입장이 비슷한 다른 나라들과 연대하여 이 협약이 비준될 수 있도록 노력해야 한다고 생각합니다.

18. 이 좌담을 통해 알 수 없는 내용은?

① 협약의 의의
② 협약 채택의 배경
③ 협약에서 규정하고 있는 문화적 다양성의 개념
④ 협약의 실효성에 대한 전망
⑤ 협약이 우리나라의 문화 산업에 미칠 영향

19. 김 교수의 의사소통 방식을 평가한 것으로 가장 적절한 것은?

① 다양한 통계 수치를 들며 전문성을 과시하고 있다.
② 상대방의 의견에 공감하며 자신의 의견을 덧붙이고 있다.
③ 권위자의 이론을 빌려 자기 의견의 타당성을 입증하고 있다.
④ 다양한 사례를 제시하며 동의를 구하고 있다.
⑤ 긍정적 면과 부정적인 면을 구분하여 정리하고 있다.

20. 다음은 ○○기업의 구인 의뢰서이다. 이에 대한 옳은 설명은?

○○기업과 함께 할 인재를 모십니다.
1. 회사 현황
　가. 생산 품목 : 공장 자동화 생산 설비품
　나. 종업원 현황 : 110명(상시)
2. 근무 형태
　가. 근무 시간 : 09 : 00 ～ 18 : 00, 주 5일 근무
　나. 주 2회 시간외 근무(희망자) : 19 : 00 ～ 23 : 00
3. 급여 및 복지
　가. 기본급 : 150만원(수습 기간 3개월은 80 %)
　나. 시간외 근무 수당 : 8만원(1회 당)
　다. 상여금 : 명절(추석 및 설) 휴가비 기본급의 100 %
　라. 기타 : 4대 보험, 중식 및 기숙사 제공
4. 모집 인원
　가. 특성화고, 마이스터고 관련 학과 재학생 및 졸업생 00명
　나. 관련 직종 자격증 소지자 우대

① 기업의 형태는 대기업이다.
② 법정 복리 후생을 제공하고 있다.
③ 기준 외 임금은 제시되어 있지 않다.
④ 시간급 형태의 임금을 지급하고 있다.
⑤ 채용 우대 사항이 명시되어 있지 않다.

21. 다음에 나열된 문자의 규칙을 찾아 괄호 안에 들어갈 문자를 고르면?

O ― T ― T ― F ― F ― S ― S ― (?) ― N ― T

① D
② E
③ F
④ G
⑤ H

22. 다음 식의 결과로 옳은 것은?

$$\frac{1}{20} + \frac{1}{30} + \frac{1}{42} + \frac{1}{56} + \frac{1}{72}$$

① $\frac{2}{49}$
② $\frac{3}{55}$
③ $\frac{5}{36}$
④ $\frac{5}{63}$
⑤ $\frac{5}{69}$

23. 길이가 같은 성냥개비 9개로 그림과 같은 모양의 정삼각형을 만들었다. 이때, 작은 정삼각형과 큰 정삼각형의 닮음비는? (단, 성냥개비의 굵기는 무시한다.)

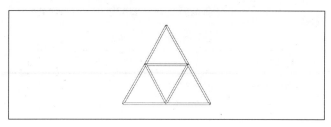

① 1 : 2
② 1 : 3
③ 1 : 4
④ 1 : 9
⑤ 1 : 12

24. 다음은 국민연금 보험료를 산정하기 위한 소득월액 산정 방법에 대한 설명이다. 다음 설명을 참고할 때, 김갑동 씨의 신고 소득월액은 얼마인가?

　소득월액은 입사(복직) 시점에 따른 근로자간 신고 소득월액 차등이 발생하지 않도록 입사(복직) 당시 약정되어 있는 급여 항목에 대한 1년치 소득총액에 대하여 30일로 환산하여 결정하며, 다음과 같은 계산 방식을 적용한다.
• 소득월액 = 입사(복직) 당시 지급이 약정된 각 급여 항목에 대한 1년간 소득총액 ÷ 365 × 30

〈김갑동 씨의 급여 내역〉
• 기본급 : 1,000,000원
• 교통비 : 월 100,000원
• 고정 시간외 수당 : 월 200,000원
• 분기별 상여금 : 기본급의 100%(1, 4, 7, 10월 지급)
• 하계휴가비(매년 7월 지급) : 500,000원

① 1,645,660원
② 1,652,055원
③ 1,668,900원
④ 1,727,050원
⑤ 1,740,000원

25. 4명의 회의 참석자가 일렬로 테이블에 앉았다. 각 좌석에 이름표를 붙여놓아 자리가 지정되어 있었으나 참석자들은 그 사실을 모르고 그냥 마음대로 자리에 앉았다. 이런 경우 한 명만 정해진 자신의 자리에 앉고, 나머지 세 명은 자신의 자리에 앉지 않게 될 경우의 수를 구하면?

① 4가지
② 6가지
③ 8가지
④ 10가지
⑤ 12가지

26. 다음은 과거 우리나라의 연도별 국제 수지표이다. 이에 대한 설명으로 옳은 것을 〈보기〉에서 고른 것은?

연도 항목	2012년	2013년	2014년
(가)	−35억 달러	−28억 달러	−1억 달러
상품수지	−30억 달러	−20억 달러	7억 달러
서비스수지	−10억 달러	−5억 달러	−12억 달러
(나)	10억 달러	−13억 달러	5억 달러
이전소득수지	5억 달러	10억 달러	−1억 달러
자본·금융계정	17억 달러	15억 달러	15억 달러
자본수지	5억 달러	7억 달러	−3억 달러
금융계정	12억 달러	8억 달러	18억 달러

※ 소득수지는 본원소득수지로, 경상이전수지는 이전소득수지로, 자본수지는 자본·금융계정으로, 기타자본수지는 자본수지로, 투자수지는 금융계정으로 변경하여 현재 사용하고 있음.

〈보기〉
㉠ (가)의 적자가 지속되면 국내 통화량이 증가하여 인플레이션이 발생할 수 있다.
㉡ 국내 기업이 보유하고 있는 외국인의 배당금을 해외로 송금하면 (나)에 영향을 미친다.
㉢ 국내 기업이 외국에 주식을 투자할 경우 영향을 미치는 수지는 흑자가 지속되고 있다.
㉣ 외국 기업이 보유한 특허권 이용료 지불이 영향을 미치는 수지는 흑자가 지속되고 있다.

① ㉠㉡
② ㉠㉢
③ ㉡㉢
④ ㉢㉣
⑤ ㉡㉢㉣

27. 다음 표는 4개 고등학교의 대학진학 희망자의 학과별 비율(상단)과 그중 희망대로 진학한 학생의 비율(하단)을 나타낸 것이다. 이 표를 보고 추론한 내용으로 올바른 것은?

고등학교	국문학과	경제학과	법학과	기타	진학 희망자수
A	(60%) 20%	(10%) 10%	(20%) 30%	(10%) 40%	700명
B	(50%) 10%	(20%) 30%	(40%) 30%	(20%) 30%	500명
C	(20%) 35%	(50%) 40%	(40%) 15%	(60%) 10%	300명
D	(5%) 30%	(25%) 25%	(80%) 20%	(30%) 20%	400명

가. B고와 D고 중에서 경제학과에 합격한 학생은 D고가 많다.
나. A고에서 법학과에 합격한 학생은 40명보다 많고, C고에서 국문학과에 합격한 학생은 20명보다 적다.
다. 국문학과에 진학한 학생들이 많은 순서대로 세우면 A고→B고→C고→D고 순서가 나온다.

① 가
② 나
③ 다
④ 가, 나
⑤ 가, 나, 다

28. 다음은 영·유아 수별 1인당 양육비 현황에 대한 표이다. 이를 보고 바르게 해석하지 못한 것은?

가구 구분	영·유아 1인 가구	영·유아 2인 가구	영·유아 3인 가구
소비 지출액	2,141,000원	2,268,000원	2,360,000원
1인당 양육비	852,000원	662,000원	529,000원
총양육비	852,000원	1,324,000원	1,587,000원
소비 지출액 대비 총양육비 비율	39.8%	55.5%	69.0%

① 영·유아 수가 많은 가구일수록 1인당 양육비가 감소한다.
② 1인당 양육비는 영·유아가 3인 가구인 경우에 가장 많다.
③ 소비 지출액 대비 총양육비 비율은 영·유아 1인 가구인 경우에 가장 낮다.
④ 영·유아 1인 가구의 총양육비는 영·유아 3인 가구의 총양육비의 절반을 넘는다.
⑤ 영·유아 1인 가구와 영·유아 2인 가구의 총양육비 합은 영·유아 3인 가구 총양육비의 2배보다 적다.

| 29~30 | 다음 상황과 자료를 보고 물음에 답하시오.

발신인	(주)바디버디 권○○ 대리
수신인	갑, 을, 병, 정
내용	안녕하세요! (주)바디버디 권○○ 대리입니다. 올해 상반기 업계 매출 1위 달성을 기념하여 현재 특별 프로모션이 진행되고 있습니다. 이번 기회가 기업용 안마의자를 합리적인 가격으로 구입하실 수 있는 가장 좋은 시기라고 여겨집니다. 아래에 첨부한 설명서와 견적서를 꼼꼼히 살펴보시고 궁금한 사항에 대해서 언제든 문의하시기 바랍니다.
첨부파일	구매 관련 설명서 #1, #2, 견적서 #3, #4, #5

구매 관련 설명서 #1

구분	리스	현금구입(할부)
기기명의	리스회사	구입자
실 운영자	리스이용자(임대인)	구입자
중도 해약	가능	–
부가가치세	면세 거래	–
기간 만료	반납/매입/재 리스	–

구매 관련 설명서 #2

- 절세 효과 : 개인 사업자 및 법인 사업자는 매년 소득에 대한 세금을 납부합니다. 이때, 신고, 소득에 대한 과세대상금액에서 리스료(리스회사에 매월 불입하는 불입금)전액을 임차료 성격으로서 제외시킬 수 있습니다. (법인세법상 리스료의 비용인정 – 법인세법 제18조에 의거 사업용 자산에 대한 임차료로 보아 필요경비로 인정함.)

적용세율(주민세 포함)

법인 사업자		개인 사업자	
과세표준 구간	적용세율	과세표준구간	적용 세율
2억 이하	11.2%	1,200만 원 이하	8.8%
2억 초과	22.4%	1,200만 원 초과 ~4,600만 원 이하	18.7%
		4,600만 원 초과 ~8,800만 원 이하	28.6%
		8,800만 원 초과	38.5%

- 법인 사업자 절세 예시

예를 들어, ○○법인의 작년 매출액이 5억 원이고 비용이 2억8천만 원이라면 ○○법인은 수익 2억2천만 원을 과세표준으로 계산시 2,688만 원의 법인세가 부가됩니다.

> 과세표준 : 2억 이하 ⇒ 2억 원×11.2%=2,240만 원
> 과세표준 : 2억 초과 ⇒ 2천만 원×22.4%=448만 원
> 법인세 총액=2,688만 원

만약 ○○법인이 안마의자 리스를 이용하고 1년간 납부한 총 임대료가 2천만 원이었다면, 수익은 2억 원(⇒ 2억2천만 원−2천만 원)이 되고, 비용은 3억 원(2억8천만 원+2천만 원)이 됩니다.

이에 따라 수익 2억 원을 과세표준으로 하면 법인세 2,240만 원만 부과되어 448만 원(2,688만 원−2,240만 원=448만 원)의 절세효과를 얻으실 수 있습니다.

이를 통상 리스 약정기간인 3년으로 설정하는 경우 448만 원×3년=1,344만 원의 절세 효과를 얻으실 수 있습니다.

물론 리스 이용료가 크면 클수록 절세효과는 더욱 더 크게 누리실 수 있습니다.

견적서 #3

안마의자	모델명	Body Buddy Royal-7	
	선택사양	STMC-5400	색상

가격/원가 구성

가격 사항	기본가격	25,000,000	리스종류 (기간)	운용리스 (39개월)
	프로모션	3,000,000	등록명의	리스사
	탁송료		약정	39개월
	안마의자 가격(리스 이용금액)	22,000,000	만기처리	반납 / 구매 / 재 리스
초기부담금		2,500,000	월 납입금 (리스료)	39회	690,000

메모	리스 이용 프로모션 3,000,000 리스 이용시 연이율 8% 적용 설치일로부터 18개월 미만 해지시 위약금 – 남은 약정금액의 20% 설치일로부터 18개월 이후 해지시 위약금 – 남은 약정금액의 10%

견적서 #4

안마의자	모델명	Body Buddy Royal-7	
	선택사양	STMC-5400	색상

11

가격/원가 구성

가격 사항	기본가격	25,000,000	할부 기간	39개월
	프로모션	2,400,000	등록명의	개인
	탁송료			
	안마의자 가격(할부 이용금액)	22,600,000		
초기부담금	2,500,000	월 납입금 (할부금)	39회	590,000

메모	할부 이용 프로모션 2,400,000 할부 이용시 연이율 3% 적용, 선수금 10% 오를 시 할부 연이율 0.5% 하락

견적서 #5

안마의자	모델명	Body Buddy Royal-7	
	선택사양	STMC-5400	색상

가격/원가 구성

가격사항	기본가격	25,000,000
	프로모션	1,800,000
	탁송료	
	안마의자 가격	23,200,000
메모	일시불 프로모션 1,800,000	

29. 개인이 할부로 안마의자를 구입하는 경우 500만 원의 초기비용을 지불하면 연이율은 몇 %가 적용되는가?

① 2.5% ② 3.0%
③ 3.5% ④ 4.0%
⑤ 4.5%

30. 법인사업자가 안마의자를 리스로 이용하다가 20개월이 된 시점에서 약정을 해지한다면 위약금은 얼마인가?

① 1,291,000원 ② 1,301,000원
③ 1,311,000원 ④ 1,321,000원
⑤ 1,331,000원

31. 다음은 위험물안전관리자 실무교육현황에 관한 표이다. 표를 보고 이수율을 구하면? (단, 소수 첫째 자리에서 반올림하시오)

실무교육현황별(1)	실무교육현황별(2)	2008
계획인원(명)	소계	5,897.0
이수인원(명)	소계	2,159.0
이수율(%)	소계	x
교육일수(일)	소계	35.02
교육회차(회)	소계	344.0
야간/휴일	교육회차(회)	4.0
교육실시현황	이수인원(명)	35.0

① 36.7 ② 41.9
③ 52.7 ④ 66.5
⑤ 72.5

32. 다음 자료에 대한 옳은 분석을 모두 고른 것은?

구분	물 자원량 (십 억m³)	1인당 물 자원량 (m³)	취수량 (십 억m³)	1인당 취수량 (m³)	용도별 취수 비중(%)		
					생활	공업	농업
인도	1,911	1,614	646	554	8	5	87
중국	2,830	2,117	630	472	7	26	67
미국	3,069	9,943	479	1,553	13	46	41
브라질	8,243	43,304	59	312	20	18	62
오스트레 일리아	492	23,593	24	1,146	15	10	75

㉠ 중국은 미국보다 1인당 취수량이 많다.
㉡ 미국은 인도보다 1인당 농업용수의 취수량이 많다.
㉢ 오스트레일리아는 브라질보다 물 자원량에서 차지하는 취수량의 비중이 높다.
㉣ 물 자원량이 많은 국가일수록 1인당 물 자원량이 많다.

① ㉠㉡ ② ㉠㉢
③ ㉡㉢ ④ ㉡㉣
⑤ ㉡㉢㉣

■ 33~34 ■ 다음은 커피 수입 현황에 대한 표이다. 물음에 답하시오.

(단위 : 톤, 천 달러)

구분 \ 연도		2008	2009	2010	2011	2012
생두	중량	97.8	96.9	107.2	116.4	100.2
	금액	252.1	234.0	316.1	528.1	365.4
원두	중량	3.1	3.5	4.5	5.4	5.4
	금액	37.1	42.2	55.5	90.5	109.8
커피 조제품	중량	6.3	5.0	5.5	8.5	8.9
	금액	42.1	34.6	44.4	98.8	122.4

※ 1) 커피는 생두, 원두, 커피조제품으로만 구분됨
   2) 수입단가 = 금액 / 중량

33. 다음 중 표에 관한 설명으로 가장 적절한 것은?

① 커피전체에 대한 수입금액은 매해마다 증가하고 있다.
② 2011년 생두의 수입단가는 전년의 2배 이상이다.
③ 원두 수입단가는 매해마다 증가하고 있지는 않다.
④ 2012년 커피조제품 수입단가는 2008년의 2배 이상이다.
⑤ 2012년 생두의 수입중량은 커피제조품의 20배 이상이다.

34. 다음 중 수입단가가 가장 큰 것은?

① 2010년 원두
② 2011년 생두
③ 2012년 원두
④ 2011년 커피조제품
⑤ 2012년 생두

35. 다음은 우리나라의 학력별, 성별 평균 임금을 비교한 표이다. 이에 대한 옳은 분석을 모두 고른 것은? (단, 고졸 평균 임금은 2014년보다 2016년이 많다.)

구분	2014년	2016년
중졸 / 고졸	0.78	0.72
대졸 / 고졸	1.20	1.14
여성 / 남성	0.70	0.60

㉠ 2016년 중졸 평균 임금은 2014년에 비해 감소하였다.
㉡ 2016년 여성 평균 임금은 2014년에 비해 10% 감소하였다.
㉢ 2016년 남성의 평균 임금은 여성 평균 임금의 2배보다 적다.
㉣ 중졸과 대졸 간 평균 임금의 차이는 2014년보다 2016년이 크다.

① ㉠㉡
② ㉠㉢
③ ㉡㉢
④ ㉢㉣
⑤ ㉠㉡㉢

■ 36~37 ■ 다음 상황과 자료를 보고 물음에 답하시오.

도서출판 서원각에 근무하는 K씨는 고객으로부터 9급 건축직 공무원 추천도서를 요청받았다. K씨는 도서를 추천하기 위해 다음과 같은 9급 건축직 발행도서의 종류와 특성을 참고하였다.

K씨 : 감사합니다. 도서출판 서원각입니다.
고객 : 9급 공무원 건축직 관련 도서 추천을 좀 받고 싶습니다.
K씨 : 네, 어떤 종류의 도서를 원하십니까?
고객 : 저는 기본적으로 이론은 대학에서 전공을 했습니다. 그래서 많은 예상문제를 풀 수 있는 것이 좋습니다.
K씨 : 아. 문제가 많은 것이라면 딱 잘라서 말씀드리기가 어렵습니다.
고객 : 알아요. 그래도 적당히 가격도 그리 높지 않고 예상문제가 많이 들어 있는 것이면 됩니다.
K씨 : 네. 알겠습니다. 많은 예상문제풀이가 가능한 것 외에는 다른 필요한 사항은 없으십니까?
고객 : 가급적이면 20,000원 이하가 좋을 듯 합니다.

도서명	예상문제 문항 수	기출 문제 수	이론 유무	가격	재고
실력평가 모의고사	400	120	무	18,000	100
전공문제집	500	160	유	25,000	200
문제완성	600	40	무	20,000	300
합격선언	300	200	유	24,000	100
핵심 Summary	50	0	유	10,000	20

36. 다음 중 K씨가 고객의 요구에 맞는 도서를 추천해 주기 위해 가장 우선적으로 고려해야 하는 특성이 무엇인가?

① 기출문제 수
② 이론 유무
③ 가격
④ 예상문제 문항 수
⑤ 재고

37. 고객의 요구를 종합적으로 반영하였을 때 많은 문제와 가격을 맞춘 가장 적당한 도서는?

① 실력평가모의고사
② 전공문제집
③ 문제완성
④ 합격선언
⑤ 핵심 Summary

38. 다음 세 개의 명제가 참일 때, 항상 참이라고 말할 수 있는 것은?

- 오 대리가 출장을 가면 정 사원은 야근을 해야 한다.
- 남 대리가 교육을 받지 못하면 진급 시험 자격을 얻지 못한다.
- 정 사원이 야근을 하면 남 대리가 교육을 받으러 가지 못한다.

① 남 대리가 교육을 받지 못하면 오 대리가 출장을 가야 한다.
② 정 대리가 야근을 하면 오 대리가 출장을 가야 한다.
③ 남 대리가 진급 시험 자격을 얻으려면 오 대리가 출장을 가면 안 된다.
④ 남 대리가 진급 시험 자격을 얻지 못하면 오 대리가 출장을 가지 않은 것이다.
⑤ 정 사원이 야근을 하지 않으면 남 대리가 교육을 받으러 간다.

39. 다음의 명제가 참일 때, 보기 중 항상 참인 것은?

- 자동차 수리를 잘 하는 사람은 자전거도 잘 고친다.
- 자동차 수리를 잘 하지 못하는 사람은 가전제품도 잘 고치치 못한다.

① 자동차 수리를 잘 하지 못하는 사람은 자전거도 잘 고치지 못한다.
② 자전거를 잘 고치는 사람은 가전제품을 잘 고친다.
③ 가전제품을 잘 고치지 못하는 사람은 자동차 수리도 잘 하지 못한다.
④ 자전거를 잘 고치는 사람은 자동차 수리를 잘 하지 못한다.
⑤ 가전제품을 잘 고치는 사람은 자전거도 잘 고친다.

40. 다음에 제시된 세 개의 명제가 참이라고 할 때, 결론 A, B에 대한 판단으로 알맞은 것은?

명제 1. 강 사원이 외출 중이면 윤 사원도 외출 중이다.
명제 2. 윤 사원이 외출 중이 아니면 박 사원도 외출 중이 아니다.
명제 3. 박 사원이 외출 중이 아니면 강 사원도 외출 중이 아니다.

결론 A. 윤 사원이 외출 중이 아니면 강 사원도 외출 중이 아니다.
결론 B. 박 사원이 외출 중이면 윤 사원도 외출 중이다.

① A만 옳다.
② B만 옳다.
③ A, B 모두 옳다.
④ A, B 모두 옳지 않다.
⑤ 옳은지 그른지 알 수 없다.

41. 다음 글을 읽고 김 실장이 인도에의 진출을 반대한 이유로 가장 적절한 것은?

이 차장은 시장조사를 하다가 가구의 수와 가구의 생애주기 단계는 현재와 미래의 제품과 서비스 수요에 상당한 영향력을 발휘함을 알게 되었다. 2012년 전 세계의 가구당 평균 인원은 3.5명이다. 인도, 아시아 개도국, 북아프리카와 중동 등 평균 출생률이 높고 젊은 층의 인구가 많으며, 교육 수준이 낮은 지역은 가구당 평균 인원이 많다. 그리고 일반적으로 인구가 많은 수도권 부근이 그 외의 지역에 비해서 훨씬 더 많은 소비가 나타나고 있다는 것을 보았을 때, 향후 인구가 급속하게 늘어날 것으로 예상되는 인도시장에 빨리 진출해야 한다고 생각했다. 한편, 김 실장은 향후 전 세계적으로 두드러진 트렌드 중 하나인 자녀 없는 가구, 즉 19세 미만의 가족 구성원이 없는 가구의 수가 늘어난다는 사실을 알게 되었다. 자녀가 없는 소규모 가구로의 편중 현상은 휴양, 여행, 건강관리, 외식 등 재량 소비 증가의 주된 원인이 될 것이다. 10가구 중 9가구가 자녀가 있는 인도와 달리 2012년 기준 중국 가구의 53%가 자녀가 없고, 통계 자료에 따르면 2032년 그 비율은 63%에 달한다. 최근 몇 년 동안 중국 소비 시장에서 재량 소비가 빠르게 증가하고 있는 이유가 여기에 있는 것이다. 이 차장이 인도시장 선점을 제안했을 때, 김 실장은 고개를 저었다.

① 이 차장은 젊은 층의 소비행태를 간과하였다.
② 국내 시장을 선점하기 전에 해외시장 진출은 무모하다.
③ 인도의 중산층 가구의 급속한 부상을 고려하지 않은 전략이다.
④ 근로자 1인당 부양가족 수가 많아지면 저축을 하거나 재량 소비를 늘릴 여력이 없다.
⑤ 인도의 인구 증가 추세보다 중국의 인구 증가 추세가 가파르다.

42. 다음 안내사항을 바르게 이해한 것은?

2015년 5월 1일부터 변경되는 "건강보험 임신·출산 진료비 지원제도"를 다음과 같이 알려드립니다.

건강보험 임신·출산 진료비 지원제도란 임신 및 출산에 관련한 진료비를 지불할 수 있는 이용권(국민행복카드)을 제공하여 출산 친화적 환경을 조성하기 위해 건강보험공단에서 지원하는 제도입니다.
• 지원금액 : 임신 1회당 50만원(다태아 임신부 70만원)
• 지원방법 : 지정요양기관에서 이용권 제시 후 결제
• 지원기간 : 이용권 수령일~분만예정일+60일
가. 시행일 : 2015.5.1.
나. 주요내용
(1) '15.5.1. 신청자부터 건강보험 임신·출산 진료비가 국민행복카드로 지원
(2) 건강보험 임신·출산 진료비 지원 신청 장소 변경
(3) 지원금 승인코드 일원화(의료기관, 한방기관 : 38코드)
(4) 관련 서식 변경
– 변경서식 : 건강보험 임신·출산 진료비 지원 신청 및 확인서 (별지 2호 서식)
– 변경내용 : 카드구분 폐지

① 건강보험 임신·출산 진료비 지원제도는 연금공단에서 지원하는 제도이다.
② 임신지원금은 모두 동일하게 일괄 50만원이 지급된다.
③ 지원금 승인코드는 의·한방기관 모두 '38'코드로 일원화된다.
④ 지원기간은 이용권 수령일로부터 분만예정일까지이며 신청자에 한해서 기간이 연장된다.
⑤ 국민행복카드는 국내 모든 산부인과에서 이용이 가능하다.

43. ○○은행에서 창구업무를 보던 도중 한 고객이 입금하려던 예금액 500만 원이 분실되었다. 경찰은 3명의 용의자 A, B, C를 검거하였다. 그러나 세 명의 용의자는 하나같이 자신이 범인이 아니라고 했지만 셋 중 하나가 범인임에 틀림없다. 세 사람이 각각 진술한 3개의 진술 중 하나의 진술은 참이고, 나머지는 거짓이다. 다음 중 범인과 참인 진술로 바르게 짝지어진 것은?

A의 진술
㉠ B가 범인이다.
㉡ 우리 집에는 사과가 많이 있다.
㉢ 나는 C를 몇 번 만난 적이 있다.

B의 진술
㉠ 내가 범인이다.
㉡ A의 두 번째 말은 거짓이다.
㉢ A와 C는 한 번도 만난 적이 없다.

C의 진술
㉠ A가 범인이다.
㉡ B의 두 번째 말은 진실이다.
㉢ 나는 A를 한 번도 만난 적이 없다.

---

① 범인은 C, 참인 진술은 A의 ㉢ − B의 ㉡
② 범인은 A, 참인 진술은 A의 ㉡ − C의 ㉠
③ 범인은 C, 참인 진술은 C의 ㉡ − B의 ㉢
④ 범인은 B, 참인 진술은 A의 ㉢ − C의 ㉢
⑤ 범인은 C, 참인 진술은 A의 ㉡ − B의 ㉢

---

44. H공사 홍보팀에 근무하는 이 대리는 사내 홍보 행사를 위해 행사 관련 준비를 진행하고 있다. 홍보팀에서 추가로 설치해야 할 물품이 다음과 같을 때, 추가 물품 설치에 필요한 비용은 총 얼마인가?

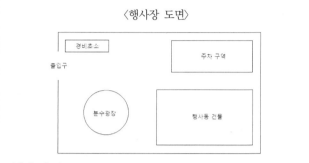

〈행사 장소〉
행사동 건물 1층 회의실
〈추가 예상 비용〉
• 금연 표지판 설치
– 단독 입식 : 45,000원
– 게시판 : 120,000원
• 쓰레기통 설치
– 단독 설치 : 25,000원/개
– 벤치 2개 + 쓰레기통 1개 : 155,000원

[추가로 설치해야 할 물품]
• 금연 표지판 설치
– 분수대 후면 1곳
– 주차 구역과 경비초소 주변 각 1곳
– 행사동 건물 입구 1곳
※ 실외는 게시판 형태로 설치하고 행사장 입구에는 단독 입식 형태로 설치
• 쓰레기통
– 분수광장 금연 표지판 옆 1곳
– 주차 구역과 경비초소 주변 각 1곳
※ 분수광장 쓰레기통은 벤치와 함께 설치

---

① 550,000원　　　　② 585,000원
③ 600,000원　　　　④ 610,000원
⑤ 625,000원

45. 다음 중 A, B, C, D 네 명이 파티에 참석하였다. 그들의 직업은 각각 교사, 변호사, 의사, 경찰 중 하나이다. 다음 내용을 읽고 〈보기〉의 내용이 참, 거짓 또는 알 수 없음을 판단하면?

---

① A는 교사와 만났지만, D와는 만나지 않았다.
② B는 의사와 경찰을 만났다.
③ C는 의사를 만나지 않았다.
④ D는 경찰과 만났다.

〈보기〉
㉠ C는 변호사이다.
㉡ 의사와 경찰은 파티장에서 만났다.

---

① ㉠과 ㉡ 모두 참이다.
② ㉠과 ㉡ 모두 거짓이다.
③ ㉠만 참이다.
④ ㉡만 참이다.
⑤ 알 수 없다.

46. 갑, 을, 병 세 명은 사업장 가입자, 지역가입자, 임의가입자 중 각기 다른 하나의 자격을 가지고 있다. 이들 세 명 중 한 명만이 진실을 말하고 있을 경우, 다음과 같은 진술을 통하여 항상 참인 명제가 아닌 것은 어느 것인가?

• 갑 : 나는 지역가입자이다.
• 을 : 나는 지역가입자가 아니다.
• 병 : 나는 임의가입자가 아니다.

---

① 갑은 임의가입자이다.
② 병은 지역가입자이다.
③ 갑은 사업장 가입자가 아니다.
④ 을은 지역가입자이다.
⑤ 병은 임의가입자가 아니다.

47. 다음 〈상황〉과 〈조건〉을 근거로 판단할 때 옳은 것은?

〈상황〉
A대학교 보건소에서는 4월 1일(월)부터 한 달 동안 재학생을 대상으로 금연교육 4회, 금주교육 3회, 성교육 2회를 실시하려는 계획을 가지고 있다.

〈조건〉
• 금연교육은 정해진 같은 요일에만 주 1회 실시하고, 화, 수, 목요일 중에 해야 한다.
• 금주교육은 월요일과 금요일을 제외한 다른 요일에 시행하며, 주 2회 이상은 실시하지 않는다.
• 성교육은 4월 10일 이전, 같은 주에 이틀 연속으로 실시한다.
• 4월 22일부터 26일까지 중간고사 기간이고, 이 기간에 보건소는 어떠한 교육도 실시할 수 없다.
• 보건소의 교육은 하루에 하나만 실시할 수 있고, 토요일과 일요일에는 교육을 실시할 수 없다.
• 보건소는 계획한 모든 교육을 반드시 4월에 완료하여야 한다.

---

① 금연교육이 가능한 요일은 화요일과 수요일이다.
② 4월 30일에도 교육이 있다.
③ 금주교육은 4월 마지막 주에도 실시된다.
④ 성교육이 가능한 일정 조합은 두 가지 이상이다.
⑤ 4월 둘째 주에는 금연교육, 금주교육, 성교육이 모두 시행된다.

48. 다음 조건을 바탕으로 미연의 거주지와 직장이 위치한 곳을 바르게 짝지은 것은?

㉠ 수진, 미연, 수정은 각각 종로, 명동, 강남 중 각각 한 곳에 거주한다.
㉡ 수진, 미연, 수정은 각각 종로, 명동, 강남 중 각각 한 곳에 직장을 다니며, 세 사람 모두 자신의 거주지와 직장의 위치는 다르다.
㉢ 수진은 지금 수정의 직장이 위치한 곳에 거주한다.
㉣ 수정은 종로에 거주하지 않는다.
㉤ 수정과 미연은 명동에 거주하지 않는다.
㉥ 수진의 직장이 위치한 곳은 종로이다.

거주지	직장
① 종로	강남
② 명동	종로
③ 강남	명동
④ 종로	명동
⑤ 강남	종로

49. 다음 조건을 바탕으로 김 대리가 월차를 쓰기에 가장 적절한 날은 언제인가?

> ⊙ 김 대리는 반드시 이번 주에 월차를 쓸 것이다.
> ⓛ 김 대리는 실장님 또는 팀장님과 같은 날, 또는 공휴일에 월차를 쓸 수 없다.
> ⓒ 팀장님이 월요일에 월차를 쓴다고 하였다.
> ② 실장님이 김 대리에게 우선권을 주어 월차를 쓸 수 있는 요일이 수, 목, 금이 되었다.
> ⑩ 김 대리는 5일에 붙여서 월차를 쓰기로 하였다.
> ⑭ 이번 주 5일은 공휴일이며, 주중에 있다.

① 월요일   ② 화요일
③ 수요일   ④ 목요일
⑤ 금요일

50. $A \sim G$ 7명이 저녁식사를 하고, 서울역에서 모두 지하철 1호선 또는 4호선을 타고 귀가하였다. 그런데 이들이 귀가하는데 다음과 같은 조건을 따랐다고 할 때, A가 1호선을 이용하지 않았다면, 다음 중 가능하지 않은 것은?

> ⊙ 1호선을 이용한 사람은 많아야 3명이다.
> ⓛ A는 D와 같은 호선을 이용하지 않았다.
> ⓒ F는 G와 같은 호선을 이용하지 않았다.
> ② B는 D와 같은 호선을 이용하였다.

① B는 지하철 1호선을 탔다.
② C는 지하철 4호선을 탔다.
③ E는 지하철 1호선을 탔다.
④ F는 지하철 1호선을 탔다.
⑤ G는 지하철 4호선을 탔다.

51. 다음 상황에서 당신이 할 수 있는 답변은?

> A사 체인점은 매월 4주차 목요일에 휴무로 규정되어 있다. 그러나 점장은 명절 연휴를 맞아 잔뜩 주문한 상품을 모두 판매하기 위해 휴무인 날도 가게를 열도록 직원인 당신에게 지시하였다.

① 업무에 대해서 숨김없이 처리하겠습니다.
② 본사에서 정한 규정을 준수해야 합니다.
③ 명절 연휴인 만큼 가게를 여는 것이 맞습니다.
④ 공과 사를 명확히 구분하여 처리하는 것이 맞습니다.
⑤ 명절 연휴인 만큼 상품을 더 주문해야 합니다.

52. 다음 상황에서 당신이 할 수 있는 답변으로 적절하지 않은 것은?

> 당신은 S사 영업팀장이다. 매주 월요일은 근무 시작과 동시에 회의를 한다. 하지만 A사원이 회의시간에 도착하지 않고 연락되지 않고 있다. 출근시간보다 1시간가량 늦게 도착한 A사원은 출근 도중 바로 앞에서 교통사고를 목격했고, 인적이 드문 도로였기 때문에 자신이 환자를 병원에 실어다주고 왔다는 것이다.

① 도덕적인 일을 했으니 마음에 담지는 말아.
② 직업인으로서 회사에 보고를 잊은 것은 잘못되었어.
③ 선택은 공적인 입장에서 판단해야 돼.
④ 직업인으로서 책임을 망각해버렸군.
⑤ 직업인에게 있어 공무는 최우선이 되어야 해.

53. 다음 사례에 나타난 직장 내 분위기를 저해하는 요인은?

> 최근 의학 드라마를 보면 이런 장면이 나온다. A씨는 ○○병원에서 10년간 부원장을 지낸 의사이다. 그동안 원장을 보필하며 온갖 뒤치다꺼리를 했던 그는 병원 내에서 주치의들에게는 철저히 '갑'의 입장을 보여준다. 잦은 폭력과 상대방을 내려깎는 언행은 지위를 이용한 해당 캐릭터에 잘 녹아들어 있다.

① 상급자 앞에서 철저히 자신을 낮추고 있다.
② 동료나 하급자 등을 대할 때 반말을 사용하고 있다.
③ 하급자에 대해서 우월적 지위를 이용한 태도를 보이고 있다.
④ 학연을 이유로 부하 직원을 차별하고 있다.
⑤ 수업을 핑계로 성 차별을 하고 있다.

54. 다음 빈칸에 들어갈 개념으로 적절한 것은?

- (㉠)은/는 자신보다 고객의 가치를 최우선으로 하는 서비스 개념이다.
- (㉡)은/는 모든 결과는 나의 선택으로 인한 결과임을 인식하는 태도이다.
- (㉢)은/는 오랜 생활습관을 통해 정립된 관습적으로 행해지는 사회계약적 생활규범이다.

	㉠	㉡	㉢
①	봉사	책임	예절
②	준법	봉사	봉사
③	책임	근면	준법
④	예절	예절	근면
⑤	근면	준법	책임

55. 다음 중 직장에서의 성 예절에 관한 설명으로 옳지 않은 것은?

① 말 한마디가 치명적인 상처가 될 수 있다는 것을 명심한다.
② 성 예절을 지키기 위해 오해의 소지가 있는 행동은 삼간다.
③ 여성과 남성은 동등한 지위를 보장받아야 한다.
④ 남성과 여성의 역할은 염연히 차이가 있다.
⑤ 성희롱의 기준은 '피해자가 성적 수치심을 느꼈느냐'이다.

┃56~57┃ 甲과 乙은 산양우유를 생산하여 판매하는 ○○목장에서 일한다. 다음을 바탕으로 물음에 답하시오.

- ○○목장은 A~D의 4개 구역으로 이루어져 있으며 산양들은 자유롭게 다른 구역을 넘나들 수 있지만 목장을 벗어나지 않는다.
- 甲과 乙은 산양을 잘 관리하기 위해 구역별 산양의 수를 파악하고 있어야 하는데, 산양들이 계속 구역을 넘나들기 때문에 산양의 수를 정확히 헤아리는 데 어려움을 겪고 있다.
- 고민 끝에 甲과 乙은 시간별로 산양의 수를 기록하되, 甲은 특정 시간 특정 구역의 산양의 수만을 기록하고, 乙은 산양이 구역을 넘나들 때마다 그 시간과 그때 이동한 산양의 수를 기록하기로 하였다.
- 甲과 乙이 같은 날 오전 9시부터 오전 10시 15분까지 작성한 기록표는 다음과 같으며, ㉠~㉣을 제외한 모든 기록은 정확하다.

甲의 기록표			乙의 기록표		
시간	구역	산양 수	시간	구역이동	산양 수
09:10	A	17마리	09:08	B→A	3마리
09:22	D	21마리	09:15	B→D	2마리
09:30	B	8마리	09:18	C→A	5마리
09:45	C	11마리	09:32	D→C	1마리
09:58	D	㉠21마리	09:48	A→C	4마리
10:04	A	㉡18마리	09:50	D→B	1마리
10:10	B	㉢12마리	09:52	C→D	3마리
10:15	C	㉣10마리	10:05	C→B	2마리

- 구역 이동 외의 산양의 수 변화는 고려하지 않는다.

56. ㉠~㉣ 중 옳게 기록된 것만을 고른 것은?

① ㉠, ㉡   ② ㉠, ㉢
③ ㉡, ㉢   ④ ㉡, ㉣
⑤ ㉢, ㉣

57. ○○목장에서 키우는 산양의 총 마리 수는?

① 58마리   ② 59마리
③ 60마리   ④ 61마리
⑤ 62마리

58. 다음에서 설명하고 있는 자원의 성격은?

자원이란 인간 생활에 유용한 물질 중 하나로 기술적으로나 경제적으로 개발이 가능한 것을 말하며 기술적으로는 개발이 가능한 광물이지만 매장량이 적거나 광물의 품질이 낮은 경우, 또는 지나치게 채굴 비용이 많이 들어 경제성이 없는 경우에는 개발이 불가능하다. 철광석은 대체로 철의 함량이 일정량 이상 포함된 것을 개발하여 이용하고 있다. 철의 함량이 일정량 이하인 철광석은 기술적 의미로는 자원이 될 수 있으나, 현재로서는 경제성이 없어 개발할 수가 없기 때문에 경제적 의미의 자원이 될 수는 없는 것이다.

① 편재성   ② 가변성
③ 유한성   ④ 상대성
⑤ 공간성

│59~60│ 다음은 자리배치에 따른 각 팀별 팀원의 업무 능력과 시너지 효과를 나타낸 것이다. 주어진 자료를 참고하여 물음에 답하여라.

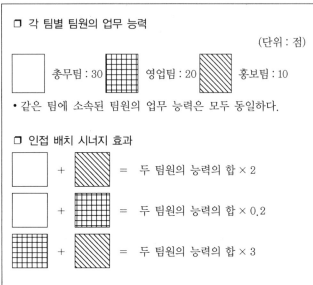

□ 각 팀별 팀원의 업무 능력

(단위 : 점)

총무팀 : 30   영업팀 : 20   홍보팀 : 10

• 같은 팀에 소속된 팀원의 업무 능력은 모두 동일하다.

□ 인접 배치 시너지 효과

□ + ▨ = 두 팀원의 능력의 합 × 2

□ + ▦ = 두 팀원의 능력의 합 × 0.2

▦ + ▨ = 두 팀원의 능력의 합 × 3

□ 계산방법

• 인접 방향 및 순서는 고려하지 않는다.
• 동일한 팀의 팀원을 인접 배치한 경우에는 시너지 효과가 없다.
• 두 팀원의 업무 능력을 합하고 해당하는 시너지 효과를 고려하여 총 업무 능력을 알 수 있다.

□ 예시

$(20 + 30) \times 0.2 + (30 + 10) \times 2$
$+ (10 + 10)$
$= 10 + 80 + 20$
$= 110$

59. 새로 입사한 신입사원의 자리배치가 같다고 할 때, 기대되는 총 업무 능력은?

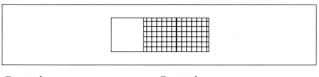

① 45점   ② 50점
③ 55점   ④ 60점
⑤ 65점

60. 총 업무 능력이 190점 이상이 되기 위해서는 ?가 표시된 자리에 어떤 팀의 팀원이 앉아야 하는가?

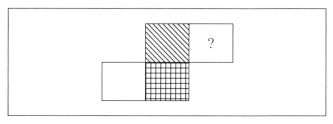

① 총무팀
② 영업팀
③ 홍보팀
④ 모두 가능
⑤ 모두 불가능

61. 다음 가상대화가 이루어진 시기에 볼 수 있는 사회모습으로 옳은 것은?

> 농민 1: 허허 …… 저 사람이 그 황제도 두렵지 않다는 무신들의 최고 우두머리라던데 …….
> 농민 2 : 나도 들었어. 이의민을 죽이고 왕까지 바꿨다지.

① 금에 대한 사대관계를 주장하였다.
② 풍수지리설과 결부된 자주적 사상을 내세웠다.
③ 사회 개혁책으로 봉사 10조를 제시하였다.
④ 최무선이 화포를 이용하여 왜구를 격퇴하였다.
⑤ 원으로부터 목화가 들어왔다.

62. 다음 토지 제도와 관련된 설명으로 옳은 것은?

시기 \ 등급			1	2	3	4	…	11	12	13	14	15	16	17	18	지급기준	지급대상
경종 (976)	시정전시과	전지	110	105	100	95		60	55	50	45	42	39	36	33	관직인품	현직산직
		시지	110	105	100	95		60	55	50	45	40	35	30	25		
목종 (998)	개정전시과	전지	100	95	90	85	…	50	45	40	35	30	27	23	20	관직	현직산직
		시지	70	65	60	55		25	22	20	15	10					
문종 (1076)	경정전시과	전지	100	90	85	80		45	40	35	30	25	22	20	17	관직	현직관료
		시지	50	45	40	35		12	10	8	5						

※ 산직 : 일이 주어지지 않은 관직

① 관리들에게 지급되는 전지ㆍ시지는 점차 줄어들고 있다.
② 경종 때가 목종 때 보다 좀 더 객관적인 토지지급 기준을 가지고 있었다.
③ 땔감을 얻을 수 있는 시지는 모든 관료들에게 지급되었다.
④ 관리들에게 토지 소유권을 지급하였다.
⑤ 경기도에 한하여 관리에게 수조권을 지급하였다.

63. 다음과 같은 기능을 수행한 조선 시대의 정치 기구로 옳은 것은?

> 구성 : 중서문하성의 낭사와 어사대
> 기능 : 간쟁, 봉박, 서경의 권한
> 특징 : 왕권을 견제, 왕권과 신권의 갈등 조정

① 사간원과 사헌부
② 집현전과 홍문관
③ 의금부와 승정원
④ 병조와 이조
⑤ 의정부와 비변사

64. 다음 드라마의 주인공이 활동했던 시기의 국왕의 정책으로 옳은 것은?

방송시간		
KBS	MBC	SBS
9:00 KBS 뉴스	9:00 특별기획 드라마 하얀거탑	9:00 한밤의 TV연예
10:10 특집 자연 다큐 사막의 신비	10:00 세바퀴	10:00 조선 민중의 영웅, 무사 백동수
11:00 KBS스포츠	11:00 뉴스데스크	11:00 SBS 뉴스

① 경국대전을 완성하였다.
② 북진정책을 실시하였다.
③ 초계문신제를 실시하였다.
④ 당백전을 발행하였다.
⑤ 나선정벌에 조총부대를 파견하였다.

65. 밑줄 친 '이들'에 대한 설명으로 옳은 것을 〈보기〉에서 모두 고른 것은?

> 신분계층으로서 이들은 역관, 의관, 산관, 율관 등의 기술관과 서리, 향리, 군교, 서얼 등을 일컫는다. 양반이 상급 지배 신분층이라면, 이들은 하급지배 신분층으로서 양반이 입안한 정책을 실제로 수행하는 행정 실무자이다.

〈보기〉
㉠ 재산으로 취급되어 매매, 상속, 증여의 대상이었다.
㉡ 서얼들은 차별 폐지 운동을 펼치기도 하였다.
㉢ 행정 실무자로 양반들의 인정과 존중을 받았다.
㉣ 서리, 향리는 직역을 세습하고, 관청에서 가까운 곳에 거주하였다.

① ㉠, ㉢   ② ㉠, ㉣
③ ㉡, ㉢   ④ ㉡, ㉣
⑤ ㉢, ㉣

66. 다음 게시문의 인물에 대한 설명으로 옳은 것은?

> [시대를 앞서간 개혁가!]
> 유교적 이상정치 구현하려는 다양한 노력
> 1. 소격서 폐지
> 2. 향약 전국적 시행 추진
> 3. 현량과 실시

① 관학파의 학풍을 계승하였다.
② 무오사화로 인해 사사되었다.
③ 훈구파 견제를 위해 위훈삭제를 추진하였다.
④ 계유정난을 통해 공신의 작위를 받았다.
⑤ 「경세유표」를 집필하였다.

67. 다음 정치 세력에 대한 설명으로 옳은 것은?

> • 임진왜란 당시 의병을 일으키고 향촌사회의 기반을 유지하여 전란이 끝난 뒤 정국을 주도할 수 있었다.
> • 인목대비를 서인(庶人)으로 낮추고 왕의 적통인 영창 대군 살해에 관여하였다.

① 예송논쟁을 통해 서인과 대립을 하였다.
② 명과 후금사이에 중립외교를 주장하였다.
③ 숙종 때 환국을 통해 중앙정계를 장악하였다.
④ 명에 대한 의리 명분론을 강화하였다.
⑤ 영조의 탕평정치의 실시에도 정국을 주도하게 된다.

68. (가), (나)의 사건에 대한 설명으로 옳지 않은 것은?

> (가) 평서대원수는 급히 격문을 띄우노니 관서의 부로(父老)와 자제와 공·사 천민들은 모두 이 격문을 들으라 조정에서는 관서를 버림이 분토(糞土)와 다름없다. 심지어 권세 있는 집의 노비들도 서토의 사람을 보면 반드시 '평안도 놈'이라고 말한다. 어찌 억울하고 원통하지 않은 자 있겠는가.
>
> (나) 진주 안핵사 박규수가 상소하였다. "임술년 2월, 진주만 수만 명이 스스로 죄에 빠진 것은 반드시 이유가 있을 것입니다. 그것은 곧 삼정이 모두 문란해진 것에 불과한데, 살을 베어 내고 뼈를 깎는 것 같은 고통은 환향이 가장 큰일입니다. …… 단성현은 호수가 수천에 불과 하지만 환향의 각곡이 9만 9,000여 석이고, 적량진은 호수가 100에 불과하지만 환향의 각곡이 10만 8,900여 석인데, 이를 보충시킬 방도는 모두 정도를 어기고 사리를 해치는 이야기입니다."

① (가)는 몰락 양반이었던 홍경래의 지휘아래 일어났다.
② (가)는 수령의 수탈과 서북인의 차별이 원인이 되었다.
③ (나)는 진주민란을 계기로 전국에서 농민봉기가 발생하였다.
④ (나)는 삼정의 문란이 원인이 되었다.
⑤ (가), (나)는 모두 동학사상의 영향이 계기가 되었다.

69. 다음 신문기사의 밑줄 친 '월인석보'와 관련 있는 왕의 업적으로 옳은 것은?

> ○○○○년 ○월 ○일
> **보물 745호 월인석보의 운명은?**
> 부실 저축은행 수사 과정에서 압수한 91점의 미술품 경매가 20일 시작된다. 유명 화가들의 작품이 즐비하다. 압수물 중에는 보물인 월인석보 9, 10권도 포함돼 있다. 어떻게 처리할지 예보의 고민이 깊다.

① 「팔만대장경」을 간행하였다.

② 보우를 중용하고 승과를 부활시켰다.

③ 간경도감을 설치하여 한글로 불교 경전을 해석하였다.

④ 의정부서사제를 실시하였다.

⑤ 선을 중심으로 불교를 통합하려고 하였다.

70. 다음 문학작품을 통해 추론 할 수 있는 사회 모습으로 옳은 것은?

> 나는 무엇인지 그리워서
> 이 많은 별빛이 내린 언덕 위에
> 내 이름자를 써 보고
> 흙으로 덮어 버리었습니다.
> 딴은, 밤을 새워 우는 벌레는
> 부끄러운 이름을 슬퍼하는 까닭입니다.
> 그러나 겨울이 지나고 나의 별에도 봄이 오면
> 무덤 위에 파란 잔디가 피어나듯이
> 내 이름자 묻힌 언덕 위에도 자랑처럼 풀이 무성할 거외다.
> － 윤동주, 별 헤는 밤 －

① 관리와 교원에게 제복과 칼을 착용하게 하였다.

② 우민화 정책을 통해 일본의 지배에 순종하게 하였다.

③ 회사령을 발표하여 민족 기업의 설립을 억제하였다.

④ 치안 유지법을 제정하여 사회주의세력을 억압하였다.

⑤ 헌병 경찰에게 즉시 처분권을 부여하였다.

71. 다음 자료와 같은 시기의 사회 모습으로 옳은 것을 〈보기〉에서 고른 것은?

> 조선인 사이에 사상이 더욱 악화되는 경향이 있다는 것은 말할 필요도 없다. 그러나 근대 조선 청년들은 기존의 성급하고 열광적인 운동이 효과가 없음을 깨닫고 점차 실력을 양성하여 일본의 속박에서 벗어나 독립을 회복하려 하고 있다. 근래 배움을 중시하는 경향이 현저해진 점이나 지방 도청에 청년회가 설립되고 있다는 점 등이 그 증거이다. …… 그러나 압박을 가해 이것을 질식시킨다는 것은 결코 바람직하지 않다. 그렇다고 해서 아무 방책도 강구하지 않고 내버려 두는 것도 위험스럽기 짝이 없다. 오히려 이러한 경향을 이용하여 이를 일선병합의 재정신과 대이상인 일선동화로 귀결시켜야 한다. 그 방책은 위력 있는 문화운동 뿐이다.
> － 사이토 마코토 문서9, 조선통치에 관한 의견서 －

> 〈보기〉
> ㉠ 보통경찰제가 실시되었다.
> ㉡ 치안유지법이 제정되었다.
> ㉢ 황국신민화를 구호로 내세웠다.
> ㉣ 토지조사사업이 실시되었다.

① ㉠, ㉡

② ㉠, ㉢

③ ㉡, ㉢

④ ㉡, ㉣

⑤ ㉢, ㉣

72. 다음 자료와 관련된 민족 운동에 대한 설명으로 옳은 것은?

> 이날 서울 거리의 광경은 열광적으로 독립 만세를 연창하는 군중, …… 사람이 너무도 어마어마하게 많으니까, 이것을 바라보는 일본 사람도 기가 콱 질리지 않을 수가 없었을 것이다. 이 날 우리는 일본인을 구타하거나 그들의 물품을 파괴 또는 약탈하는 등의 일은 전혀 하지 않았다.

① 대한민국 임시 정부 수립의 계기가 되었다.

② 민족주의계와 사회주의계의 대립과 갈등을 극복하는 계기가 되었다.

③ 일제의 민족차별과 식민지교육이 운동의 배경이 되었다.

④ 순종의 인산일을 기해 일어났다.

⑤ 신간회의 지원으로 전국적 규모로 확대될 수 있었다.

73. 다음 자료를 통해 알 수 있는 단체에 대한 설명으로 옳은 것은?

> 회고하여 보면 조선의 여성운동은 거의 분산되어 있었다. 통일된 조직이 없었고 통일된 목표와 지도정신도 없었다. …… 우리가 실제로 우리 자신을 위하여, 우리 사회를 위하여 분투하려면 조선 자매 전체의 역량을 하나로 모아 운동을 전면적으로 전개하지 않으면 안 된다.

① 신민회의 자매단체였다.
② 농촌진흥운동을 적극 지원하였다.
③ 신간회가 해소되면서 해체되었다.
④ 기독계 계열의 여성만이 참여하였다.
⑤ 3·1 만세 운동을 적극 지원하였다.

74. 다음 자료를 저술한 인물의 활동으로 옳은 것은?

> 김부식의 「삼국사기」는 일부 노예성의 산출물이라. 그 인물관이 더욱 창피하여 영웅인 애국자 곧 동서양 오랜 역사에 비교될 예가 별로 없을 부여복신을 전기에서 빼고 …… 연개소문이 비록 야심가이나 정치사상의 가치로는 도한 천 년에 드문 기이한 인물이거늘 …… 오직 「신구당서」를 초록하여 개소문전이라 칭할뿐이오, …… 독립적, 창조적인 설원·영랑·원효 등은 지워 없애버리고, 오직 중국 사상의 노예인 최치원을 코가 깨지도록, 이마가 터지도록, 손이 발이 되도록 절하며, 기리며, 뛰며, 노래하면서 기리었다.

① '조선 얼'을 강조하였다.
② 저서로 「조선사회경제사」, 「조선봉건사회경제사」가 있다.
③ '시일야방성대곡'을 써서 을사조약을 비판하였다.
④ 유교구신론을 주장하였다.
⑤ 역사를 '아(我)'와 '비아(非我)'의 투쟁으로 이해하였다.

75. 다음 자료와 관련된 단체의 활동으로 옳지 않은 것은?

> 105인 사건은 일제가 안중근의 사촌 동생 안명근이 황해도 일원에서 독립 자금을 모금하다가 적발되자 이를 빌미로 일제는 항일 기독교 세력과 단체를 탄압하기 위해 총독 암살 미수 사건을 조작하여 수백 명의 민족 지도자를 검거한 일이다.

① 만주 지역에 독립운동 기지를 건설하였다.
② 공화정체의 근대국민국가 건설을 주장하였다.
③ 대성학교와 오산학교를 설립하였다.
④ 사회 각계각층 인사들이 조직한 비밀결사 단체였다.
⑤ 고종의 강제 퇴위 반대 운동을 전개하였다.

76. (가), (나) 정부 때에 있었던 사실로 옳은 것을 〈보기〉에서 고른 것은?

(가) • 프로축구, 야구 및 씨름 구단의 창설 • 컬러 TV의 방송 (나) • 국제통화기금(IMF)에 구제 금융 요청 • 금융실명제 실시

〈보기〉
㉠ (가) – 서울 올림픽을 개최하였다.
㉡ (가) – 4·13 호헌 조치를 발표하였다.
㉢ (나) – 경제개발협력기구(OECD)에 가입하였다.
㉣ (나) – 남북한 유엔 동시가입이 이루어졌다.

① ㉠, ㉡
② ㉠, ㉢
③ ㉡, ㉢
④ ㉡, ㉣
⑤ ㉢, ㉣

77. 다음 우표와 관련된 '운동'에 대한 설명으로 옳은 것은?

① 농촌 생활환경의 개선을 꾀하였다.
② 농지개혁법이 운동 실시의 계기가 되었다.
③ 제2차 석유파동으로 중단되었다.
④ 농민들의 이촌향도를 막을 수 있었다.
⑤ 도시로는 확대되지 않았다.

78. 밑줄 친 (개)에 대한 설명으로 옳은 것은?

> 건국헌법에 친일파 처벌법 제정 근거가 마련됨에 따라 8월 5일 ___(개)___ 위원회가 구성되었다. 이는 남조선과도입법의원에서 만든 특별조례법률을 토대로 일본의 공직자 추방령, 중국 장제스 정부의 전범처리법안 등을 참고해 8월 16일 국회에 초안을 상정했고, 9월 7일 찬성 103명, 반대 6명으로 국회를 통과했다.

① 많은 친일파들이 처벌되고, 사형이 집행되기도 하였다.
② 이승만 정부는 (개)의 친일파 처벌에 소극적이었다.
③ 제헌 국회에서는 (개)의 활동을 반대 하였다.
④ 신탁 통치 문제를 해결하기 위해 조직되었다.
⑤ 미 군정청에서 적극적으로 지원을 하였다.

79. 다음 두 사상에 대한 설명으로 옳지 않은 것은?

> (개) 이것은 경험에 의한 인문지리적 지식을 활용하려는 학설인데, 뒤에 예언적인 도참 신앙과 결부되었다.
> (내) 이것은 고구려와 백제의 귀족 사회에 전래되어 민간신앙과 결합하여 널리 번성하였다. 특히 연개소문은 당나라로부터 이를 수입하여 장려하였다.

① (개)사상은 묘청의 서경천도 운동과 관련이 있다.
② (개)사상은 조선의 한양 천도에 영향을 주었다.
③ (내)사상은 백제의 금동대향로로 반영되어 있다.
④ (내)사상은 고구려 고분의 사신도에 반영되어 있다.
⑤ (개), (내)사상은 6두품, 호족세력의 경제적 성장을 반영하였다.

80. 박물관 가상 전시실의 유물을 보고 작성한 기록으로 옳지 않은 것은?

(가) 선사관
(나) 삼국관
(다) 남북국관
(라) 고려관
(마) 조선관

① (가) – 청동제품을 제작하던 틀이다.
② (나) – 신라의 무덤에서 볼 수 있는 구조이다.
③ (다) – 발해가 고구려를 계승한 것을 잘 보여주는 유물 중 하나이다.
④ (라) – 주심포 양식의 기본 수법과 배흘림기둥을 살펴볼 수 있다.
⑤ (마) – 김홍도가 춤추는 아이를 그린 작품으로 조선 후기의 대표적인 풍속화이다.

|81~83| 다음 빈칸에 들어갈 알맞은 단어를 고르시오.

81.

> In all press conferences the speakers _____ their words carefully to avoid being misquoted.

① snub ② eradicate

③ lilt ④ enunciate

⑤ protract

82.

> You are much less likely to give an _____ reply, if you think before you speak.

① adverse ② advisable

③ inalterable ④ inadvertent

⑤ informative

83.

> I remember it as clearly _____ it happened yesterday.

① as ② as if

③ because ④ because of

⑤ therefore

|84~85| 다음 밑줄 친 부분과 가장 유사한 의미를 가진 단어를 고르시오.

84.

> After leaving a particularly <u>raucous</u> concert, some rock music fans complain about ringing in their ears known as tinnitus.

① enigmatic ② fractious

③ flamboyant ④ irretrievable

⑤ loud

85.

> Our overactive brain stays busy, always making up stuff about everything around it, but the nose is no less <u>versatile</u> than its Style cultural stand-ins.

① contradictory ② complicated

③ ubiquitous ④ fragile

⑤ skilful

|86~88| 다음 밑줄 친 곳에 가장 적당한 것을 고르시오.

86.

> Thomas Edison was a great inventor but a lousy _____. When he proclaimed in 1922 that the motion picture would replace textbooks in schools, he began a long string of spectacularly wrong predictions regarding the capacity of various technologies to revolutionize teaching. To date, none of them from film to television has lived up to the hype. Even the computer has not been able to show a consistent record of improving education.

① boaster ② kleptomaniac

③ prognosticator ④ swindler

⑤ teaser

87.

> When you pay an arm and a leg for something, it is not _____ at all.

① expensive   ② precious

③ refundable   ④ portable

⑤ cheap

88.

> If you want to avoid mentioning the person giving an order or giving advice, you use a passive reporting verb with the person who _____ the order or advice as the subject of the clause.

① gives   ② makes

③ delivers   ④ initiate

⑤ receives

89. extraterrestrial intelligence에 대한 작가의 태도는?

> People have often wondered whether life, especially intelligent life, exists beyond Earth. Although some people claim there is a lot of evidence for alien life, I found none to be compelling.

① Optimistic   ② Skeptic

③ Approving   ④ Ambivalent

⑤ Laudatory

90. 다음 대화를 읽고 글의 흐름상 빈칸에 들어갈 적당한 말은?

> A : Which institution are you going to apply to?
> B : Well, Yale University, among other things. I know it's _____, and therefore I may fail.
> A : I hope you will make it.
> B : Thanks.

① long shots   ② good on terms

③ short of cash   ④ beyond dispute

⑤ in stock

91. 글의 내용과 일치하는 것은?

> Sleeping is such a natural thing to do. We spend perhaps a third of our lives doing it. Why, then, do people have trouble sleeping? Often we can't sleep because something exciting is about to happen — a special party or a championship game, for example. Other times we can't sleep because we are nervous or upset. What can we do if we have trouble sleeping? One suggestion is to set up a sleep schedule. Whenever possible, try to get to bed about the same time each night. Also, try to get the right number of hours of sleep for you. Some people may need only six or seven hours of sleep a night. Others may need nine or ten. Seven or eight hours a night is the average.

① One third of people take naps during the day.

② Most people need less sleep than they imagine.

③ Too much sleep can cause excitement or nervousness.

④ The amount of sleep needed varies with each person.

⑤ Those going to bed before midnight have a relaxing sleep.

92. 글에서 유추할 수 없는 것은?

> A woman I know was told by her doctor she had bone cancer that could be fatal. Instead of surrendering to sickness, she began travelling to one exotic country after another. She bought theater tickets and magazine subscriptions. At nearly 80, she remarried. She has far exceeded her doctor's expectations, and she says there are not enough hours in a day to do the things she wants to do.

① She reads magazines regularly.

② She has lived longer than expected by her doctor.

③ She is a theatergoer.

④ She sometimes idles away her time.

⑤ In spite of her serious illness, she leads a positive life.

Travelers who return from a vacation often answer the question "How was your trip?" by saying, "Oh, it was out of this world!" [A] By this idiom, they mean, of course, that their trip was amazing. [B] Already it's possible to go through the same training that astronauts go through. [C] Just go to Star City, Russia. _____ astronaut training, it's possible to experience one of their 'Space Adventures.' [D] On one of these, for example, you can enter a special plane that gives you the feeling of weightlessness that astronauts experience — several minutes of zero-gravity. [E] Two private individuals have already spent a week at the International Space Station, at a price of $20,000,000 each. A number of companies are now planning projects to commercialize space in various ways. A California company, Scaled Composites, and a British company, Virgin Galactica, are working on the creation of reusable vehicles that could carry passengers in the near future. Even the Hilton Hotel chain is considering building a space hotel. The main attractions will be the view (of Earth), the feeling of weightlessness, and the chance to take a hike on the Moon. It goes without saying that the price will also be 'out of this world.'

93. 밑줄 친 부분에 들어갈 말로 가장 적절한 것은?

① Despite
② Due to
③ In addition to
④ Since
⑤ In consequence of

94. 다음 문장이 들어가기에 가장 적절한 곳은?

However, people will soon be able to use this expression literally, but it will be expensive.

① (A)   ② (B)
③ (C)   ④ (D)
⑤ (E)

95. 글의 빈칸 (A)와 (B)에 들어갈 말로 가장 적절한 것은?

Country music and blues may seem like ___(A)___, but actually they have many things in common. For example, most old country songs are written about separation, loss, and heartache, or, on the happier side, going out and having a good time. Musically, country and blues share similar eight-bar or twelve-bar chord structures, but country has a much boxer beat when compared to the steady, driving rhythm of blues songs. While both country and the blues influenced the development of rock'n'roll, blues proved a more ___(B)___ source, giving birth to jazz, fusion, disco, rap, and funk.

(A)   (B)
① opposites — fertile
② opposites — unstable
③ antonyms — futile
④ the same — infertile
⑤ the same — productive

96. 다음 글의 주제로 가장 적절한 것은?

I have always wondered at the passion many people have to meet the celebrated. The prestige you acquire by being able to tell your friends that you know famous men proves only that you are yourself of small account. The celebrated develop a technique to deal with the persons they come across. They show the world a mask, often an impressive one, but take care to conceal their real selves. They play the part that is expected from them and with practice learn to play it very well, but you are stupid if you think this public performance of theirs corresponds with the man within.

① You shouldn't confuse public performance of the celebrated with their real selves.
② You should have the passion to meet celebrated.
③ You shouldn't believe in whatever the celebrated say.
④ You should realize that the celebrated take care of their real selves.
⑤ You may as well think public performance of the celebrated corresponds with their real one.

  Meant to bring everyday Europeans closer to the E. U. institutions that govern them in distant Brussels, the direct democracy experiment allows citizens to sling their concerns onto the E. U. agenda. The principle is simple ; if campaigners muster one million signatures for a proposal, they can ask the European Commission, the E. U.'s executive branch, to write new legislation. "This is all about taking The E. U outside of the Brussels beltway and giving it full democratic expression!" sad Maros Sefcovic, the E. U. commissioner in charge of putting the proposal into place, "The E. U. often stands accused of complexity and detachment from its citizens. Fostering a lively cross—border debate about what we are doing in Brussels will lead to better rule—making, inspired by the grass roots."

97. 빈칸에 들어갈 내용으로 적절한 것은?

  The present E. U. system is problematic because _____.

① it is relatively alienated from the ordinary European people

② it has tyrannized every day European people over the years

③ it has not accepted the legislative petition form the citizens

④ it has prospered as an exemplary democratic experiment

⑤ it has achieved more advanced democracy than each specific European country

98. 다음 질문에 대한 대답으로 가장 적절한 것은?

  What is needed for the grass root legislative petition?

① A lively cross—border debate

② Downsizing the E. U. institutions

③ The approval by the E. U. institutions

④ Taking the E. U. headquarters out of the Brussels beltway

⑤ One million European citizens who approve of the proposal

99. 빈칸에 들어갈 말로 바르게 짝지어진 것은?

  The technique of action painting is so _____ in Jackson Pollack's work that it becomes, in fact, the chief _____ of his art.

① useless － destruction

② negligible － bequest

③ visible － defense

④ ardent － remission

⑤ pervasive － characteristic

100. 다음 중 어법에 맞는 문장은?

① It is stupid for him to make that mistake.

② We arranged for a car to collect us from the airport.

③ I have some money to be used.

④ We noticed them to come in.

⑤ They should practice to play the guitar whenever they can.

한국산업인력공단

일반직 5급(일반행정) 모의고사

[제 2 회]

영 역	NCS직업기초능력, 한국사, 영어
문 항 수 / 시 간	100문항 / 100분
비 고	객관식 5지선다형

SEOWONGAK
(주)서원각

100문항/100분

>> 직업기초능력(60문항)

1. 신입사원 교육을 받으러 온 직원들에게 나눠준 조직도를 보고 사원들이 나눈 대화이다. 다음 중 조직도를 올바르게 이해한 사원을 모두 고른 것은?

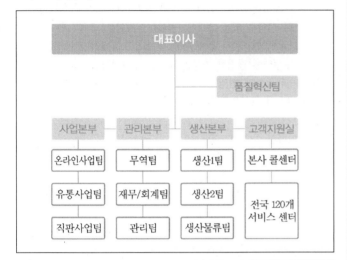

> A : 조직도를 보면 본사는 3개 본부, 1개 지원실, 콜센터를 포함한 총 10개 팀으로 구성되어 있군.
> B : 그런데 품질혁신팀은 따로 본부에 소속되어 있지 않고 대표이사님 직속으로 소속되어 있네.
> C : 전국의 서비스센터는 고객지원실에서 관리해.

① A
② B
③ A, C
④ B, C
⑤ A, B, C

2. 다음에 주어진 조직의 특성 중 유기적 조직에 대한 설명을 모두 고른 것은?

> ㉠ 구성원들의 업무가 분명하게 규정되어 있다.
> ㉡ 급변하는 환경에 적합하다.
> ㉢ 비공식적인 상호의사소통이 원활하게 이루어진다.
> ㉣ 엄격한 상하 간의 위계질서가 존재한다.
> ㉤ 많은 규칙과 규정이 존재한다.

① ㉠㉢
② ㉡㉢
③ ㉡㉤
④ ㉢㉣
⑤ ㉣㉤

|3~5| 다음은 L기업의 회의록이다. 다음을 보고 물음에 답하시오.

<회의록>

일시	2015. 00. 00 10:00~12:00	장소	7층 소회의실
참석자	영업본부장, 영업1부장, 영업2부장, 기획개발부장 불참자(1명) : 영업3부장(해외출장)		
회의제목	고객 관리 및 영업 관리 체계 개선 방안 모색		
의안	고객 관리 체계 개선 방법 및 영업 관리 대책 모색 - 고객 관리 체계 확립을 위한 개선 및 A/S 고객의 만족도 증진방안 - 자사 영업직원의 적극적인 영업활동을 위한 개선방안		
토의 내용	㉠ 효율적인 고객관리 체계의 개선 방법 • 고객 관리를 위한 시스템 정비 및 고객관리 업무 전담 직원 증원이 필요(영업2부장) • 영업부와 기획개발부 간의 지속적인 제품 개선 방안 협의 건의(기획개발부장) • 영업 조직 체계를 제품별이 아닌 기업별 담당제로 전환(영업1부장) • 고객 정보를 부장차원에서 통합관리(영업2부장) • 각 부서의 영업직원의 고객 방문 스케줄 공유로 방문처 중복을 방지(영업1부장) ㉡ 자사 영업직원의 적극적인 영업활동을 위한 개선방안 • 영업직원의 영업능력을 향상시키기 위한 교육 프로그램 운영(영업본부장)		
협의사항	㉠ IT본부와 고객 리스트 관리 프로그램 교체를 논의해보기로 함 ㉡ 인사과와 협의하여 추가 영업 사무를 처리하는 전담 직원을 채용할 예정임 ㉢ 인사과와 협의하여 연 2회 교육 세미나를 실시함으로 영업교육과 프레젠테이션 기술 교육을 받을 수 있도록 함 ㉣ 기획개발부와 협의하여 제품에 대한 자세한 이해와 매뉴얼 숙지를 위해 신제품 출시에 맞춰 영업직원을 위한 설명회를 열도록 함 ㉤ 기획개발부와 협의하여 주기적인 회의를 갖도록 함 ㉥ 재무과와 고객 리스트 관리 프로그램 교체에 소요되는 비용에 대해 협의 예정		

3. 다음 중 본 회의록으로 이해할 수 있는 내용이 아닌 것은?

① 회의 참석 대상자는 총 5명이었다.

② 영업본부의 업무 개선을 위한 회의이다.

③ 교육 세미나의 강사는 인사과의 담당직원이다.

④ 영업1부와 2부의 스케줄 공유가 필요하다.

⑤ 본 회의 이후 영업본부와 기획개발부 간의 주기적인 회의가 요구된다.

4. 다음 중 회의 후에 영업부가 협의해야 할 부서가 아닌 것은?

① IT본부　　　　　　② 인사과

③ 기획개발부　　　　④ 비서실

⑤ 재무과

5. 회의록을 보고 영업부 교육 세미나에 대해 알 수 있는 내용이 아닌 것은?

① 교육내용　　　　　② 교육일시

③ 교육횟수　　　　　④ 교육목적

⑤ 협의부서

6. 다음은 회의 관련 규정의 일부이다. 잘못 쓰여 진 글자는 모두 몇 개인가?

제22조(회의 등)

① 심의위원회의 회의는 정기회의와 임시회이로 구분한다.

② 심의위원회의 회의는 공개한다. 다만, 다음 각 호의 어느 하나에 해당하는 경우에는 심의위원회의 의결로 공개하지 아니할 수 있다.

1. 공개하면 국가안전보장을 해칠 우려가 있는 경우

2. 다른 법령에 따라 비밀로 분류되거나 공개가 제한된 내용이 포함되어 있는 경우

3. 공개하면 개인·법인 및 단체의 명예를 훼손하거나 정당한 이익을 해칠 우려가 있다고 인정되는 경우

4. 감사·인사관리 등에 관한 사항으로 공개하면 공정한 업무수행에 현저한 지장을 초래할 우려가 있는 경우

③ 심의위원회의 회의는 재직위원 과반수의 출석과 출석위원 과반수의 찬성으로 의결한다.

④ 심의위원회는 그 소관직무 중 일부를 분담하여 효율적으로 수행하기 위하여 소위원회를 두거나 특정한 분야에 대한 자문 등을 수행하기 위하여 특별위원회를 둘 수 있다.

⑤ 심의위원회의 공개되는 회의를 회의장에서 방청하려는 사람은 신분을 증명할 수 있는 신분증을 제시하고, 회의 개최 전까지 방청건을 발급받아 방청할 수 있다. 이 경우 심의위원장은 회의의 적절한 운영과 질서유지를 위하여 필요한 때에는 방청인 수를 제한하거나 방청인의 퇴장을 명할 수 있다.

⑥ 심의위원회의 회의 운영, 소위원회 또는 특별위원회의 구성 및 운영에 관하여 그 밖에 필요한 사항은 대통령영으로 정한다.

---

① 2개　　　　　　　② 3개

③ 4개　　　　　　　④ 5개

⑤ 6개

7. 다음은 국민연금 가입자의 네 가지 형태를 설명하고 있는 글이다. (가)~(라)에 해당하는 형태의 가입자를 순서대로 올바르게 연결한 것은 어느 것인가?

(가) 납부한 국민연금 보험료가 있는 가입자 또는 가입자였던 자로서 60세에 달한 자가 가입기간이 부족하여 연금을 받지 못하거나 가입기간을 연장하여 더 많은 연금을 받기를 원할 경우는 65세에 달할 때까지 신청에 의하여 가입자가 될 수 있다.

(나) 60세 이전에 본인의 희망에 의해 가입신청을 하면 가입자가 될 수 있다. 즉, 다른 공적연금에서 퇴직연금(일시금), 장애연금을 받는 퇴직연금 등 수급권자, 국민기초생활보장법에 의한 수급자 중 생계급여 또는 의료급여 또는 보장시설 수급자, 소득활동에 종사하지 않는 사업장가입자 등의 배우자 및 보험료를 납부한 사실이 없고 소득활동에 종사하지 않는 27세 미만인 자는 가입을 희망하는 경우 이 가입자가 될 수 있다.

(다) 국내에 거주하는 18세 이상 60세 미만의 국민으로서 사업장가입자가 아닌 사람은 당연히 가입자가 된다. 다만, 다른 공적연금에서 퇴직연금(일시금), 장애연금을 받는 퇴직연금 등 수급권자, 국민기초생활보장법에 의한 수급자 중 생계급여 또는 의료급여 또는 보장시설 수급자, 소득활동에 종사하지 않는 사업장가입자 등의 배우자 및 보험료를 납부한 사실이 없고 소득활동에 종사하지 않는 27세 미만인 자는 이 가입자가 될 수 없다.

(라) 국민연금에 가입된 사업장의 18세 이상 60세 미만의 사용자 및 근로자로서 국민연금에 가입된 자를 말한다. 1인 이상의 근로자를 사용하는 사업장 또는 주한외국기관으로서 1인 이상의 대한민국 국민인 근로자를 사용하는 사업장에서 근무하는 18세 이상 60세 미만의 사용자와 근로자는 당연히 이 가입자가 된다.

① 임의계속가입자 - 지역가입자 - 임의가입자 - 사업장 가입자
② 사업장 가입자 - 임의가입자 - 지역가입자 - 임의계속가입자
③ 임의계속가입자 - 임의가입자 - 사업장 가입자 - 지역가입자
④ 임의가입자 - 임의계속가입자 - 지역가입자 - 사업장 가입자
⑤ 임의계속가입자 - 임의가입자 - 지역가입자 - 사업장 가입자

8. 다음에 제시된 글을 보고 이 글의 목적에 대해 바르게 나타낸 것은?

제목 : 사내 신문의 발행

1. 우리 회사 직원들의 원만한 커뮤니케이션과 대외 이미지를 재고하기 위하여 사내 신문을 발간하고자 합니다.

2. 사내 신문은 홍보지와 달리 새로운 정보와 소식지로써의 역할이 기대되오니 아래의 사항을 검토하시고 재가해주시기 바랍니다.

-아 래-

㉠ 제호 : We 서원인
㉡ 판형 : 140 × 210mm
㉢ 페이지 : 20쪽
㉣ 출간 예정일 : 2018. 1. 1.

별첨 견적서 1부

① 회사에서 정부를 상대로 사업을 진행하려고 작성한 문서이다.
② 회사의 업무에 대한 협조를 구하기 위하여 작성한 문서이다.
③ 회사의 업무에 대한 현황이나 진행상황 등을 보고하고자 하는 문서이다.
④ 회사 상품의 특성을 소비자에게 설명하기 위하여 작성한 문서이다.
⑤ 간단한 메모 형식으로 여러 사람이 차례로 돌려 보기 위해 작성한 문서이다.

9. 다음은 기업의 정기 주주 총회 소집 공고문이다. 이에 대한 설명으로 옳은 것을 모두 고른 것은?

[정기 주주 총회 소집 공고]

상법 제 361조에 의거 ㈜ ○○기업 정기 ㉮<u>주주 총회</u>를 아래와 같이 개최하오니 ㉯<u>주주</u>님들의 많은 참석 바랍니다.

- 아 래 -

1. 일시 : 2012년 3월 25일(일) 오후 2시
2. 장소 : 본사 1층 대회의실
3. 안건
　- 제1호 의안 : 제7기(2011. 1. 1 ~ 2011. 12. 31) 재무제표 승인의 건
　- 제2호 의안 : ㉰<u>이사</u> 보수 한도의 건
　- 제3호 의안 : ㉱<u>감사</u> 선임의 건

- 생 략 -

㉠ ㉮는 이사회의 하위 기관이다.
㉡ ㉯는 증권 시장에서 주식을 거래할 수 있다.
㉢ ㉰는 별도의 절차 없이 대표 이사가 임명을 승인한다.
㉣ ㉱는 이사회의 업무 및 회계를 감시한다.

① ㉠㉡
② ㉠㉢
③ ㉡㉣
④ ㉢㉣
⑤ ㉡㉢㉣

10. 다음은 어느 공공기관에서 추진하는 '바람직한 우리 사회'를 주제로 한 포스터이다. 포스터의 주제를 가장 효과적으로 표현한 사원은?

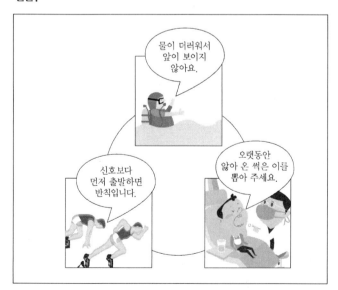

① 甲 : 깨끗한 우리 사회, 부패 척결에서 시작합니다.
② 乙 : 밝고 따뜻한 사회, 작은 관심에서 출발합니다.
③ 丙 : 자연을 보호하는 일, 미래를 보호하는 일입니다.
④ 丁 : 맹목적인 기업 투자, 회사를 기울게 만들 수 있습니다.
⑤ 戊 : 복지사회 구현, 지금 시작해야 합니다.

11. 다음 글에서 가장 중요한 요점은 무엇인가?

부패방지위원회

수신자 : 수신자 참조
(경유)
제목 : 2015년 부패방지평가 보고대회 개최 알림

1. 귀 기관의 무궁한 발전을 기원합니다.
2. 지난 3년간의 부패방지 성과를 돌아보고 국가청렴도 향상을 위한 정책방안을 정립하기 위하여 2015년 부패방지평가 보고대회를 붙임(1)과 같이 개최하고자 합니다.
3. 동 보고대회의 원활한 진행을 위하여 붙임(2)의 협조사항을 2015년 1월 20일까지 행사준비팀(전화 : 02-000-0000, 팩스 : 02-000-0001, E-mail : 0000@0000.co.kr)로 알려 주시기 바랍니다.

※ 초청장은 추후 별도 송부 예정임

붙임 (1) : 2015년 부패방지평가 보고대회 기본계획 1부
　　　(2) : 행사준비관련 협조사항 1부. 끝.

부패방지위원회 회장
○○○
수신자 부패방지공관 부패방지시민모임 기업홍보부 정의실천모임

① 수신자의 기관에 무궁한 발전을 위하여
② 초청장의 발행 여부 확인을 위하여
③ 보고대회가 개최됨을 알리기 위하여
④ 기업홍보를 위한 스폰서를 모집하기 위하여
⑤ 행사 일정 변경을 알리기 위하여

- '사회보장'이라는 용어는 유럽에서 실시하고 있던 사회보험의 '사회'와 미국의 대공황 시기에 등장한 긴급경제보장위원회의 '보장'이란 용어가 합쳐져서 탄생한 것으로 알려져 있다. 1935년에 미국이 「사회보장법」을 제정하면서 법률명으로서 처음으로 사용되었고, 이후 사회보장이라는 용어는 전 세계적으로 ⊙통용되기 시작하였다.
- 제2차 세계대전 후 국제노동기구(ILO)의 「사회보장의 길」과 영국의 베버리지가 작성한 보고서 「사회보험과 관련 서비스」 및 프랑스의 라로크가 ⓛ책정한 「사회보장계획」의 영향으로 각국에서 구체적인 사회정책으로 제도화되기 시작하였다.
- 우리나라는 1962년 제5차 개정헌법 제30조 제2항에서 처음으로 '국가는 사회보장의 증진에 노력하여야 한다'고 규정하여 국가적 의무로서 '사회보장'을 천명하였고, 이에 따라 1963년 11월 5일 법률 제1437호로 전문 7개조의 「사회보장에 관한 법률」을 제정하였다.
- '사회보장'이라는 용어가 처음으로 사용된 시기에 대해서는 대체적으로 의견이 일치하고 있으며 해당 용어가 전 세계적으로 ⓒ파급되어 사용하고 있음에도 불구하고, '사회보장'의 개념에 대해서는 개인적, 국가적, 시대적, 학문적 관점에 따라 매우 다양하게 인식되고 있다.
- 국제노동기구는 「사회보장의 길」에서 '사회보장'은 사회구성원들에게 발생하는 일정한 위험에 대해서 사회가 적절하게 부여하는 보장이라고 정의하면서, 그 구성요소로 전체 국민을 대상으로 해야 하고, 최저생활이 보장되어야 하며 모든 위험과 사고가 보호되어야 할뿐만 아니라 공공의 기관을 통해서 보호나 보장이 이루어져야 한다고 하였다.
- 우리나라는 사회보장기본법 제3조 제1호에 의하여 "사회보장"이란 출산, ⓔ양육, 실업, 노령, 장애, 질병, 빈곤 및 사망 등의 사회적 위험으로부터 모든 국민을 보호하고 국민 삶의 질을 향상 시키는데 필요한 소득·서비스를 보장하는 사회보험, 공공ⓜ부조, 사회서비스를 말한다'라고 정의하고 있다.

12. 사회보장에 대해 잘못 이해하고 있는 사람은?

① 영은 : '사회보장'이라는 용어가 법률명으로 처음 사용된 것은 1935년 미국에서였대.

② 원일 : 각국에서 사회보장을 구체적인 사회정책으로 제도화하기 시작한 것은 제2차 세계대전 이후구나.

③ 지민 : 사회보장의 개념은 어떤 관점에서 보느냐에 따라 매우 다양하게 인식될 수 있겠군.

④ 정현 : 국제노동기구의 입장에 따르면 개인에 대한 개인의 보호나 보장 또한 사회보장으로 볼 수 있어.

⑤ 우리나라 사회보장기본법에 따르면 사회보험, 공공부조, 사회서비스가 사회보장에 해당하는군.

13. 밑줄 친 단어가 한자로 바르게 표기된 것은?

① ⊙ 통용 – 通容
② ⓛ 책정 – 策正
③ ⓒ 파급 – 波及
④ ⓔ 양육 – 羊肉
⑤ ⓜ 부조 – 不調

14. 다음은 ○○기업의 입사지원서 중 자기소개서 평가의 일부이다. 이를 통해 기업이 평가하려고 하는 직업기초능력으로 적절한 것을 모두 고른 것은?

▶ 모집 분야 : ○○기업 고객 상담 센터
 – 고객과 상담 도중 고객의 의도를 정확하게 파악하여 자신의 뜻을 효과적으로 전달할 수 있는 방안을 서술하시오.
 – 예상하지 못했던 문제로 계획했던 일이 진행되지 않았을 때, 문제가 발생한 원인을 정확하게 파악하고 해결했던 경험을 서술하시오.

⊙ 수리능력　　　　　ⓛ 자원관리능력
ⓒ 문제해결능력　　　ⓔ 의사소통능력

① ⊙ⓛ
② ⊙ⓒ
③ ⓛⓒ
④ ⓒⓔ
⑤ ⓛⓒⓔ

15. 다음 두 글에서 '이것'에 대한 설명으로 가장 적절한 것은?

(가) 미국 코넬 대학교 심리학과 연구팀은 본교 32명의 여대생을 대상으로 미국의 식품산업 전반에 대한 의견 조사를 실시했다. 'TV에 등장하는 음식 광고가 10년 전에 비해 줄었는지 아니면 늘었는지'를 중심으로 여러 가지 질문을 던졌다. 모든 조사가 끝난 후 설문에 참가한 여대생들에게 다이어트 여부에 대한 추가 질문을 했다. 식사량에 신경을 쓰고 있는지, 지방이 많은 음식은 피하려고 노력하고 있는지 등에 대한 질문들이었다. 현재 다이어트에 신경 쓰고 있는 여대생들은 그렇지 않은 여대생보다 TV의 식품 광고가 더 늘었다고 인식한 분석 결과가 나타났다. 이들이 서로 다른 TV 프로그램을 봤기 때문일까? 물론 그렇지 않다. 이유는 간단하다. 다이어트를 하는 여대생들은 음식에 대한 '이것'으로 세상을 보고 있었기 때문이다.

(나) 코넬 대학교 연구팀은 미국의 한 초등학교 교사와 교직원을 대상으로 아동들이 직면하고 있는 위험요소가 5년 전에 비하여 증가했는지 감소했는지 조사했다. 그런 다음 응답자들에게 신상 정보를 물었는데, 그 중 한 질문이 첫 아이가 태어난 연도였다. 그 5년 사이에 첫 아이를 낳은 응답자와 그렇지 않은 응답자의 위험 지각 정도를 비교했다. 그 기간 동안에 부모가 된 교사와 직원들이, 그렇지 않은 사람들에 비해 아이들이 직면한 위험 요소가 훨씬 더 늘었다고 답했다. 부모가 되는 순간 세상을 위험한 곳으로 인식하기 시작하는 것이다. 그런 이유로 이들은 영화나 드라마에 등장하는 'F'로 시작하는 욕도 더 예민하게 받아들인다. 이 점에 대해 저널리스트 엘리자베스 오스틴은 이렇게 지적한다. "부모가 되고 나면 영화, 케이블 TV, 음악 그리고 자녀가 없는 친구들과의 대화중에 늘 등장하는 비속어에 매우 민감해진다." 이처럼 우리가 매일 보고 듣는 말이나 그 내용은 개개인의 '이것'에 의해 결정된다.

① 자기 자신의 관심에 따라 세상을 규정하는 사고방식이다.
② 자기 자신에 의존하여 자신이 모든 것을 결정하려고 하는 욕구이다.
③ 특정한 부분에 순간적으로 집중하여 선택적으로 지각하는 능력이다.
④ 자기 자신의 경험과 인식이 정확하고 객관적이라고 믿는 입장이다.
⑤ 한 사회의 특정 시대를 관통하는 공통적인 생각이다.

16. 다음 토론의 '입론'에 대한 이해로 적절하지 못한 것은?

찬성 1 : 저는 한식의 표준화가 필요하다고 생각합니다. 이를 위해 한국을 대표하는 음식들의 조리법부터 표준화해야 합니다. 한식의 조리법은 복잡한 데다 계량화되어 있지 않은 경우가 많아서 조리하는 사람에 따라 많은 차이가 나게 됩니다. 게다가 최근에는 한식 고유의 맛과 모양에서 많이 벗어난 음식들까지 등장하여 한식 고유의 맛과 정체성을 흔들고 있습니다. 따라서 한국을 대표하는 음식들부터 식자재 종류와 사용량, 조리하는 방법 등을 일정한 기준에 따라 통일해 놓으면 한식 고유의 맛과 정체성을 지키는 데 큰 도움이 될 것입니다.

반대 2 : 한식의 표준화가 획일화를 가져와 한식의 다양성을 훼손할 수 있다는 생각은 안 해 보셨나요?

찬성 1 : 물론 해 보았습니다. 한식의 표준화가 한식의 다양성을 훼손할 수도 있지만, 한식 고유의 맛과 정체성을 지키기 위해서는 꼭 필요한 일입니다.

사회자 : 찬성 측 토론자의 입론과 이에 대한 교차 조사를 잘 들었습니다. 이어서 반대 측 토론자가 입론을 해 주시기 바랍니다.

반대 1 : 한식 고유의 맛과 정체성은 다른 데 있는 게 아니라 조리하는 사람의 깊은 손맛에 있다고 봅니다. 그런데 한식을 섣불리 표준화하면 이러한 한식 고유의 손맛을 잃어 버려 한식 고유의 맛과 정체성이 오히려 더 크게 훼손될 것입니다.

찬성 1 : 한식 조리법을 표준화하면 손맛을 낼 수 없다는 말씀이신가요?

반대 1 : 손맛은 조리하는 사람마다의 경험과 정성에서 우러나오는 것인데, 조리법을 표준화하면 음식에 이러한 것들을 담기 어려울 것입니다.

사회자 : 이어서 찬성과 반대 측 토론자의 두 번째 입론을 시작하겠습니다. 교차 조사도 함께 진행해 주시기 바랍니다.

찬성 2 : 저는 한식의 표준화가 한식의 세계화를 위해서도 꼭 필요하다고 생각합니다. 최근 케이팝(K-pop)과 드라마 등 한국 대중문화가 세계 속에 널리 알려지면서 우리 음식에 대한 세계인들의 관심이 점점 높아지고 있는데, 한식의 조리법이 표준화되어 있지 않아서 이것이 한식의 세계화에 걸림돌이 되고 있습니다. 얼마 전 외국의 한식당에 가 보니 소금에 절이지도 않은 배추를 고춧가루 양념에만 버무려 놓고, 이것을 김치로 판매하고 있더군요. 이런 문제들이 해결되어야 한식의 세계화가 원활하게 이루어질 것입니다.

반대 1 : 그것은 한식의 표준화보다 정책 당국의 관심과 적극적인 홍보를 통해 해결할 수 있는 문제가 아닐까요?

찬성 2 : 물론 그렇습니다. 그런데 한식의 표준화가 이루어져 있다면 정부의 홍보도 훨씬 쉬워질 것입니다.

반대 2 : 표준화가 되어 있지 않아도 외국에서 큰 호응을 얻고 있는 한식당들이 최근 점점 늘어가고 있습니다. 이런 추세를 감안할 때, 한식의 표준화가 한식의 세계화를 위해 꼭 필요한 것은 아니라고 생각합니다. 인도는 카레로 유명한 나라지만 표준화된 인도식 카레 같은 것은 없지 않습니까? 그리고 음식의 표준을 정한다는 것도 현실적으로 가능한 것인지 모르겠습니다. 세계인들의 입맛은 우리와 다르고 또 다양할 텐데 한식을 표준화하는 것은 오히려 한식의 세계화를 어렵게 할 수 있습니다.

① '찬성 1'은 한식 조리법의 특성과 최근의 부정적 상황을 논거로 제시하고 있다.
② '반대 1'은 한식의 표준화가 초래할 수 있는 부작용을 논거로 제시하고 있다.
③ '찬성 2'는 한식의 표준화가 여러 대안들 중 최선의 선택이라는 점을 부각하고 있다.
④ '반대 2'는 현황과 사례를 들어 한식의 표준화가 필요하지 않다는 논지를 강화하고 있다.
⑤ '반대 1'은 한식의 표준화가 한식의 정체성을 훼손할 것이라고 주장하고 있다.

17. 다음은 인력변경보고 업무처리 절차를 도식화한 것이다. 잘못 쓰여 진 글자는 모두 몇 개인가?

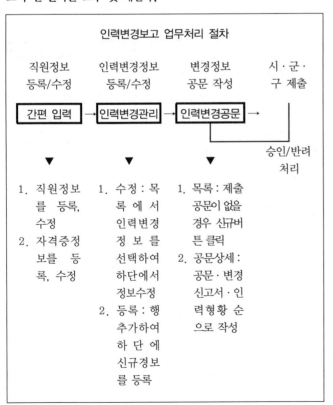

18. 상사의 자녀 결혼식에 오신 하객들에게 보내기 위해 작성한 감사의 글에서 다음 중 잘못 읽은 한자음은?

> **感謝의 말씀**
> 　지난 ○월 ○일 저희 아들(○○)의 ㉠婚禮에 바쁘신 중에도 참석하셔서 자리를 빛내 주시고 따뜻한 정으로 ㉡祝福하여 주신 데 대하여 깊이 感謝드립니다.
> 　마땅히 찾아뵙고 人事드림이 도리인 줄 아오나 우선 紙面으로 人事드림을 ㉢惠諒하여 주시기 바랍니다. 아울러 항상 健勝하시고 뜻하시는 모든 일이 ㉣亨通하시길 ㉤祈願합니다. 진심으로 感謝합니다.

① ㉠ 혼례
② ㉡ 축복
③ ㉢ 혜언
④ ㉣ 형통
⑤ ㉤ 기원

19. 다음 메모와 관련된 내용으로 옳지 않은 것은?

> MEMO
> To : All Staff
> From : Robert Burns
> Re : Staff meeting
> 　This is just to remind everyone about the agenda for Monday's meeting. The meeting will be a combination of briefing and brainstorming session, Please come prepared to propose ideas for reorganizing the office! And remember that we want to maintain a positive atmosphere in the meeting. We don't criticize any ideas you share. All staff members are expected to attend meeting!

① 전 직원들에게 알리는 글이다.
② 간부들만 회의에 참석할 수 있음을 알리는 글이다.
③ 회의는 브리핑과 브레인스토밍 섹션으로 구성될 것이다.
④ 사무실 재편성에 관한 아이디어에 관한 회의가 월요일에 있을 것이다.
⑤ 회의는 긍정적인 분위기를 유지하기를 바란다.

20. 당신의 팀은 본부 내 다른 팀과 비교하였을 때 계속 실적이 떨어지는 추세를 보이고 있다. 곰곰이 따져 다음과 같은 여러 가지 팀 내 현상을 정리한 당신은 실적 하락의 근본 원인을 찾아 들어가 도식화하여 팀장에게 보고하려 한다. 다음 중 현상 간의 인과관계를 따져볼 때 당신이 ㉢에 입력할 내용으로 가장 적절한 것은?

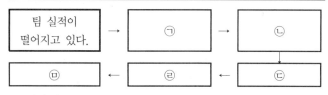

- 팀장이 항상 너무 바쁘다.
- 팀장의 팀원 코칭이 불충분하다.
- 팀원의 업무 숙련도가 떨어진다.
- 팀장은 대부분 업무를 본인이 직접 하려 한다.
- 팀에 할당되는 업무가 매우 많다.

팀 실적이 떨어지고 있다. → ㉠ → ㉡

㉤ ← ㉣ ← ㉢

① 팀장이 너무 바쁘다.
② 팀장의 팀원 코칭이 불충분하다.
③ 팀원의 업무 숙련도가 떨어진다.
④ 팀장은 대부분 업무를 본인이 직접 하려 한다.
⑤ 팀에 할당되는 업무가 매우 많다.

21. 다음은 학생들의 영어 성적과 수학 성적에 관한 상관도이다. 영어 성적에 비해 수학 성적이 높은 학생은?

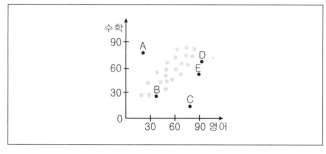

① A
② B
③ C
④ D
⑤ E

22. 다음과 같이 세 개의 시계의 시각 변화를 보고 네 번째 시계에 ( ) 안에 들어갈 알맞은 시각은?

11 : 45	9 : 35	7 : 25	( )

① 4 : 15
② 4 : 55
③ 5 : 15
④ 5 : 55
⑤ 6 : 15

23. 민수와 동기 두 사람이 다음과 같이 게임을 하고 있다. 만약 같은 수의 앞면이 나오면 동기가 이긴다고 할 때 민수가 이길 수 있는 확률은 얼마인가?

- 민수는 10개의 동전을 던진다.
- 동기는 11개의 동전을 민수와 동시에 던진다.
- 민수가 동기보다 앞면의 개수가 많이 나오면 민수가 이긴다.
- 그렇지 않으면 동기가 이긴다.

① 10%
② 25%
③ 50%
④ 75%
⑤ 90%

24. 아래 표는 어떤 보험 회사에 하루 동안 청구되는 보상 건수와 확률이다. 이틀 연속으로 청구된 보상 건수의 합이 2건 미만일 확률은? (단, 첫째 날과 둘째 날에 청구되는 보상건수는 서로 무관하다.)

보상 건수	0	1	2	3 이상
확률	0.4	0.3	0.2	0.1

① 0.4
② 0.5
③ 0.6
④ 0.7
⑤ 0.8

25. 어느 학교에서 500명의 학생들을 대상으로 A, B, C 3가지의 시험을 시행하여 다음과 같은 결과를 얻었다. A, B, C 시험에 모두 불합격한 학생은 몇 명인가?

- A의 합격자는 110명, B의 불합격자는 250명, C의 합격자는 200명이다.
- A와 C 모두에 합격한 학생은 45명, B와 C 모두에 합격한 학생은 60명이다.
- B에만 합격한 학생은 90명이다.
- 3가지 시험 모두에 합격한 학생은 30명이다.

① 140명 ② 145명
③ 150명 ④ 155명
⑤ 160명

26. (주)서원산업은 신제품을 개발한 후 가격을 결정하기 위하여 시장조사를 하여 다음과 같은 결과를 얻었다. 이 결과를 감안할 때 판매 총액이 최대가 되는 신제품의 가격은 얼마인가?

- 가격을 10만 원으로 하면 총 360대가 팔린다.
- 가격을 1만 원 올릴 때마다 판매량은 20대씩 줄어든다.

① 11만 원 ② 12만 원
③ 13만 원 ④ 14만 원
⑤ 15만 원

27. 다음은 2017년 ○○시 '가~다' 지역의 아파트 실거래 가격지수를 나타낸 것이다. 이에 대한 설명으로 옳은 것은?

월 \ 지역	가	나	다
1	100.0	100.0	100.0
2	101.1	101.6	99.9
3	101.9	103.2	100.0
4	102.6	104.5	99.8
5	103.0	105.5	99.6
6	103.8	106.1	100.6
7	104.0	106.6	100.4
8	105.1	108.3	101.3
9	106.3	110.7	101.9
10	110.0	116.9	102.4
11	113.7	123.2	103.0
12	114.8	126.3	102.6

※ N월 아파트 실거래 가격지수

$$= \frac{\text{해당 지역의 } N\text{월 아파트 실거개 가격}}{\text{해당 지역의 1월 아파트 실거래 가격}} \times 100$$

① '가' 지역의 12월 아파트 실거래 가격은 '다' 지역의 12월 아파트 실거래 가격보다 높다.

② '나' 지역의 아파트 실거래 가격은 다른 두 지역의 아파트 실거래 가격보다 매월 높다.

③ '다' 지역의 1월 아파트 실거래 가격과 3월 아파트 실거래 가격은 같다.

④ '가' 지역의 1월 아파트 실거래 가격이 1억 원이라면 '가' 지역의 7월 아파트 실거래 가격은 1억 4천만 원이다.

⑤ '다' 지역의 1/4분기 아파트 실거래 가격은 4/4분기 아파트 실거래 가격보다 높다.

〈65세 이상 노인인구 대비 기초 (노령)연금 수급자 현황〉

(단위 : 명, %)

연도	65세 이상 노인인구	기초(노령) 연금수급자	국민연금 동시 수급자
2009	5,267,708	3,630,147	719,030
2010	5,506,352	3,727,940	823,218
2011	5,700,972	3,818,186	915,543
2012	5,980,060	3,933,095	1,023,457
2013	6,250,986	4,065,672	1,138,726
2014	6,520,607	4,353,482	1,323,226
2015	6,771,214	4,495,183	1,444,286
2016	6,987,489	4,581,406	1,541,216

〈가구유형별 기초연금 수급자 현황(2016년)〉

(단위 : 명, %)

65세 이상 노인 수	수급자 수					수급률
	계	단독가구	부부가구			
			소계	1인수급	2인수급	
6,987,489	4,581,406	2,351,026	2,230,380	380,302	1,850,078	65.6

28. 위 자료를 참고할 때, 2009년 대비 2016년의 기초연금 수급률 증감률은 얼마인가? (백분율은 반올림하여 소수 첫째 자리까지만 표시함)

① - 2.7%
② -3.2%
③ -3.6%
④ -4.2%
⑤ -4.8%

29. 다음 중 위의 자료를 올바르게 분석한 것이 아닌 것은?

① 기초연금 수급자 대비 국민연금 동시 수급자의 비율은 2009년 대비 2016년에 증가하였다.
② 기초연금 수급률은 65세 이상 노인 수 대비 수급자의 비율이다.
③ 2016년 단독가구 수급자는 전체 수급자의 50%가 넘는다.
④ 2009년 대비 2016년의 65세 이상 노인인구 증가율보다 기초연금수급자의 증가율이 더 낮다.
⑤ 2016년 1인 수급자는 전체 기초연금 수급자의 약 17%에 해당한다.

30. 공무원연금공단은 다음 기준에 따라 사망조위금을 지급하고 있다. 기준을 근거로 판단할 때 옳게 판단한 직원을 모두 고르면? (단, 사망조위금은 최우선 순위의 수급권자 1인에게만 지급한다)

〈사망조위금 지급기준〉

사망자	수급권자 순위	
공무원의 배우자·부모 (배우자의 부모 포함)·자녀	해당 공무원이 1인인 경우	해당 공무원
	해당 공무원이 2인 이상인 경우	1. 사망한 자의 배우자인 공무원 2. 사망한 자를 부양하던 직계비속인 공무원 3. 사망한 자의 최근친 직계비속인 공무원 중 최연장자 4. 사망한 자의 최근친 직계비속의 배우자인 공무원 중 최연장자 직계비속의 배우자인 공무원
공무원 본인	1. 사망한 공무원의 배우자 2. 사망한 공무원의 직계비속 중 공무원 3. 장례와 제사를 모시는 자 중 아래의 순위 　가. 사망한 공무원의 최근친 직계비속 중 최연장자 　나. 사망한 공무원의 최근친 직계존속 중 최연장자 　다. 사망한 공무원의 형제자매 중 최연장자	

甲 : A와 B는 비(非)공무원 부부이며 공무원 C(37세)와 공무원 D(32세)를 자녀로 두고 있다. 공무원 D가 부모님을 부양하던 상황에서 A가 사망하였다면, 사망조위금 최우선 순위 수급권자는 D이다.

乙 : A와 B는 공무원 부부로 비공무원 C를 아들로 두고 있으며, 공무원 D는 C의 아내이다. 만약 C가 사망하였다면, 사망조위금 최우선 순위 수급권자는 A이다.

병 : 공무원 A와 비공무원 B는 부부이며 비공무원 C(37세)와 비공무원 D(32세)를 자녀로 두고 있다. A가 사망하고 C와 D가 장례와 제사를 모시는 경우, 사망조위금 최우선 순위 수급권자는 C이다.

① 甲
② 乙
③ 丙
④ 甲, 乙
⑤ 甲, 丙

31. 다음은 2008 ~ 2017년 5개 자연재해 유형별 피해금액에 관한 자료이다. 이에 대한 설명으로 옳은 것만을 모두 고른 것은?

5개 자연재해 유형별 피해금액

(단위 : 억 원)

연도 유형	2008	2009	2010	2011	2012	2013	2014	2015	2016	2017
태풍	3,416	1,385	118	1,609	9	0	1,725	2,183	8,765	17
호우	2,150	3,520	19,063	435	581	2,549	1,808	5,276	384	1,581
대설	6,739	5,500	52	74	36	128	663	480	204	113
강풍	0	93	140	69	11	70	2	0	267	9
풍랑	0	0	57	331	0	241	70	3	0	0
전체	12,305	10,498	19,430	2,518	637	2,988	4,268	7,942	9,620	1,720

- ㉠ 2008 ~ 2017년 강풍 피해금액 합계는 풍랑 피해금액 합계보다 적다.
- ㉡ 2016년 태풍 피해금액은 2016년 5개 자연재해 유형 전체 피해금액의 90% 이상이다.
- ㉢ 피해금액이 매년 10억 원보다 큰 자연재해 유형은 호우뿐이다.
- ㉣ 피해금액이 큰 자연재해 유형부터 순서대로 나열하면 2014년과 2015년의 순서는 동일하다.

① ㉠㉡
② ㉠㉢
③ ㉢㉣
④ ㉠㉡㉣
⑤ ㉡㉢㉣

32. 다음은 ○○발전회사의 연도별 발전량 및 신재생에너지 공급 현황에 대한 자료이다. 이에 대한 설명으로 옳은 것만을 바르게 짝지은 것은?

○○발전회사의 연도별 발전량 및 신재생에너지 공급 현황

구분	연도	2015	2016	2017
	발전량(GWh)	55,000	51,000	52,000
신재생 에너지	공급의무율(%)	1.4	2.0	3.0
	자체공급량(GWh)	75	380	690
	인증서구입량(GWh)	15	70	160

※ 공급의무율 = $\dfrac{공급의무량}{발전량} \times 100$

※ 이행량(GWh) = 자체공급량 + 인증서구입량

- ㉠ 공급의무량은 매년 증가한다.
- ㉡ 2015년 대비 2017년 가제공급량의 증가율은 2015년 대비 2017년 인증서구입량의 증가율보다 작다.
- ㉢ 공급의무량과 이행량의 차이는 매년 증가한다.
- ㉣ 이행량에서 자체공급량이 차지하는 비중은 매년 감소한다.

① ㉠㉡
② ㉠㉢
③ ㉢㉣
④ ㉠㉡㉣
⑤ ㉡㉢㉣

33. 다음은 마야의 상형 문자를 기반으로 한 프로그램에 대한 설명이다. 제시된 (그림 4)가 산출되기 위해서 입력한 값은 얼마인가?

현재 우리는 기본수로 10을 사용하는 데 비해 이 프로그램은 마야의 상형 문자를 기본으로 하여 기본수로 20을 사용했습니다. 또 우리가 오른쪽에서 왼쪽으로 가면서 1, 10, 100으로 10배씩 증가하는 기수법을 쓰는 데 비해, 이 프로그램은 아래에서 위로 올라가면서 20배씩 증가하는 방법을 사용했습니다. 즉, 아래에서 위로 자리가 올라갈수록 1, 20, ……, 이런 식으로 증가하는 것입니다.

마야의 상형 문자에서 조개껍데기 모양은 0을 나타냅니다. 또한 점으로는 1을, 선으로는 5를 나타냈습니다. 아래의 (그림 1), (그림 2)는 이 프로그램에 0과 7을 입력했을 때 산출되는 결과입니다. 그럼 (그림 3)의 결과를 얻기 위해서는 얼마를 입력해야 할까요? 첫째 자리는 5를 나타내는 선이 두 개 있으니 10이 되겠고, 둘째 자리에 있는 점 하나는 20을 나타내는데, 점이 두 개 있으니 40이 되겠네요. 그래서 첫째 자리의 10과 둘째 자리의 40을 합하면 50이 되는 것입니다. 즉, 50을 입력하면 (그림 3)과 같은 결과를 얻을 수 있습니다.

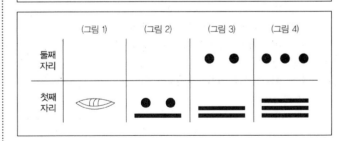

① 60
② 75
③ 90
④ 105
⑤ 110

34. 다음 표는 지역별 대형마트 수의 증감에 대한 자료이다. 2011년 대형마트 수가 가장 많은 지역과 가장 적은 지역을 바르게 짝지은 것은?

(단위 : %, 개)

지역	11년 대비 12년 증감률	12년 대비 13년 증감수	13년 대비 14년 증감수	14년 대형마트 수
A	12	1	−1	15
B	15	0	−1	10
C	−10	1	−3	6
D	−14	−3	2	6

※ 2011년 대비 2012년 증감률은 소수점 아래 첫째 자리에서 반올림한 값임.

	가장 많은 지역	가장 적은 지역
①	A	B
②	B	C
③	C	A
④	A	D
⑤	B	D

35. 다음은 고객 A, B의 금융 상품 보유 현황을 나타낸 것이다. 이에 대한 설명으로 옳은 것만을 모두 고른 것은?

(단위 : 백만 원)

고객＼상품	보통예금	정기적금	연금보험(채권형)	주식	수익증권(주식형)
A	5	10	6	6	4
B	9	9	5	6	4

㉠ 고객 A는 B보다 요구불 예금의 금액이 더 작다.
㉡ 고객 B는 배당수익보다 이자수익을 받을 수 있는 금융 상품의 금액이 크다.
㉢ 고객 B는 A보다 자산운용회사에 위탁한 금융 상품의 금액이 더 크다.

① ㉠   ② ㉢
③ ㉠㉡   ④ ㉡㉢
⑤ ㉠㉡㉢

36. 다음 주어진 문장이 참이라 할 때, 항상 참이 되는 말은?

• 무한도전을 좋아하는 사람은 런닝맨도 좋아한다.
• 유재석을 좋아하는 사람은 무한도전도 좋아한다.
• 런닝맨을 좋아하는 사람은 하하를 좋아한다.

① 런닝맨을 좋아하는 사람은 무한도전도 좋아한다.
② 하하를 좋아하는 사람은 런닝맨도 좋아한다.
③ 무한도전을 좋아하지 않는 사람은 런닝맨도 좋아하지 않는다.
④ 하하를 좋아하지 않는 사람은 무한도전도 좋아하지 않는다.
⑤ 유재석을 좋아하는 사람은 하하를 좋아하지 않는다.

37. 함께 여가를 보내려는 A, B, C, D, E 다섯 사람의 자리를 원형 탁자에 배정하려고 한다. 다음 글을 보고 옳은 것을 고르면?

• A 옆에는 반드시 C가 앉아야 된다.
• D의 맞은편에는 A가 앉아야 된다.
• 여가시간을 보내는 방법은 책읽기, 수영, 영화 관람이다.
• C와 E는 취미생활을 둘이서 같이 해야 한다.
• B와 C는 취미가 같다.

① A의 오른편에는 B가 앉아야 한다.
② B가 책읽기를 좋아한다면 E도 여가 시간을 책읽기로 보낸다.
③ B는 E의 옆에 앉아야 한다.
④ A와 D 사이에 C가 앉아있다.
⑤ D는 영화 관람을 하며 여가시간을 보낸다.

38. 다음 글과 〈법조문〉을 근거로 판단할 때, 甲이 乙에게 2,000만 원을 1년간 빌려주면서 선이자로 800만 원을 공제하고 1,200만 원만을 준 경우, 乙이 갚기로 한 날짜에 甲에게 전부 변제하여야 할 금액은?

돈이나 물품 등을 빌려 쓴 사람이 돈이나 같은 종류의 물품을 같은 양만큼 갚기로 하는 계약을 소비대차라 한다. 소비대차는 이자를 지불하기로 약정할 수 있고, 그 이자는 일정한 이율에 의하여 계산한다. 이런 이자는 돈을 빌려주면서 먼저 공제할 수도 있는데, 이를 선이자라 한다. 한편 약정 이자의 상한에는 법률상의 제한이 있다.

〈법조문〉

제00조
① 금전소비대차에 관한 계약상의 최고이자율은 연 30%로 한다.
② 계약상의 이자로서 제1항에서 정한 최고이자율을 초과하는 부분은 무효로 한다.
③ 약정금액(당초 빌려주기로 한 금액)에서 선이자를 사전공제한 경우, 그 공제액이 '채무자가 실제 수령한 금액'을 기준으로 하여 제1항에서 정한 최고이자율에 따라 계산한 금액을 초과하면 그 초과부분은 약정금액의 일부를 변제한 것으로 본다.

① 760만 원
② 1,000만 원
③ 1,560만 원
④ 1,640만 원
⑤ 1,720만 원

39. 다음은 정부에서 지원하는 〈귀농인 주택시설 개선사업 개요〉와 〈심사 기초 자료〉이다. 이를 근거로 판단할 때, 지원대상 가구만을 모두 고르면?

〈귀농인 주택시설 개선사업 개요〉
□ 사업목적 : 귀농인의 안정적인 정착을 도모하기 위해 일정 기준을 충족하는 귀농가구의 주택 개·보수 비용을 지원
□ 신청자격 : △△군에 소재하는 귀농가구 중 거주기간이 신청마감일(2014. 4. 30.) 현재 전입일부터 6개월 이상이고, 가구주의 연령이 20세 이상 60세 이하인 가구
□ 심사기준 및 점수 산정방식
• 신청마감일 기준으로 다음 심사기준별 점수를 합산한다.
• 심사기준별 점수
  (1) 거주기간 : 10점(3년 이상), 8점(2년 이상 3년 미만), 6점(1년 이상 2년 미만), 4점(6개월 이상 1년 미만)
  ※ 거주기간은 전입일부터 기산한다.
  (2) 가족 수 : 10점(4명 이상), 8점(3명), 6점(2명), 4점(1명)
  ※ 가족 수에는 가구주가 포함된 것으로 본다.
  (3) 영농규모 : 10점(1.0 ha 이상), 8점(0.5 ha 이상 1.0 ha 미만), 6점(0.3 ha 이상 0.5 ha 미만), 4점(0.3 ha 미만)
  (4) 주택노후도 : 10점(20년 이상), 8점(15년 이상 20년 미만), 6점(10년 이상 15년 미만), 4점(5년 이상 10년 미만)
  (5) 사업시급성 : 10점(매우 시급), 7점(시급), 4점(보통)
□ 지원내용
• 예산액 : 5,000,000원
• 지원액 : 가구당 2,500,000원
• 지원대상 : 심사기준별 점수의 총점이 높은 순으로 2가구. 총점이 동점일 경우 가구주의 연령이 높은 가구를 지원. 단, 하나의 읍·면당 1가구만 지원 가능

〈심사 기초 자료(2014. 4. 30. 현재)〉

귀농가구	가구주 연령 (세)	주소지 (△△군)	전입일	가족 수 (명)	영농 규모 (ha)	주택 노후도 (년)	사업 시급성
甲	49	A	2010. 12. 30	1	0.2	17	매우 시급
乙	48	B	2013. 5. 30	3	1.0	13	매우 시급
丙	56	B	2012. 7. 30	2	0.6	23	매우 시급
丁	60	C	2013. 12. 30	4	0.4	13	시급
戊	33	D	2011. 9. 30	2	1.2	19	보통

① 甲, 乙
② 甲, 丙
③ 乙, 丙
④ 乙, 丁
⑤ 丙, 戊

40. 다음과 같이 예산이 소요되는 다섯 개의 프로젝트가 있다. 이 프로젝트들은 향후 5년간 모두 완수되어야 한다. 연도별 가용 예산과 규정은 다음과 같다. 이 내용을 해석하여 바르게 설명한 것은?

〈프로젝트별 기간 및 소요 예산〉
- A 프로젝트 – 총 사업기간 2년, 1차년도 1억 원, 2차년도 4억 원 소요
- B 프로젝트 – 총 사업기간 3년, 1차년도 15억 원, 2차년도 18억 원, 3차년도 21억 원 소요
- C 프로젝트 – 총 사업기간 1년, 15억 원 소요
- D 프로젝트 – 총 사업기간 2년, 1차년도 15억 원, 2차년도 8억 원 소요
- E 프로젝트 – 총 사업기간 3년, 1차년도 6억 원, 2차년도 12억 원, 3차년도 24억 원 소요

〈연도별 가용 예산〉
- 1차년도 – 20억 원
- 2차년도 – 24억 원
- 3차년도 – 28억 원
- 4차년도 – 35억 원
- 5차년도 – 40억 원

〈규정〉
- 모든 사업은 시작하면 연속적으로 수행하여 끝내야 한다.
- 모든 사업은 5년 이내에 반드시 완료하여야 한다.
- 5개 프로젝트에 할당되는 예산은 남는 것은 상관없으나 부족해서는 안 되며, 남은 예산은 이월되지 않는다.

---

① A, D 프로젝트를 첫 해에 동시에 시작해야 한다.
② B 프로젝트를 세 번째 해에 시작하고, C 프로젝트는 최종 연도에 시행한다.
③ 첫 해에는 D 프로젝트를 수행해야 한다.
④ 첫 해에는 E 프로젝트만 수행해야 한다.
⑤ 5년 차에 진행되고 있는 프로젝트는 3개 이상이다.

41. 작업 A부터 작업 E까지 모두 완료해야 끝나는 업무에 대한 조건이 다음과 같을 때 옳지 않은 것은? (단, 모든 작업은 동일 작업장 내에서 행하여진다)

- ㉠ 작업 A는 4명의 인원과 10일의 기간이 소요된다.
- ㉡ 작업 B는 2명의 인원과 20일의 기간이 소요되며, 작업 A가 끝난 후에 시작할 수 있다.
- ㉢ 작업 C는 4명의 인원과 50일의 기간이 소요된다.
- ㉣ 작업 D와 E는 각 작업 당 2명의 인원과 20일의 기간이 소요되며, 작업 E는 작업 D가 끝난 후에 시작할 수 있다.
- ㉤ 모든 인력은 작업 A~E까지 모두 동원될 수 있으며 생산력은 모두 같다.
- ㉥ 인건비는 1인당 1일 10만 원이다.
- ㉦ 작업장 사용료는 1일 50만 원이다.

---

① 업무를 가장 빨리 끝낼 수 있는 최단 기간은 50일이다.
② 최단 기간에 업무를 끝내기 위해 필요한 최소 인력은 10명이다.
③ 작업 가능한 인력이 4명뿐이라면 업무를 끝낼 수 있는 기간은 100일이다.
④ 모든 작업을 끝내는데 드는 최소 비용은 6,100만 원이다.
⑤ 모든 작업을 끝내는 데 드는 최소 비용 중 인건비는 작업장 사용료보다 더 많다.

42. 부모를 대상으로 부모 – 자녀 간 대화의 실태를 조사하고자 한다. 아래 설문지에 추가해야 할 문항으로 가장 적절한 것은?

- 일주일에 자녀와 몇 번 대화를 하십니까?
- 자녀와 부모님 중 누가 먼저 대화를 시작하십니까?
- 자녀와의 정서적 대화가 얼마나 중요하다고 생각하십니까?
- 직접 대화 외에 다른 대화 방법(예 이메일, 편지 등)을 활용하십니까?

---

① 선호하는 대화의 장소는 어디입니까?
② 우울하십니까?
③ 직장에 다니십니까?
④ 자녀와 하루에 대화하는 시간은 어느 정도입니까?
⑤ 자녀의 생일을 알고 계십니까?

43. 다음과 같이 상사 앞으로 팩스 전송된 심포지엄 초청장을 수령하였다. 상사는 현재 출장 중이며 5월 29일 귀국 예정이다. 부하 직원의 대처로서 가장 적절하지 않은 것은?

---

1. 일시 : 2012년 5월 31일(목) 13:30~17:00
2. 장소 : 미래연구소 5층 회의실
3. 기타 : 회원(150,000원) / 비회원(200,000원)
4. 발표주제 : 지식경영의 주체별 역할과 대응방향
   A. 국가 : 지식국가로 가는 길(미래 연구소 류상영 실장)
   B. 기업 : 한국기업 지식경영모델(S연수원 김영수 이사)
   C. 지식인의 역할과 육성방안(S연수원 황철 이사)
5. 문의 및 연락처 : 송수현 대리(전화 02-3780-8025)

---

① 상사의 일정가능여부 확인 후 출장 중에 있는 상사에게 간략하게 심포지엄 내용을 보고한다.
② 선임 대리에게 연락하여 참여인원 제한여부 등 관련 정보를 수집한다.
③ 상사가 이미 5월 31일 다른 일정이 있으므로 선임 대리에게 상사가 참석 불가능하다는 것을 알린다.
④ 상사에게 대리참석여부를 확인하여 관련자에게 상사의 의사가 전달될 수 있도록 한다.
⑤ 상사가 귀국한 후 확인할 수 있도록 심포지엄 발표주제와 관련된 자료를 정리해 놓는다.

44. 직업이 각기 다른 A, B, C, D 네 사람이 여행을 떠나기 위해 기차의 한 차 안에 앉아 있다. 네 사람은 모두 색깔이 다른 옷을 입었고 두 사람씩 얼굴을 마주하고 앉아 있다. 그 중 두 사람은 창문 쪽에, 나머지 두 사람은 통로 쪽에 앉아 있으며 다음과 같은 사실들을 알고 있다. 다음에서 이 모임의 회장과 부회장의 직업을 순서대로 바르게 짝지은 것은?

(ㄱ) 경찰은 B의 왼쪽에 앉아 있다.
(ㄴ) A는 파란색 옷을 입고 있다.
(ㄷ) 검은색 옷을 입고 있는 사람은 의사의 오른쪽에 앉아 있다.
(ㄹ) D의 맞은편에 외교관이 앉아 있다.
(ㅁ) 선생님은 초록색 옷을 입고 있다.
(ㅂ) 경찰은 창가에 앉아 있다.
(ㅅ) 갈색 옷을 입은 사람이 모임 회장이며, 파란색 옷을 입은 사람이 부회장이다.
(ㅇ) C와 D는 서로 마주보고 앉아있다.

---

① 회장 – 의사   부회장 – 외교관
② 회장 – 의사   부회장 – 경찰
③ 회장 – 경찰   부회장 – 의사
④ 회장 – 외교관   부회장 – 선생님
⑤ 회장 – 외교관   부회장 – 의사

┃45~46┃ 다음은 국민연금의 사업장 가입자 자격취득 신고와 관련한 내용의 안내 자료이다. 다음을 읽고 이어지는 물음에 답하시오.

가. 신고대상
(1) 18세 이상 60세 미만인 사용자 및 근로자(단, 본인의 신청에 의해 적용 제외 가능)
(2) 단시간근로자로 1개월 이상, 월 60시간(주 15시간) 이상 일하는 사람
(3) 일용근로자로 사업장에 고용된 날부터 1개월 이상 근로하고, 근로일수가 8일 이상 또는 근로시간이 월 60시간 이상인 사람
   ※ 단, 건설일용근로자는 공사현장을 사업장 단위로 적용하며, 1개월간 근로일수가 20일 이상인 경우 사업장 가입자로 적용
(4) 조기노령연금 수급권자로서 소득이 있는 업무에 종사하거나, 본인이 희망하여 연금지급이 정지된 사람
   ※ 소득이 있는 업무 종사 : 월 2,176,483원(2017년 기준, 사업소득자 필요경비 공제 후 금액, 근로소득자 근로 소득공제 후 금액)이 넘는 소득이 발생되는 경우
(5) 월 60시간 미만인 단시간근로자 중 생업목적으로 3개월 이상 근로를 제공하기로 한 대학 시간강사 또는 사용자 동의를 받아 근로자 적용 희망하는 사람
나. 근로자의 개념
(1) 근로자 : 직업의 종류에 관계없이 사업장에서 노무를 제공하고 그 대가로 임금을 받아 생활하는 자(법인의 이사, 기타 임원 포함)
(2) 근로자에서 제외되는 자
• 일용근로자나 1개월 미만의 기한을 정하여 사용되는 근로자
   ※ 다만, 1개월 이상 계속 사용되는 경우에는 자격 취득신고 대상임
• 법인의 이사 중 「소득세법」에 따른 근로소득이 발생하지 않는 사람
• 1개월 동안의 소정근로시간이 60시간 미만인 단시간근로자. 다만, 해당 단시간근로자 중 생업을 목적으로 3개월 이상 계속하여 근로를 제공하는 사람으로서, 대학시간강사와 사용자의 동의를 받아 근로자로 적용되기를 희망하는 사람은 제외함
• 둘 이상 사업장에 근로를 제공하면서 각 사업장의 1개월 소정근로시간의 합이 60시간 이상인 사람으로서 1개월 소정근로시간이 60시간 미만인 사업장에서 근로자로 적용되기를 희망하는 사람(2016. 1. 1. 시행)
(3) 생업 목적 판단 기준 : 생업 목적은 원칙적으로 "다른 직업이 없는 경우"를 말하며, 다음의 경우에는 다른 직업이 있는 것으로 보아 생업 목적에 해당되지 않음
• 국민연금 사업장가입자로 이미 가입되어 있거나,
• 국민연금 지역가입자(소득신고자에 한함)로 사업자등록자의 경우 또는 다른 공적소득이 많은 경우

다. 자격취득시기

(1) 사업장이 1인 이상의 근로자를 사용하게 된 때
(2) 국민연금 적용사업장에 근로자 또는 사용자로 종사하게 된 때
(3) 임시 · 일용 · 단시간근로자가 당연적용 사업장에 사용된 때 또는 근로자로 된 때
(4) 국민연금 가입사업장의 월 60시간 미만 단시간근로자 중 생업을 목적으로 3개월 이상 근로를 제공하는 사람(대학 시간강사 제외)의 가입신청이 수리된 때
(5) 둘 이상의 사업장에서 1개월 소정근로시간의 합이 60시간 이상이 되는 단시간근로자의 가입신청이 수리된 때

※ 신고를 하지 않는 경우 근로자의 청구 또는 공단 직권으로 확인 시 자격 취득

45. 다음 중 위 안내 자료의 내용을 올바르게 이해한 것은 어느 것인가?

① 근로일수가 8일 이상인 건설일용근로자는 신고대상이 된다.
② 월 300만 원의 세후 소득이 있는 조기노령연금 수급권자는 신고대상이 될 수 없다.
③ 근로시간이 월 70시간인 1년 계약 대학 시간강사는 신고대상이 될 수 있다.
④ 자격취득 신고 대상자가 신고를 하지 않아 공단에서 확인된 경우에는 반드시 근로자의 신고 절차가 있어야 신고대상이 될 수 있다.
⑤ 지역가입자 중 공적소득이 많은 것으로 인정되는 자는 근로자의 개념에 포함되지 않는다.

46. 다음 보기에 제시된 사람 중 국민연금 사업장 가입자 자격 취득 신고를 해야 하는 사람은 누구인가?

① 두 개의 사업장에서 도합 60시간 근로하는 사람으로 추가 사업장에서 매주 2시간씩의 근로를 제공하는 근로자가 되기를 희망하는 자
② 월 50시간, 3개월 계약 조건을 맺은 생업을 목적으로 한 대학 시간강사
③ 근로계약 기간을 연장 없이 처음부터 1개월 미만으로 정하고 근로를 시작한 근로자
④ K사(법인)의 명예직 전무이사로 소득이 발생하지 않는 자
⑤ 4개월의 근로계약을 맺었으나 월 근로시간이 50~59시간 사이로 예정되어 있는 자

47. 甲공단에 근무하는 乙은 빈곤과 저출산 문제를 해결하기 위한 대안을 분석 중이다. 상황이 다음과 같을 때, 대안별 월 소요 예산 규모를 비교한 것으로 옳은 것은?

◈ 현재 상황
• 전체 1,500가구는 자녀 수에 따라 네 가지 유형으로 구분할 수 있는데, 그 구성은 무자녀 가구 300가구, 한 자녀 가구 600가구, 두 자녀 가구 500가구, 세 자녀 이상 가구 100가구이다.
• 전체 가구의 월 평균 소득은 200만 원이다.
• 각 가구 유형의 30%는 맞벌이 가구이다.
• 각 가구 유형의 20%는 빈곤 가구이다.

◈ 대안
A안: 모든 빈곤 가구에게 전체 가구 월 평균 소득의 25%에 해당하는 금액을 가구당 매월 지급한다.
B안: 한 자녀 가구에는 10만 원, 두 자녀 가구에는 20만 원, 세 자녀 이상 가구에는 30만 원을 가구당 매월 지급한다.
C안: 자녀가 있는 모든 맞벌이 가구에 자녀 1명당 30만 원을 매월 지급한다. 다만 세 자녀 이상의 맞벌이 가구에는 일률적으로 가구당 100만 원을 매월 지급한다.

① A < B < C
② A < C < B
③ B < A < C
④ B < C < A
⑤ C < A < B

48~49 甲은 일본 후쿠오카로 출장을 가게 되었다. 출장에서 들러야 할 곳은 지요겐초구치(H03), 무로미(K02), 후쿠오카공항(K13), 자야미(N09), 덴진미나미(N16)의 다섯 곳으로, 모든 이동은 지하철로 하는데 지하철이 한 정거장을 이동하는 데에는 3분이 소요되며 다른 노선으로 환승을 하는 경우에는 10분이 소요된다. 다음 물음에 답하시오.

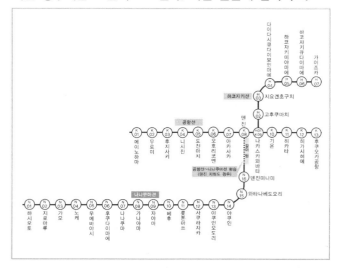

48. 甲은 지금 후쿠오카공항역에 있다. 현재 시간이 오전 9시라면, 지요겐초구치역에 도착하는 시간은?

① 9시 28분 ② 9시 31분

③ 9시 34분 ④ 9시 37분

⑤ 9시 40분

49. 지요겐초구치 → 무로미 → 후쿠오카공항 → 자야미 → 덴진미나미의 순으로 움직인다면, 덴진역은 총 몇 번 지나는가?

① 2번 ② 3번

③ 4번 ④ 5번

⑤ 6번

50. 甲 주식회사의 감사위원회는 9인으로 구성되어 있다. 다음에 제시된 법률 규정에서 밑줄 친 부분에 해당하지 않는 사람은?

> 감사위원회는 3인 이상의 이사로 구성한다. 다만 <u>다음 각 호에 해당하는</u> 자가 위원의 3분의 1을 넘을 수 없다.
> 1. 회사의 업무를 담당하는 이사 및 피용자(고용된 사람) 또는 선임된 날부터 2년 이내에 업무를 담당한 이사 및 피용자이었던 자
> 2. 최대 주주가 자연인인 경우 본인, 배우자 및 직계존·비속
> 3. 최대 주주가 법인인 경우 그 법인의 이사, 감사 및 피용자
> 4. 이사의 배우자 및 직계존·비속
> 5. 회사의 모회사 또는 자회사의 이사, 감사 및 피용자
> 6. 회사와 거래관계 등 중요한 이해관계에 있는 법인의 이사, 감사 및 피용자
> 7. 회사의 이사 및 피용자가 이사로 있는 다른 회사의 이사, 감사 및 피용자

① 甲 주식회사 최대 주주 A의 법률상의 배우자

② 甲 주식회사와 하청계약을 맺고 있는 乙 주식회사의 감사 B

③ 甲 주식회사 이사 C의 자녀

④ 甲 주식회사의 모회사인 丁 주식회사의 최대 주주 F

⑤ 甲 주식회사의 직원 E가 이사로 있는 戊 주식회사의 이사 H

51. 다음 사례에서 파악할 수 있는 민수씨의 직업의식으로 적절한 것을 〈보기〉에서 고른 것은?

> 신발 회사의 대표를 맡고 있는 민수씨는 최고의 구두를 만들겠다는 일념으로 세계 유명 구두 디자인에 대한 사례 연구를 통해 독창적인 모델을 출시하여 대성공을 거두었다. 또한 민수 씨는 회사 경영에 있어서도 인화와 협동을 중시하여 직원들을 대상으로 가족 초청 어버이날 행사, 단체 체육대회 등 노사가 함께하는 행사를 개최하여 유대를 강화하고 있다.

> 〈보기〉
> ㉠ 전문 의식 ㉡ 귀속 의식
> ㉢ 연대 의식 ㉣ 귀천 의식

① ㉠, ㉡ ② ㉠, ㉢

③ ㉡, ㉢ ④ ㉡, ㉣

⑤ ㉢, ㉣

52. 다음 수철씨의 진로 선택 사례에서 알 수 있는 내용으로 옳은 것을 모두 고른 것은?

> 특성화 고등학교 출신인 A 씨는 자신의 진로 유형 검사가 기계적 기술이나 신체적 운동을 요구하는 업무에 적합한 유형으로 나온 것을 고려하여 ○○ 기업 항공기 정비원으로 입사하였다. 또한 A 씨는 보수나 지위에 상관없이 사회 구성원의 일원으로서 긍지와 자부심을 갖고 최선을 다해 일하고 있다.

> ㉠ 직업에 대해 소명 의식을 가지고 있다.
> ㉡ 홀랜드의 직업 흥미 유형 중 관습적 유형에 해당한다.
> ㉢ 직업의 개인적 의의보다 경제적 의의를 중요시하고 있다.
> ㉣ 한국 표준 직업 분류 중 기능원 및 관련 기능 종사자에 해당한다.

① ㉠, ㉡ ② ㉠, ㉣

③ ㉡, ㉢ ④ ㉡, ㉣

⑤ ㉢, ㉣

53. 당신은 서울교통공사 입사 지원자이다. 서류전형 통과 후, NCS 기반의 면접을 보기 위해 면접장에 들어가 있는데, 면접관이 당신에게 다음과 같은 질문을 하였다. 다음 중 면접관의 질문에 대한 당신의 대답으로 가장 적절한 것은?

> 면접관 : 최근 많은 회사들이 윤리경영을 핵심 가치로 내세우며, 개혁을 단행하고 있습니다. 그건 저희 회사도 마찬가지입니다. 윤리경영을 단행하고 있는 저희 회사에 도움이 될 만한 개인 사례를 말씀해 주시기 바랍니다.
> 당신 : (   )

① 저는 시간관념이 철저하므로 회의에 늦은 적이 한 번도 없습니다.

② 저는 총학생회장을 역임하면서, 맡은 바 책임이라는 것이 무엇인지 잘 알고 있습니다.

③ 저는 상담사를 준비한 적이 있어서, 타인의 말을 귀 기울여 듣는 것이 얼마나 중요한지 알고 있습니다.

④ 저는 동아리 생활을 할 때, 항상 동아리를 사랑하는 마음으로 남들보다 먼저 동아리실을 청소하고, 시설을 유지하기 위해 노력했습니다.

⑤ 저는 모든 일이 투명하게 이뤄져야 한다고 생각합니다. 그래서 어린 시절 반에서 괴롭힘을 당하는 친구가 있으면 일단 선생님께 말씀드리곤 했습니다.

54. (가), (나)의 사례에 나타난 직업관의 유형으로 옳은 것은?

> (가) 힘들고, 위험한 일을 기피하는 현상 때문에 노동력은 풍부하지만 생산인력은 부족한 실정이다. 하지만 주윤발씨는 개인의 소질, 능력, 성취도를 최우선으로 하고 있어 생산직 사원 모집 광고를 보고 원서를 제출하였다.
>
> (나) 사장은 장비씨의 연로한 나이와 그의 성실성을 고려하여 근무시간을 줄여 주고 월급도 50 % 인상해 주었다. 그러자 장비씨는 회사에 사표를 내고 다른 직장으로 이직을 원하였다. 이에 사장이 그만두는 이유를 묻자 "저는 돈을 벌기 위하여 일을 하는 것이 아니라 남은 인생을 될 수 있는 한 많은 사람을 위해 일하고 싶은 것인데, 근무 시간이 줄어들었으니 그만둘 수밖에 없습니다."라고 대답하였다.

	(가)	(나)
①	업적주의적 직업관	개인중심적 직업관
②	업적주의적 직업관	귀속주의적 직업관
③	귀속주의적 직업관	결과지향적 직업관
④	귀속주의적 직업관	개인중심적 직업관
⑤	개인중심적 직업관	결과지향적 직업관

55. 다음은 직업윤리에 대한 강좌에서 강사와 수강생들의 대화이다. 강사의 질문에 대한 답변으로 옳은 것만을 모두 고른 것은?

> 수강생 A : 직업 일반 윤리는 직업을 가지고 있는 모든 사람이 지켜야 할 도리입니다.
> 수강생 B : 직업별 윤리는 각각의 직업에 종사하는 직업인에게 요구되는 윤리적 규범을 말합니다.
> 강사 : 그럼 직업별 윤리에는 어떤 것이 있을까요?

> ㉠ 봉사, 책임 등의 공동체 윤리
> ㉡ 노사 관계 안에서의 근로자 및 기업가의 윤리
> ㉢ 직종별 특성에 맞는 법률, 규칙, 선언문, 윤리 요강

① ㉠   ② ㉡

③ ㉠, ㉢   ④ ㉡, ㉢

⑤ ㉠, ㉡, ㉢

56. ㈜서원각에서 근무하는 김 대리는 제도 개선 연구를 위해 영국 런던에서 관계자와 미팅을 하려고 한다. 8월 10일 오전 10시 미팅에 참석할 수 있도록 해외출장 계획을 수립하려고 한다. 김 대리는 현지 공항에서 입국 수속을 하는데 1시간, 예약된 호텔까지 이동하여 체크인을 하는데 2시간, 호텔에서 출발하여 행사장까지 이동하는데 1시간 이내의 시간이 소요된다는 사실을 파악하였다. 또한 서울 시각이 오후 8시 45분일 때 런던 현지 시각을 알아보니 오후 12시 45분이었다. 비행운임 및 스케줄이 다음과 같을 때, 김 대리가 선택할 수 있는 가장 저렴한 항공편은 무엇인가?

항공편	출발시각	경유시간	총 비행시간	운임
0001	8월 9일 19 : 30	7시간	12시간	60만 원
0002	8월 9일 20 : 30	5시간	13시간	70만 원
0003	8월 9일 23 : 30	3시간	12시간	80만 원
0004	8월 10일 02 : 30	직항	11시간	100만 원
0005	8월 10일 05 : 30	직항	9시간	120만 원

① 0001   ② 0002

③ 0003   ④ 0004

⑤ 0005

57. 다음은 책꽂이 1개를 제작하기 위한 자재 소요량 계획이다. [주문]을 완료하기 위해 추가적으로 필요한 칸막이와 옆판의 개수로 옳은 것은?

〈자재 소요량 계획〉

[주문] 책꽂이 20개 제작

[자재 명세서]

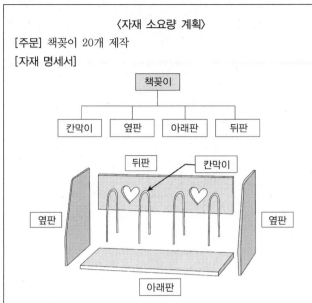

[재고 현황]

책꽂이	칸막이	옆판	아래판	뒤판
0개	40개	30개	20개	20개

[조건]

1. 책꽂이 1개를 만들기 위해서는 칸막이 4개, 옆판 2개, 아래판 1개, 뒤판 1개가 필요하다.
2. 책꽂이를 제작할 때 자재 명세서에 제시된 부품 이외의 기타 부품은 고려하지 않는다.

	칸막이	옆판
①	20	10
②	20	20
③	40	10
④	40	20
⑤	40	40

58. 다음은 소정기업의 재고 관리 사례이다. 금요일까지 부품 재고 수량이 남지 않게 완성품을 만들 수 있도록 월요일에 주문할 A~C 부품 개수로 옳은 것은? (단, 주어진 조건 이외에는 고려하지 않는다)

○○ 기업 재고 관리 사례

[부품 재고 수량과 완성품 1개당 소요량]

부품명	부품 재고 수량	완성품 1개당 소요량
A	500	10
B	120	3
C	250	5

[완성품 납품 수량]

요일 항목	월	화	수	목	금
완성품 납품 개수	없음	30	20	30	20

[조건]

1. 부품 주문은 월요일에 한 번 신청하며 화요일 작업 시작 전 입고된다.
2. 완성품은 부품 A, B, C를 모두 조립해야 한다.

	A	B	C
①	100	100	100
②	100	180	200
③	500	100	100
④	500	150	200
⑤	500	180	250

59. 다음은 ○○기업의 인적 자원 관리 사례이다. 이에 대한 설명으로 옳은 것만을 모두 고른 것은?

- 직무 분석 결과에 따른 업무 조정 및 인사 배치
- 기업 부설 연수원에서 사원 역량 강화 교육 실시
- 건강 강좌 제공 및 전문 의료진과의 상담 서비스 지원

㉠ 법정 외 복리 후생 제도를 실시하고 있다.
㉡ 인적 자원 관리의 원칙 중 '단결의 원칙'을 적용하고 있다.
㉢ OJT(On the Job Training) 형태로 사원 교육을 진행하고 있다.

① ㉠ 　　　　　② ㉡
③ ㉠, ㉢ 　　　　④ ㉡, ㉢
⑤ ㉠, ㉡, ㉢

60. 다음은 장식품 제작 공정을 나타낸 것이다. 이에 대한 설명으로 옳은 것만을 〈보기〉에서 있는 대로 고른 것은? (단, 주어진 조건 이외의 것은 고려하지 않는다)

〈조건〉
• A~E의 모든 공정 활동을 거쳐 제품이 생산되며, 제품 생산은 A 공정부터 시작된다.
• 각 공정은 공정 활동별 한 명의 작업자가 수행하며, 공정 간 부품의 이동 시간은 고려하지 않는다.

〈작업순서〉

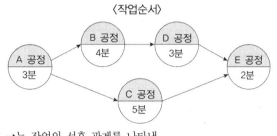

※ →는 작업의 선후 관계를 나타냄.

〈보기〉
㉠ 첫 번째 완제품은 생산 시작 12분 후에 완성된다.
㉡ 제품은 최초 생산 후 매 3분마다 한 개씩 생산될 수 있다.
㉢ C 공정의 소요 시간이 2분 지연되어도 첫 번째 완제품을 생산하는 총소요시간은 변화가 없다.

① ㉠   ② ㉡

③ ㉠, ㉢   ④ ㉡, ㉢

⑤ ㉠, ㉡, ㉢

61. 다음에 해당하는 나라에 대한 설명으로 옳은 것을 고르면?

> 5월이 되어 씨를 다 뿌리고 나면 귀신에게 제사를 올린다. 이때는 모든 사람이 모여서 밤낮으로 노래하고 춤을 추며 술을 마시고 논다. …… 또 이들 여러 나라에는 각각 별읍이 있는데 큰 나무를 세우고 방울과 북을 달아 귀신을 섬겼다. 모든 도망 온 자가 여기에 이르면 돌려보내지 않았다. 5곡과 벼를 농사짓기에 좋았다.
>
> — 「삼국지위서동이전」 —

> ㉠ 농업이 발달하여 공동체적 전통인 두레 조직이 있었다.
> ㉡ 철이 많이 생산되어 낙랑, 왜 등 주변 국가에 수출하였다.
> ㉢ 제사장인 천군은 신성 지역인 소도에서 의례를 주관하였다.
> ㉣ 다른 부족의 생활권을 침범하면 노비와 소, 말을 변상하게 하였다.
> ㉤ 시체를 가매장하였다가 뼈를 추려 목곽에 안치하는 풍습이 있었다.

① ㉠, ㉡, ㉢　　　　② ㉠, ㉣, ㉤
③ ㉡, ㉢, ㉣　　　　④ ㉡, ㉢, ㉤
⑤ ㉢, ㉣, ㉤

62. 다음은 과거 어느 시기 우리나라의 유물이다. 이 유물과 같은 시대를 살았던 사람들의 모습으로 옳은 것은?

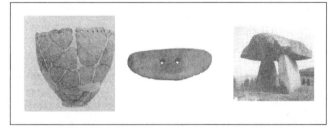

① 무리를 이루어 큰 사냥감을 찾아다녔고 평등한 공동체적 생활을 하였다.
② 자연 현상이나 자연물에도 정령이 있다고 믿는 사람들이 생겨나기 시작했다.
③ 이들의 집은 대개 움집이었는데 취사와 난방을 위한 화덕이 중앙에 위치하였다.
④ 이 시기 한반도 북부지역 사람들은 비파형 동검과 미송리식 토기를 사용했다.
⑤ 이 시대에 중앙 집권 국가 단계의 국가가 나타나기 시작하였다.

63. 다음 지도와 같은 형세를 이루었던 시기에 있었던 역사적 사실을 〈보기〉에서 모두 고른 것은?

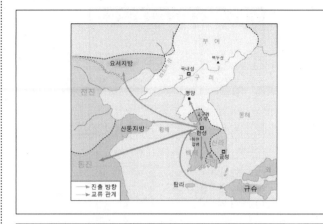

> 〈보기〉
> ㉠ 백제는 사비로 천도하고 국호를 남부여라 고쳤다.
> ㉡ 백제는 왜에 칠지도를 주었다.
> ㉢ 신라는 율령을 제정하고, 불교를 공인하였다.
> ㉣ 백제는 고흥으로 하여금 「서기」를 편찬하였다.

① ㉠, ㉡　　　　② ㉠, ㉢
③ ㉠, ㉣　　　　④ ㉡, ㉣
⑤ ㉢, ㉣

64. 다음 자료를 바탕으로 당시의 사회 모습을 추론한 것으로 옳지 않은 것은?

> 나라 안의 여러 주·군에서 공부를 바치지 않으니 창고가 비고 나라의 쓰임이 궁핍해졌다. 왕이 사신을 보내어 독촉하였지만, 이로 인해 곳곳에서 도적이 벌떼같이 일어났다. 이에 원종·애노 등이 사벌주에서 반란을 일으키니 왕이 영기에게 명하여 잡게 하였다.

① 몰락한 농민들이 유랑하거나 초적이 되었다.
② 전제왕권이 강화되어, 집사부 시중의 권한이 강하였다.
③ 6두품은 정치적 조언자로 활발히 활동하였다.
④ 지방에서는 호족이라 불리는 새로운 세력이 등장하였다.
⑤ 귀족의 반발로 녹읍이 부활되었다.

65. 다음 자료를 통해 추론할 수 있는 것을 〈보기〉에서 고른 것은?

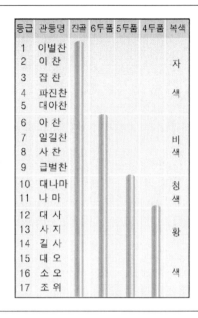

4두품에서 백성에 이르기까지는 방의 길이와 너비가 15척을 넘지 못한다. 느릅나무를 쓰지 못하고, 우물천장을 만들지 못하며, 금은이나 구리 …… 등으로 장식하지 못한다. 담장은 6척을 넘지 못하고, 마구간에는 말 2마리를 둘 수 있다.

〈보기〉
㉠ 일상생활까지 규제를 하는 기준이 되었다.
㉡ 6두품은 자색의 공복을 입을 수 없었다.
㉢ 개인의 능력에 따라 지위가 상승할 수 있었다.
㉣ 5두품은 9등급 급벌찬이 될 수 있었다.

① ㉠, ㉡
② ㉠, ㉢
③ ㉠, ㉣
④ ㉡, ㉣
⑤ ㉢, ㉣

66. 다음 관리들의 대화에서 ㈎에 들어갈 통치 기구로 옳은 것은?

관리 1 : 오늘 도병마사에서 중요한 국방문제를 결정한다고 하는데 사실입니까?
관리 2 : 그렇습니다. 저는 이번에 중추원 추밀이 되어 참여를 할 예정인데, 그 쪽도 ___㈎___이니 같이 회의에 참석해야 되겠습니다.

① 삼사
② 어사대
③ 도평의사사
④ 중서문하성의 재신
⑤ 식목도감

67. 다음 신문 기사를 통해 알 수 있는 시기의 내용으로 적절한 것을 〈보기〉에서 고른 것은?

○○○○년 ○월 ○일
여·원 연합군의 일본원정 대실패
일본 원정을 위해 정동행성을 설치하고, 일본의 하카타를 공격하였으나, 질병과 태풍으로 패배하고 말았다.

〈보기〉
㉠ 동북 9성 축조
㉡ 교정도감 설치
㉢ 몽골풍의 유행
㉣ 응방 설치

① ㉠, ㉡
② ㉠, ㉢
③ ㉡, ㉢
④ ㉡, ㉣
⑤ ㉢, ㉣

68. 연표의 ㈎~㈐ 시기에 있었던 사실로 옳지 않은 것은?

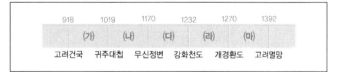

① ㈎ – 기인제도, 사심관 제도의 시행
② ㈏ – 삼강청자의 유행
③ ㈐ – 묘청의 서경천도 운동
④ ㈑ – 팔만대장경 조판
⑤ ㈒ – 관제와 왕실용어의 격하

69. (가)를 이용하여 (나)를 건설하였다. 이 시기의 국왕의 개혁 정책으로 옳지 않은 것은?

(가)　　　　(나)

① 소격서 폐지　　　　② 대전통편 편찬

③ 통공 정책 실시　　　　④ 장용영 설치

⑤ 규장각 설치

70. (가)의 주민에 대한 설명으로 옳은 것을 〈보기〉에서 고른 것은?

- 구리 · 자기 · 종이 · 먹 등 여러 ___(가)___ 에서 별공으로 바치는 물건들을 함부로 징수해 장인들이 살기가 어려워져 도망갔다.
　　　　　　　　　　　　　　　　　　－「고려사」 －

- 충주 다인에 철을 생산하던 ___(가)___ 이/가 있었다. 고종 42년에 토착민이 몽골군을 막는 데 공이 있어 현으로 승격시키고 충주의 속현으로 삼았다.
　　　　　　　　　　　　　　　　－「신증동국여지승람」 －

〈보기〉
㉠ 매매 · 증여 · 상속의 대상이 되었다.
㉡ 백정으로 국가에 조세 · 공납 · 역을 부담하였다.
㉢ 원칙적으로 다른 지역으로의 이주가 금지되었다.
㉣ 수공업 제품이나 광물 생산을 주된 생업으로 하였다.

① ㉠, ㉣　　　　② ㉠, ㉢

③ ㉡, ㉢　　　　④ ㉡, ㉣

⑤ ㉢, ㉣

71. 어느 미술 잡지 표지이다. ㉠~㉤ 중에서 특집 기사의 소제목과 적절하지 않은 것은?

청소년 미술
[특집 - 조선 후기 회화를 살펴보자]

㉠

서민생활모습이 그대로

㉡
자연이 살아있는 것처럼

㉢

양반 풍류생활이 그대로

㉣

이상세계의 낭만적 표현

㉤

매서운 용의 기운이

① ㉠　　　　② ㉡

③ ㉢　　　　④ ㉣

⑤ ㉤

72. 밑줄 친 '이 전쟁'과 관련된 사실로 옳은 것은?

전쟁은 가장 격렬한 형태의 문화교류라는 말이 있다. 이 전쟁 때 조선에서 수많은 책을 약탈하고 도공(陶工)을 끌고 간 일본은 그 후 고도의 출판문화, 도자기 문화를 꽃피웠다. 침략을 당한 조선은 어떤가. 포로로 일본에 끌려갔던 강항은 일본의 정치·군사 정보를 수집해서 「간양록」을, 강우성은 포로 경험을 바탕으로 일본어 교과서 「첩해신어」를 만들었다. 유성룡도 이 비극의 기억을 「징비록」이라는 기록으로 남겼다. 참혹한 전쟁의 경험을 그냥 흘려버리지 않고 귀중한 정보로 승화시킨 것이다.

① 권율이 행주산성에서 승리를 거두었다.
② 강홍립이 금나라에게 항복하였다.
③ 인조가 삼전도의 굴욕을 당하였다.
④ 신유의 조총 부대가 나·선 정벌에 참여하였다.
⑤ 비변사가 상설기구화 되었다.

73. 밑줄 친 (가)에 속한 정치 세력에 대하여 옳게 설명한 것을 〈보기〉에서 고른 것은?

「성종실록」 편찬을 담당했던 김일손이 성종 23년 기사를 쓰면서 자기의 스승인 김종직이 죽었다는 사실과 김종직이 사초에 쓴 조의제문을 실었는데, _(가)_ 는 이를 반격의 빌미로 이용하였다. 조의제문은 세조의 왕위 찬탈을 비판하는 것일 뿐 아니라, 세조로부터 왕위를 물려받은 예종, 성종, 연산군 등은 왕권의 전통성을 인정할 수 없다는 것으로 해석될 수 있다.

〈보기〉
㉠ 성리학 이외의 학문은 이단으로 배척하였다.
㉡ 과학과 기술을 중시하였다.
㉢ 주로 전랑과 3사의 언론직을 차지하여 활동하였다.
㉣ 중앙집권과 패도 정치를 주장하였다.

① ㉠, ㉡   ② ㉠, ㉢
③ ㉡, ㉢   ④ ㉡, ㉣
⑤ ㉢, ㉣

74. 다음과 같은 판소리 작품이 유행했을 때의 사회 모습으로 옳은 것은?

① 서얼은 신분상승운동을 전개하였다.
② 양반, 노비의 수가 감소하게 되었다.
③ 붕당정치로 인하여 정국이 안정되었다.
④ 부농층과 관권이 결탁하여 중앙의 관권이 약화되었다.
⑤ 대다수의 농민이 지주로 성장하였다.

75. 다음 시정 방침의 발표 계기로 옳은 것은?

• 사범학교 설치, 대학교육 허용(경성제국대학)
• 보통경찰제의 실시
• 치안유지법 제정

① 6·10 만세 운동
② 3·1운동
③ 간도참변
④ 대한민국임시정부 수립
⑤ 광주학생항일운동

76. 다음 시설이 운영되던 시기에 볼 수 있는 모습이 아닌 것은?

우리나라 최초의 서양식 의료기관으로 미국인 H.N. 알렌에 의해 세워졌다. 미국 장로교 선교의사였던 알렌이 우리나라에 와서 미국공사관의 의사로 있던 중 우정국사건에서 부상당한 민영익을 치료하게 되고 그 후 청나라 병사들을 치료하다가 궁중의 전의로 발탁되었다. 그 후 그가 고종에게 건의하여 세운 것이 광혜원이다. 그리고 제중원으로 개칭되었다.

① 기기창에서 무기를 제조하는 모습
② 박문국에 근대적 인쇄술이 도입되는 모습
③ 한성 신보를 읽고 있는 사람들의 모습
④ 조선의 중립화론 대두에 관심을 가지는 관리들의 모습
⑤ 국채보상운동에 적극 동참하는 주부들의 모습

77. 다음 글의 밑줄 친 '이 학교'에 대한 설명으로 옳은 것을 〈보기〉에서 고른 것은?

> 이 학교는 1886년에 설립된 우리나라 최초의 관립 근대 학교이다. 1894년에 폐교될 때까지 양반 고관 자제들을 수용하고 근대 교육을 실시하여 인재를 키웠다.
>
> 이 학교는 우리나라 최초의 관립 근대 교육 기관이나 정부 고관 자제만을 수용하는 신분적 제한과 어학 교육을 주도하는 교육내용의 한계, 외국인 교수에 의하여 교육되는 특수 학교였기에 민족 사회에 뿌리내리지 못하고 폐교되었다. 이점에서 사학 최초의 근대 학교인 배재학교와 여러모로 대조가 된다.

〈보기〉
㉠ 교육입국조서 발표를 계기로 설립되었다.
㉡ 개항장 주민들이 적극적으로 설립에 나섰다.
㉢ 국민 대중 교육에는 한계가 있었다.
㉣ 할버트가 영어로 강의하고, 영어원서를 강독하였다.

① ㉠, ㉡   ② ㉠, ㉣
③ ㉡, ㉢   ④ ㉡, ㉣
⑤ ㉢, ㉣

78. 김구가 자료와 같이 표현한 이유로 옳은 것을 〈보기〉에서 고른 것은?

> 왜적이 항복한다 하였다. 아! 이것은 내게 기쁜 소식이라기보다는 하늘이 무너지는듯한 일이었다. 천신만고 끝에 수년 동안 애를 써서 참전할 준비를 한 것도 다 허사이다.
>
> 시안과 푸양에서 훈련을 받은 우리 청년들에게 여러 가지 비밀 무기를 주어 산동에서 미국 잠수함에 태워 본국으로 들여보내어 국내의 중요한 곳을 파괴하거나 점령한 뒤에 미국 비행기로 무기를 운반할 계획까지 미국 육군성과 다 약속이 되었던 것을 한 번 해보지도 못하고 왜적이 항복하였으니……

〈보기〉
㉠ 광복 이후 약해질 한국의 입지 우려
㉡ 미국의 군사적, 경제적 원조 중단 우려
㉢ 신탁통치의 예정 및 실시 확정에 대한 우려
㉣ 오래 준비한 국내진입작전을 못한 아쉬움

① ㉠, ㉢   ② ㉠, ㉣
③ ㉡, ㉢   ④ ㉡, ㉣
⑤ ㉢, ㉣

79. 다음은 일제 강점기에 이루어졌던 우리 민족의 한국사 연구 경향을 설명한 것이다. ㈎~㈐와 관련된 설명으로 옳은 것은?

> ㈎ 역사 연구를 독립운동의 한 방법으로 인식하여 민족사의 자주성과 주체성을 강조하였다.
>
> ㈏ 유물사관을 도입하여 한국사에 있어서 사회적 발전에 주목하고 그 발전과정을 체계적으로 이해하려 하고 식민사관의 정체성론을 비판하였다.
>
> ㈐ 랑케 사학을 기초로 하여 민족주의사학이나 사회경제사학과 같은 일정한 공식을 한국사에 적용하기보다 개별적인 역사적 사실의 정확하고 충실한 이해를 바탕으로 객관적인 역사 상황을 정확하게 인식해야 한다고 주장하였다.

① ㈎의 대표적인 학자로는 백남운, 안재홍 등이 있다.
② ㈎계열의 학자들은 진단학회를 조직하여 국수주의적 성격을 극복하였다.
③ ㈏는 문헌고증을 토대로 사회경제사학의 세계사적 발전법칙을 수용하였다.
④ ㈏의 대표적인 학자 신채호는 상해 임시정부에 참여하고 조선혁명선언서를 부르짖었다.
⑤ ㈐계열의 학자들은 청구학회의 식민사관의 오류를 배격하였다.

80. 다음 자료를 통해 동학 농민군의 행적을 추적하여 ㈎에 들어갈 장면으로 옳은 것을 〈보기〉에서 고른 것은?

 ⇨ ㈎ ⇨

동학농민순전부입성비   동학혁명군 위령탑(우금치)

〈보기〉
㉠ 정부가 조병갑 탄핵 및 안핵사 파견하는 장면
㉡ 전라도 각 고을에 동학농민군의 자치 기구를 설치하는 장면
㉢ 전봉준이 사발통문을 돌리는 장면
㉣ 전주화약 체결하는 장면

① ㉠, ㉡   ② ㉠, ㉢
③ ㉡, ㉢   ④ ㉡, ㉣
⑤ ㉢, ㉣

81. 다음 밑줄 친 부분과 의미가 가장 유사한 것은?

They will each do a security survey and estimate what I need and how much it will cost to <u>deter</u> future thieves.

① determine ② arrest
③ persuade ④ lure
⑤ discourage

┃82~83┃ 다음 빈칸에 들어갈 알맞은 것을 고르시오.

82.

Like all new boys he was subjected to a certain amount of bullying, but I admired the way he stand up _____ it.

① by ② with
③ in ④ for
⑤ to

83.

Greed _____ money helps companies to become more efficient and provide better client-driven services.

① of ② to
③ from ④ for
⑤ on

84. 다음 빈칸에 들어갈 단어가 순서대로 되어 있는 것은?

- Could you please _____ me the time?
- Most of the time, I cannot _____ the difference.
- What time does the clock _____ ?
- You should _____ good jokes when you meet people.

① tell－say－tell－tell
② say－tell－tell－say
③ tell－say－say－tell
④ tell－tell－say－tell
⑤ say－say－tell－tell

85. 빈칸에 들어갈 말로 가장 적절한 것은?

A : _____ ?
B : No thanks. I can manage it, I think.

① Be kind enough to help me.
② Can you help me with it?
③ How can you help me?
④ Need a hand
⑤ I can't manage this. Can you give me a hand

86. 다음 대화에서 빈칸에 가장 적당한 단어를 고르시오.

A : You never seem to be out of money.
B : That's because I always _____ away a few dollars for a rainy day.

① waste ② plod
③ stash ④ wheedle
⑤ get

87. 다음 세 문장의 밑줄 친 부분에 들어갈 말이 순서대로 짝지어진 것은?

> A. The girl _____ a poor figure in her old jacket.
> B. The house _____ a fine view of the sea.
> C. She _____ tears at the sad news.

① looks − commands − shed
② looks − commands − tore
③ looks − observes − tore
④ cuts − observes − tore
⑤ cuts − command − shed

88. 내용상 다음 대화 중 가장 어색한 것을 고르시오.

① A : What accounts for this high electricity bill?
　 B : It was probably the air − conditioners.
② A : This fax machine has a warranty, doesn't it?
　 B : I was told it has a lifetime one.
③ A : Is this auction open to the general public?
　 B : On the weekends it is.
④ A : Why didn't the company's lawyer show up at the meeting?
　 B : We were all late for it.
⑤ A : Do you think she'll finish the proposal before noon?
　 B : She promised she would.

89. 밑줄 친 부분과 의미가 가장 가까운 것을 고르시오.

> A good education will help you develop your latent talents.

① poor
② obvious
③ hidden
④ brilliant
⑤ superficial

90. 다음 빈 칸에 들어갈 가장 적당한 단어를 고르시오.

> Environment−friendly plastic bags are safe to use since they _____ more readily in the soil.

① collapse
② assimilate
③ evaporate
④ decompose
⑤ excavate

91. 글에서 유추할 수 없는 것은?

> Some languages are spoken by quite small communities and they are hardly likely to survive. Before the end of the twentieth century many languages in Africa, Asia, and America will have passed into oblivion unless some competent linguist has found time to record them. The languages that remain are constantly changing with the changing needs and circumstances of the people who speak them. Change is the manifestation of life in language.

① Every living language changes.
② Language change is due to the language users.
③ Change is a normal condition of language.
④ Recorded languages are impossible to change.
⑤ Some languages have quite small population of speakers.

92. 글의 흐름상 밑줄 친 부분에 들어갈 내용으로 가장 적절한 것은?

> Despite being afraid or blocked by obstacles, the survivor quietly does what has to be done, no matter how overwhelming the odds against him or her are. Bill Gargan's voice was the prime tool of his trade — which was acting. Then he got cancer and lost his larynx. At first he was in despair. "But you can't spend your life feeling sorry for yourself," he said. So he worked for years to learn to talk again, _____. Then he spent the rest of his life helping others like himself.

① but it was beyond his ability
② he sometimes wanted other's help
③ he finally gave up
④ resulting in living an illadvised life
⑤ until he could finally make speeches

93. 밑줄 친 부분에 들어갈 말로 가장 적절한 것은?

> Some people like to dream about things that are not possible. They plan wonderful vacations, but they have no money. They think of getting married to someone they do not know. These people, we say, are _____.

① building a solid future

② teaching a young dog new tricks

③ building castles in the air

④ making a new life for themselves

⑤ telling tall tales

|94~95| 글을 읽고 물음에 답하시오.

> Arnold Bennett once pointed out that we all have the same amount of time — twentyfour hours a day. Strictly speaking, that's as inconclusive an observation as Bennett ever made. It's not the time that (A) counts, but energy — and of that wonderful quality we all have very different amounts.
>
> Energy comes from a healthy body, of course; it also comes from a psychological balance, a lack of conflicts and insecurities.
>
> And (B) this man apparently has boundless energy — he's on the go from morning to night, and often far into the night, working hard, never tiring, never "pooped" — and getting twice as much done as any three other people.

94. 밑줄 친 부분 중 (A)와 같은 뜻으로 쓰인 것은?

① My cholesterol count was a little high.

② You should count yourself lucky that you weren't hurt.

③ First impressions do count, so look your best at the interview.

④ I lost count after a hundred.

⑤ Don't count your chickens before they are hatched.

95. 밑줄 친 (B)를 가장 잘 묘사한 것은?

① He is more or less a hard worker.

② He is an indefatigable man.

③ He is a man of intelligence.

④ He is a clockwatcher.

⑤ He is rather a man of psychological imbalance.

96. 빈칸에 알맞은 문장을 고르면?

> Children seem to assume that everything has some purpose related to people. For instance, when asked, "Why is there snow?", a child will answer that snow exist "so children can play in it." I remember once telling my eight-year-old son Brian, who was keenly interested in outer space, that astronomers had found a moon. "But Daddy," he replied, "I thought Pluto was too cold for anything to live there." I told him that was right. He asked, "Well, why would Pluto have a moon if there is no noe there to see it?" In his view, _____.

① moons exist only to entertain people

② a moon must be a place where people can play

③ only Pluto has a moon where there is no one there

④ Pluto's moon is invisible to the inhabitants of Pluto

⑤ Pluto has on right to exist because no one can live there

97. 주어진 우리말을 영어로 가장 잘 옮긴 것은?

> 폭설로 인해 열차가 많이 늦어져서 자정까지 집에 도착할 수 있을지 걱정이 되었다.

① The heavy snow delayed my train a lot, and I was worrying about my arrival at home until midnight.

② The heavy snow delayed the train so much that I felt worried about whether I could get home by midnight.

③ The train was very late thanks to the heavy snow, I felt worrying whether I could arrive home in the midnight.

④ As the train had been long delayed owing to the heavy snow, I felt worrying about whether I could get home till midnight.

⑤ As the train was delayed a long time because of the heavy snowstorm, I worried about if I could reach home by midnight or not.

98. 다음 빈칸에 공통으로 쓰일 수 있는 것은?

> My son always _____ pity on stray cats and dogs.
> Jane _____ over my duties these days.

① makes   ② gives

③ has   ④ takes

⑤ sends

99. 다음 글의 요지와 가장 가까운 것은?

> We are all familiar with the distinction represented by the words 'civilization' and 'culture'. 'Civilization', as I have always suggested is usually thought of as in the main a materialistic achievement, culture as religious, academic and artistic ; and it is then assumed that not merely a parallelism but even a casual relationship exists between the two phenomena. No view of historical realities could be more false, indeed almost the contrary is true, for a culture can exist without a distinctive civilization to support it, and the growth of a civilization can destroy an already existing culture.

① Culture and civilization are two faces of a coin.

② It is impossible to think of culture without considering civilization.

③ Too materialistic a civilization can be a cause of the decay of a distinctive culture.

④ The improvement of culture has always accompanied the development civilization.

⑤ History has shown that there is no causal relationship between culture and civilization.

100. 다음 문장이 암시하는 바와 가장 가까운 것은?

> Susan learned how to do a very good imitation of a genuine comedian for fun.

① Susan has a comedian friend.

② Susan wants to be a genuine comedian.

③ Susan is a professional comedian.

④ Susan practiced acting like a comedian.

⑤ Susan learned how to laugh at people.

한 눈에 쏙!

부동산 / 시사 / 경제

용어사전 시리즈

빈출 시사용어와
시사상식과
주요 공기업/대기업
상식 예상문제

빈출 경제용어와
금융상식과 단기완성을
위한 꼼꼼한 경제상식 해설

부동산 관련
핵심용어와
난해한 용어를
쉽고 간결하게 정리!

한국산업인력공단

일반직 5급(일반행정) 모의고사

[제 3 회]

영　　역	NCS직업기초능력, 한국사, 영어
문항 수 / 시간	100문항 / 100분
비　　고	객관식 5지선다형

SEOWONGAK
(주)서원각

≫ 직업기초능력(60문항)

┃1~2┃ 다음은 J사의 2018년 조직도이다. 주어진 조직도를 보고 물음에 답하시오.

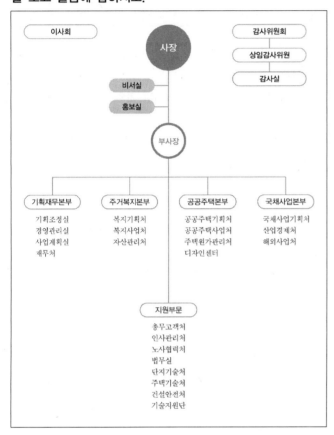

1. 위 조직도를 보고 잘못 이해한 것은?

① 부사장은 따로 비서실을 두고 있지 않다.

② 비서실과 홍보실은 사장 직속으로 소속되어 있다.

③ 감사실은 공정한 감사를 위해 다른 조직들과는 구분되어 감사위원회 산하로 소속되어 있다.

④ 부사장 직속으로는 1개 부문, 1실, 6개 처, 1개의 지원단으로 구성되어 있다.

⑤ ·주거복지본부와 국채사업본부는 모두 3개 처로 구성되어 있다.

2. 다음은 J사의 내년 조직개편사항과 A씨가 개편사항을 반영하여 수정한 조직도이다. 수정된 조직도를 보고 상사인 B씨가 A씨에게 지적할 사항으로 옳은 것은?

〈조직개편사항〉

• 미래기획단 신설(사장 직속)
• 명칭변경(주거복지본부) : 복지기획처 → 주거복지기획처, 복지사업처 → 주거복지사업처
• 지원부문을 경영지원부문과 기술지원부문으로 분리한다.
　– 경영지원부문 : 총무고객처, 인사관리처, 노사협력처, 법무실
　– 기술지원부문 : 단지기술처, 주택기술처, 건설안전처, 기술지원단
• 공공주택본부 소속으로 행복주택부문(행복주택계획처, 행복주택사업처, 도시재생계획처) 신설
• 중소기업지원단 신설(기술지원부문 소속)

〈2019년 J사 조직도〉

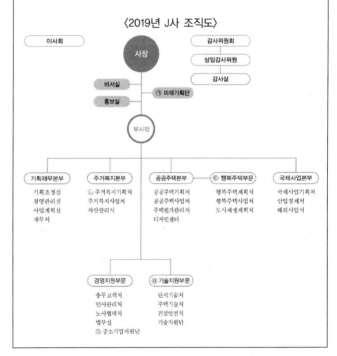

① ㉠미래기획단을 부사장 직속으로 이동시켜야 합니다.

② ㉡주거복지기획처를 복지기획처로 변경해야 합니다.

③ ㉢행복주택부문을 부사장 직속으로 이동해야 합니다.

④ ㉣중소기업지원단을 기술지원부문으로 이동해야 합니다.

⑤ ㉤기술지원부문을 경영지원부문 직속으로 이동해야 합니다.

┃3~4┃ 다음은 작년의 사내 복지 제도와 그에 따른 4/4분기 복지 지원 내역이다. 올 1/4분기부터 복지 지원 내역의 변화가 있었을 때, 다음의 물음에 답하시오.

〈사내 복지 제도〉

구분	세부사항
주택 지원	사택지원 (1~6동 총 6개 동 120가구) 기본 2년 (신청 시 1회 2년 연장 가능)
경조사 지원	본인/가족 결혼, 회갑 등 각종 경조사 시 경조금, 화환 및 경조휴가 제공
학자금 지원	고등학생, 대학생 학자금 지원
기타	상병 휴가, 휴직, 4대 보험 지원

〈4/4분기 지원 내역〉

이름	부서	직위	세부사항	금액(천 원)
정희진	영업1팀	사원	모친상	1,000
유연화	총무팀	차장	자녀 대학진학 (입학금 제외)	4,000
김길동	인사팀	대리	본인 결혼	500
최선하	IT개발팀	과장	병가(실비 제외)	100
김만길	기획팀	사원	사택 제공(1동 702호)	–
송상현	생산2팀	사원	장모상	500
길태화	기획팀	과장	생일	50(상품권)
최현식	총무팀	차장	사택 제공(4동 204호)	–
최판석	총무팀	부장	자녀 결혼	300
김동훈	영업2팀	대리	생일	50(상품권)
백예령	IT개발팀	사원	본인 결혼	500

3. 인사팀의 사원 Z씨는 팀장님의 지시로 작년 4/4분기 지원 내역을 구분하여 정리했다. 다음 중 구분이 잘못된 직원은?

구분	이름
주택 지원	김만길, 최현식
경조사 지원	정희진, 김길동, 길태화, 최판석, 김동훈, 백예령
학자금 지원	유연화
기타	최선하, 송상현

① 정희진
② 김동훈
③ 유연화
④ 송상현
⑤ 최선하

4. 다음은 올해 1/4분기 지원 내역이다. 변경된 복지 제도 내용으로 옳지 않은 것은?

이름	부서	직위	세부사항	금액(천 원)
김태호	총무팀	대리	장인상	1,000
이준규	영업2팀	과장	자녀 대학 등록금	4,000
박신영	기획팀	사원	생일	50(기프트 카드)
장민하	IT개발팀	차장	자녀 결혼	300
백유진	기획팀	대리	병가(실비 포함)	200
배주한	인사팀	차장	생일	50(기프트 카드)

① 경조사 지원금은 직위와 관계없이 동일한 금액으로 지원됩니다.
② 배우자 부모 사망 시 경조사비와 본인 부모 사망 시 경조사비를 동일하게 지급합니다.
③ 직원 본인 병가 시 위로금 10만 원과 함께 병원비(실비)를 함께 지급합니다.
④ 생일 시 지급되는 상품권을 현금카드처럼 사용할 수 있는 기프트 카드로 변경 지급합니다.
⑤ 자녀 결혼 시 경조금이 50만 원으로 상향 지원됩니다.

5. D그룹 홍보실에서 근무하는 사원 민경씨는 2019년부터 적용되는 새로운 조직 개편 기준에 따라 홈페이지에 올릴 조직도를 만들려고 한다. 다음 조직도의 빈칸에 들어갈 것으로 옳지 않은 것은?

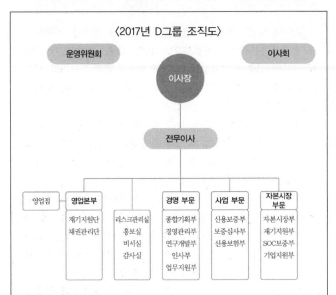

〈2017년 D그룹 조직도〉

2019년 D그룹 조직 개편 기준
- 명칭변경 : 사업부문 → 신용사업부문
- 감사위원회를 신설하고 감사실을 감사위원회 소속으로 이동한다.
- 경영부문을 경영기획부문과 경영지원부문으로 분리한다.
- 경영부문의 종합기획부, 경영관리부, 연구개발부는 경영기획부문으로 인사부, 업무지원부는 경영지원부문으로 각각 소속된다.
- 업무지원부의 IT 관련 팀을 분리하여 IT전략부를 신설한다.
- 자본시장부문의 기업지원부는 영업본부 소속으로 이동한다.

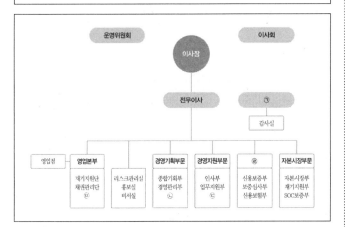

① ㉠ : 감사위원회
② ㉡ : 연구개발부
③ ㉢ : IT전략부
④ ㉣ : 사업부문
⑤ ㉤ : 기업지원부

6. 원고 甲은 피고 乙을 상대로 대여금반환청구의 소를 제기하였다. 이후 절차에서 甲은 丙을, 乙은 丁을 각각 증인으로 신청하였으며 해당 재판부(재판장 A, 합의부원 B와 C)는 丙과 丁을 모두 증인으로 채택하였다. 다음 내용을 바탕으로 옳은 것은?

제1조
① 증인신문은 증인을 신청한 당사자가 먼저 하고, 다음에 다른 당사자가 한다.
② 재판장은 제1항의 신문이 끝난 뒤에 신문할 수 있다.
③ 재판장은 제1항과 제2항의 규정에 불구하고 언제든지 신문할 수 있다.
④ 재판장은 당사자의 의견을 들어 제1항과 제2항의 규정에 따른 신문의 순서를 바꿀 수 있다.
⑤ 당사자의 신문이 중복되거나 쟁점과 관계가 없는 때, 그 밖에 필요한 사정이 있는 때에 재판장은 당사자의 신문을 제한할 수 있다.
⑥ 합의부원은 재판장에게 알리고 신문할 수 있다.

제2조
① 증인은 따로따로 신문하여야 한다.
② 신문하지 않은 증인이 법정 안에 있을 때에는 법정에서 나가도록 명하여야 한다. 다만 필요하다고 인정한 때에는 신문할 증인을 법정 안에 머무르게 할 수 있다.

제3조 재판장은 필요하다고 인정한 때에는 증인 서로의 대질을 명할 수 있다.

제4조 증인은 서류에 의하여 진술하지 못한다. 다만 재판장이 허가하면 그러하지 아니하다.

※ 당사자 : 원고, 피고를 가리킨다.

① 丙을 신문할 때 A는 乙보다 먼저 신문할 수 없다.
② 甲의 丙에 대한 신문이 쟁점과 관계가 없는 때, A는 甲의 신문을 제한할 수 있다.
③ A가 丁에 대한 신문을 乙보다 甲이 먼저 하게 하려면, B와 C의 의견을 들어야 한다.
④ 丙과 丁을 따로따로 신문해야 하는 것이 원칙이지만, B는 필요하다고 인정한 때 丙과 丁의 대질을 명할 수 있다.
⑤ 丙이 질병으로 인해 서류에 의해 진술하려는 경우 A의 허가를 요하지 않는다.

7. 다음은 비정규직 노동자와 정규직 노동자 간의 임금 격차에 대한 직원 A와 B의 주장을 정리한 것이다. 두 사람에 대한 판단으로 적절하지 않은 것은?

> A : 차별적 관행을 고수하는 기업들은 비차별적 기업들과의 경쟁에서 자연적으로 도태되기 때문에 기업 간 경쟁이 임금 차별 완화의 핵심이라고 생각합니다. 기업이 노동자 개인의 능력 이외에 다른 잣대를 바탕으로 차별하는 행위는 비합리적이기 때문에, 기업들 사이의 경쟁이 강화될수록 임금차별은 자연스럽게 줄어들 수밖에 없을 것입니다. 예를 들어 정규직과 비정규직 가릴 것 없이 오직 능력에 비례하여 임금을 결정하는 회사는 정규직 또는 비정규직이라는 이유만으로 무능한 직원들을 임금 면에서 우대하고 유능한 직원들을 홀대하는 회사보다 경쟁에서 앞서나갈 것입니다.
>
> B : A분의 주장과 다르게 실제로는 고용주들이 비정규직을 차별한다고 해서 기업 간 경쟁에서 불리해지지 않습니다. 고용주들은 오직 사회적 비용이라는 추가적 장애물의 위협에 직면했을 때에만 정규직과 비정규직 사이의 임금차별 관행을 근본적으로 재고합니다. 여기서 제가 말하는 사회적 비용이란, 국가가 제정한 법과 제도를 수용하지 않음으로써 조직의 정당성이 낮아지는 것입니다. 기업의 경우엔 조직의 정당성이 낮아지게 되면 조직의 생존 가능성 역시 낮아지게 되므로, 기업은 임금차별을 줄이는 강제적 제도를 수용함으로써 사회적 비용을 낮추는 선택을 하게 될 것입니다. 따라서 법과 제도에 의한 규제를 통해 임금차별을 줄일 수 있을 것입니다.

① A에 따르면 경쟁이 치열한 산업군일수록 근로형태에 따른 임금 격차는 더 적어진다.

② A는 시장에서 기업 간 경쟁이 약화되는 것을 방지하기 위한 보완 정책이 수립되어야 한다고 본다.

③ A는 정규직과 비정규직 사이의 임금차별이 어떻게 줄어드는가에 대해 B와 견해를 달리한다.

④ B는 기업이 자기 조직의 생존 가능성을 낮춰가면서까지 임금차별 관행을 고수하지는 않을 것이라고 전제한다.

⑤ B에 따르면 다른 조건이 동일할 때 기업의 비정규직에 대한 임금차별은 주로 강제적 규제에 의해 시정될 수 있다.

8. 다음은 A 에어컨 업체에서 신입사원들을 대상으로 진행한 강의의 일부분이다. '가을 전도' 현상에 대한 이해도를 높이기 위해 추가 자료를 제작하였다고 할 때, 바른 것은?

> 호수의 물은 깊이에 따라 달라지는 온도 분포를 기준으로 세 층으로 나뉘는데, 상층부부터 표층, 중층, 그리고 가장 아래 부분인 심층이 그것입니다. 사계절이 뚜렷한 우리나라 같은 온대 지역의 깊은 호수에서는 계절에 따라 물의 상하 이동이 다른 양상을 보입니다.
>
> 여름에는 대기의 온도가 높기 때문에 표층수의 온도도 높습니다. 중층수나 심층수의 온도가 표층수보다 낮고 밀도가 상대적으로 높기 때문에 표층수의 하강으로 인한 중층수나 심층수의 이동은 일어나지 않습니다.
>
> 그런데 가을이 되면 대기의 온도가 떨어지면서 표층수의 온도가 낮아집니다. 그래서 물이 최대 밀도가 되는 4℃에 가까워지면, 약한 바람에도 표층수가 아래쪽으로 가라앉으면서 상대적으로 밀도가 낮은 아래쪽의 물이 위쪽으로 올라오게 됩니다. 이런 현상을 '가을 전도'라고 부릅니다.
>
> 겨울에는 여름과 반대로 표층수의 온도가 중층수나 심층수보다 낮지만 밀도는 중층수와 심층수가 더 높기 때문에 여름철과 마찬가지로 물의 전도 현상이 일어나지 않습니다. 그러나 봄이 오면서 얼음이 녹고 표층수의 온도가 4℃까지 오르게 되면 물의 전도 현상을 다시 관찰할 수 있습니다. 이것을 '봄 전도'라고 부릅니다.
>
> 이러한 봄과 가을의 전도 현상을 통해 호수의 물이 순환하게 됩니다.

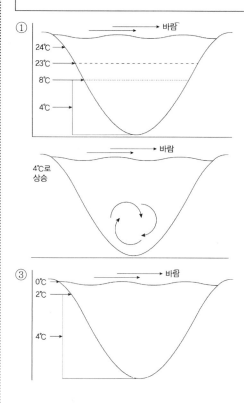

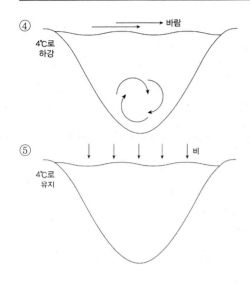

④ 4℃로 하강 ←바람→

⑤ 4℃로 유지 ↓↓↓↓↓비

안 자는 사람으로 유명했다. 하지만, 이들은 진짜 잠을 안 잔 것이 아니라, 효과적으로 수면을 취했던 것이다. 나폴레옹은 말안장 위에서도 잠을 잤고, ㉢워털루 전투에서도 틈틈이 낮잠을 즐겼다고 한다. 에디슨도 마찬가지였다. 에디슨의 친구 한 사람은 "그는 다른 사람에게 말을 거는 동안에도 잠 속에 빠지곤 했지."라고 말하였다.

㈑ 그러면 우리는 왜 잠을 잘까? 왜 인생의 3분의 1을 잠으로 보내야만 할까? 뒤집어 생각해 보면, 잠을 자고 있는 것이 우리의 정상적인 모습이고, 잠을 자지 않는 것은 여러 자극 때문에 어쩔 수 없이 깨어 있는 비정상적인 모습인지도 모른다. ㉤과연 잠을 자고 있을 때와 깨어 있을 때, 우리의 뇌에는 어떠한 일이 일어나고 있을까?

┃9~11┃ 다음 글을 읽고 물음에 답하시오.

㈎ 일상생활이 너무나 피곤하고 고단할 때, 힘든 일에 지쳐 젖은 솜처럼 몸이 무겁고 눈이 빨갛게 충혈 됐을 때, 단잠처럼 달콤한 게 또 있을까? 우리는 하루 평균 7~8시간을 잔다. 하루의 3분의 1을 잠을 자는 데 쓰는 것이다. 어찌 생각하면 참 아까운 시간이다. 잠을 자지 않고 그 시간에 열심히 일을 해서 돈을 번다면 부자가 되지 않을까? 여기서 잠시 A라는 학생의 생활을 살펴보자.

㈏ A는 잠자는 시간이 너무 아깝다. 그래서 잠을 안자고 열심히 공부하기로 작정한다. A에게 하루쯤 밤을 새는 것은 흔한 일이다. 졸리고 피곤하긴 하지만, 그런대로 학교생활을 해 나갈 수 있다. 하지만, 하루가 지나고 이틀이 지나니 그 증상이 훨씬 심해진다. 눈은 ㉠뻑뻑하고 눈꺼풀은 천 근처럼 무겁다. 옆에서 누가 소리를 지르지 않으면 금방 잠에 빠져 버리고 만다. A는 잠을 자지 않기 위해서 쉴 새 없이 움직인다. 하지만, 너무 졸려서 도저히 공부를 할 수가 없다. 결국 A는 모든 것을 포기하고 깊은 잠에 빠져 버리고 만다.

㈐ 만일, 누군가가 강제로 A를 하루나 이틀 더 못 자게 한다면 어떻게 될까? A는 자기가 있는 곳이 어디인지, 또 자기가 무슨 일을 하러 여기에 와 있는지조차 가물가물 할 것이다. 앞에 앉은 사람의 얼굴도 잘 몰라보고 이상한 물체가 보인다고 횡설수설할지도 모른다. 수면 ㉡박탈은 예로부터 ㉢중죄인을 고문하는 방법으로 이용될 정도로 견디기 어려운 것이었다.

㈑ A가 이처럼 잠을 못 잤다면 부족한 잠을 고스란히 보충해야 할까? 그렇지는 않다. 예를 들어, 매일 8시간씩 자던 사람이 어느 날 5시간밖에 못 잤다고 해서 3시간을 더 잘 필요는 없다. 우리 몸은 그렇게 계산적이지 않다. 어쩌면 A가 진짜 부러워해야 할 사람은 나폴레옹이나 에디슨일지도 모른다. 이 두 사람은 역사상 밤잠

9. 주어진 글에서 A의 예를 통하여 글쓴이가 궁극적으로 말하고자 하는 바는?
① 잠을 많이 자야 건강을 유지할 수 있다.
② 잠을 안 자면 정상적인 생활을 할 수 없다.
③ 단잠은 지친 심신을 정상적으로 회복시킨다.
④ 잠을 덜 자기 위해서는 많은 고통을 겪어야 한다.
⑤ 잠은 많이 잘수록 건강에 도움이 된다.

10. ㈑에서 '나폴레옹'과 '에디슨'의 공통점으로 알맞은 것은?
① 불면증에 시달렸다.
② 효과적으로 수면을 취했다.
③ 일반인보다 유난히 잠이 많았다.
④ 꿈과 현실을 잘 구분하지 못했다.
⑤ 항상 바쁘게 생활했다.

11. ㉠~㉣ 중 사전(事典)을 찾아보아야 할 단어는?
① ㉠   ② ㉡
③ ㉢   ④ ㉣
⑤ ㉤

12. 다음 내용은 방송 대담의 한 장면이다. 이를 통해 알 수 있는 것은?

> 사회자 : '키워드로 알아보는 사회' 시간입니다. 의료 서비스 시장 개방이 눈앞의 현실로 다가오고 있습니다. 이와 관련하여 오늘은 먼저 의료 서비스 시장의 특성에 대해서 알아보겠습니다. 김 박사님 말씀해주시죠.
>
> 김 박사 : 일반적인 시장에서는 소비자가 선택할 수 있는 상품의 폭이 넓습니다. 목이 말라 사이다를 마시고 싶은데, 사이다가 없다면 대신 콜라를 마시는 식이지요. 하지만 의료 서비스 시장은 다릅니다. 의료 서비스 시장에서는 음료수를 고르듯 아무 병원이나, 아무 의사에게 갈 수는 없습니다.
>
> 사회자 : 의료 서비스는 일반 시장의 상품과 달리 쉽게 대체할 수 있는 상품이 아니라는 말씀이군요.
>
> 김 박사 : 예, 그렇습니다. 의료 서비스라는 상품은 한정되어 있다는 특성이 있습니다. 우선 일정한 자격을 가진 사람만 의료 행위를 할 수 있기 때문에 의사의 수는 적을 수밖에 없습니다. 의사의 수가 충분하더라도 소비자, 즉 환자가 만족할 만한 수준의 병원을 설립하는 데는 더 큰 비용이 들죠. 그래서 의사와 병원의 수는 의료 서비스를 받고자 하는 사람보다 항상 적을 수밖에 없습니다.
>
> 사회자 : 그래서 종합 병원에 항상 그렇게 많은 환자가 몰리는군요. 저도 종합 병원에 가서 진료를 받기 위해 오랜 시간을 기다린 적이 많습니다. 그런데 박사님…… 병원에 따라서는 환자에게 불필요한 검사까지 권하는 경우도 있다고 하던데요…….
>
> 김 박사 : 그것은 '정보의 비대칭성'이라는 의료 서비스 시장의 특성과 관련이 있습니다. 의료 지식은 매우 전문적이어서 환자들이 자신의 증상에 관한 정보를 얻기가 어렵습니다. 그래서 환자는 의료 서비스를 수동적으로 받아들일 수밖에 없습니다. 중고차 시장을 생각해 보시면 될 텐데요, 중고차를 사려는 사람이 중고차 판매자를 통해서만 차에 관한 정보를 얻을 수 있는 것과 마찬가지입니다.
>
> 사회자 : 중고차 판매자는 중고차의 좋지 않은 점을 숨길 수 있으니 정보가 판매자에게 집중되는 비대칭성을 나타낸다고 보면 될까요?
>
> 김 박사 : 맞습니다. 의료 서비스 시장도 중고차 시장과 마찬가지로 소비자의 선택에 불리한 구조로 이루어져 있습니다. 따라서 의료 서비스 시장을 개방하기 전에는 시장의 특수한 특성을 고려해 소비자가 피해보는 일이 없도록 많은 논의가 이루어져야 할 것입니다.

① 의료 서비스 수요자의 증가와 의료 서비스의 질은 비례한다.

② 의료 서비스 시장에서는 공급자 간의 경쟁이 과도하게 나타난다.

③ 의료 서비스 시장에서는 소비자의 의료 서비스 선택의 폭이 좁다.

④ 의료 서비스 공급자와 수요자 사이에는 정보의 대칭성이 존재한다.

⑤ 의료 서비스 시장 개방은 결과적으로 득보다 실이 많을 것이다.

---

13. 다음 공고를 보고 잘못 이해한 것을 고르면?

〈신입사원 정규채용 공고〉

분야	인원	응시자격	연령	비고
콘텐츠 기획	5	• 해당분야 유경험자(3년 이상) • 외국어 사이트 운영 경력자 우대 • 외국어(영어/일어) 전공자	제한 없음	정규직
제휴 마케팅	3	• 해당분야 유경험자(5년 이상) • 웹 프로모션 경력자 우대 • 콘텐츠산업(온라인) 지식 보유자	제한 없음	정규직
웹 디자인	2	• 응시제한 없음 • 웹디자인 유경험자 우대	제한 없음	정규직

〈입사지원서 및 기타 구비서류〉

(1) 접수방법
• 인터넷(www.seowon.co.kr)을 통해서만 접수(우편 이용 또는 방문접수 불가)
• 채용분야별 복수지원 불가

(2) 입사지원서 접수 시 유의사항
• 입사지원서는 인터넷 접수만 가능함
• 접수 마감일에는 지원자 폭주 및 서버의 네트워크 사정에 따라 접속이 불안정해 질 수 있으니 가급적 마감일 1~2일 전까지 입사지원서 작성바람
• 입사지원서를 작성하여 접수하고 수험번호가 부여된 후 재입력이나 수정은 채용 공고 종료일 18 : 00까지만 가능하오니, 기재내용 입력에 신중을 기하여 정확하게 입력하기 바람

(3) 구비서류 접수
• 접수방법 : 최종면접 전형 당일 시험장에서만 접수하며, 미제출자는 불합격 처리
 −최종학력졸업증명서 1부
 −자격증 사본 1부(해당자에 한함)

(4) 기타 사항
• 상기 모집분야에 대해 최종 전형결과 적격자가 없는 것으로 판단될 경우, 선발하지 아니할 수 있으며, 추후 입사지원서의 기재사항이나 제출서류가 허위로 판명될 경우 합격 또는 임용을 취소함
• 최종합격자라도 신체검사에서 불합격 판정을 받거나 당사 인사규정상 채용 결격사유가 발견될 경우 임용을 취소함
• 3개월 인턴 후 평가(70점 이상)에 따라 정식 고용 여부를 결정함

(5) 문의 및 접수처
• 기타 문의사항은 (주)서원 홈페이지(www.seowon.co.kr) 참고

① 우편 및 방문접수는 불가하며 입사지원은 인터넷 접수만 가능하다.

② 지원서 수정은 마감일 이후 불가능하다.

③ 최종합격자라도 신체검사에서 불합격 판정을 받으면 임용이 취소된다.

④ 3개월 인턴과정을 거치고 나면 별도의 제약 없이 정식 고용된다.

⑤ 자격증 사본은 해당자에 한해 제출한다.

14. 다음 업무일지를 바르게 이해하지 못한 것은?

[2019년 5월 4일 업무보고서]

편집팀 팀장 박서준

시간	내용	비고
09:00 ~10:00	편집팀 회의	– 일주일 후 나올 신간 논의
10:00 ~12:00	통상업무	
12:00 ~13:00	점심식사	
13:00 ~14:30	릴레이 회의	– 편집팀 인원충원에 관해 인사팀 김서현 대리에게 보고 – 디자인팀에 신간 표지디자인 샘플 부탁
14:30 ~16:00	협력업체 사장과 미팅	– 내일 오전까지 인쇄물 400부 도착
16:00 ~18:00	서점 방문	– 지난 시즌 발간한 서적 동향 파악

① 5월 11일 신간이 나올 예정이다.

② 편집팀은 현재 인력이 부족한 상황이다.

③ 저번 달에도 신간을 발간했다.

④ 내일 오전 인쇄물 400부가 배송될 예정이다.

⑤ 오후에 외부 일정이 있다.

15. 다음 중 올바른 태도로 의사소통을 하고 있지 않은 사람은?

① 종민 : 상대방이 이해하기 쉽게 표현한다.

② 찬연 : 상대방이 어떻게 받아들일 것인가를 고려한다.

③ 백희 : 정보의 전달에만 치중한다.

④ 세운 : 의사소통의 목적을 알고 의견을 나눈다.

⑤ 준현 : 비언어적인 표현을 적절히 활용한다.

16. 다음의 글을 읽고 김 씨가 의사소통능력을 향상시키기 위해 노력한 것은 무엇인가?

직장인 김 씨는 자주 동료들로부터 다른 사람들의 이야기를 흘려듣거나 금새 잊어버린다는 이야기를 많이 들어 어떤 일을 하더라도 늦거나 실수하는 경우가 많이 발생한다. 그리고 같은 일을 했음에도 불구하고 다른 직원들보다 남겨진 자료가 별로 없는 것을 알게 되었다. 그래서 김 씨는 항상 메모하고 기억하려는 노력을 하기로 결심하였다.

그 후 김 씨는 회의시간은 물론이고, 거래처 사람들을 만날 때. 공문서를 읽거나 책을 읽을 때에도 메모를 하려고 열심히 노력하였다. 모든 상황에서 메모를 하다보니 자신만의 방법을 터득하게 되어 자신만 알 수 있는 암호로 더욱 간단하고 신속하게 메모를 할 수 있게 되었다. 또한 메모한 내용을 각 주제별로 분리하여 자신만의 데이터베이스를 만들기에 이르렀다. 이후 갑자기 보고할 일이 생겨도 자신만의 데이터베이스를 이용하여 쉽게 처리를 할 수 있게 되며 일 잘하는 직원으로 불리게 되었다.

① 경청하기

② 메모하기

③ 따라하기

④ 검토하기

⑤ 고쳐쓰기

17. 다음은 SNS 회사에 함께 인턴으로 채용된 두 친구의 대화이다. 두 사람이 제출했을 토론 주제로 적합한 것은?

> 여 : 대리님께서 말씀하신 토론 주제는 정했어? 난 인터넷에서 '저무는 육필의 시대'라는 기사를 찾았는데 토론 주제로 괜찮을 것 같아서 그걸 정리해 가려고 하는데.
>
> 남 : 난 아직 마땅한 게 없어서 찾는 중이야. 그런데 육필이 뭐야?
>
> 여 : SNS 회사에 입사했다는 애가 그것도 모르는 거야? 컴퓨터로 글을 쓰는 게 디지털 글쓰기라면 손으로 글을 쓰는 걸 육필이라고 하잖아.
>
> 남 : 아! 그런 거야? 그럼 우리는 디지털 글쓰기 세대겠네?
>
> 여 : 그런 셈이지. 요즘 다들 컴퓨터로 글을 쓰니까. 그나저나 너는 디지털 글쓰기의 장점이 뭐라고 생각해?
>
> 남 : 음, 우선 떠오르는 대로 빨리 쓸 수 있다는 점 아닐까? 또 쉽게 고칠 수도 있고. 그래서 누구나 쉽게 글을 쓸 수 있다는 점이 디지털 글쓰기의 최대 장점이라고 생각하는데.
>
> 여 : 맞아. 기존의 글쓰기가 소수의 전유물이었다면, 디지털 글쓰기 덕분에 누구나 쉽게 글을 쓰고 의사소통을 할 수 있게 되었다는 게 내가 본 기사의 핵심이었어. 한마디로 글쓰기의 민주화가 이루어진 거지.
>
> 남 : 글쓰기의 민주화……. 멋있어 보이기는 하는데, 디지털 글쓰기가 꼭 장점만 있는 것 같지는 않아. 누구나 쉽게 글을 쓸 수 있게 됐다는 건, 그만큼 글이 가벼워졌다는 거 아냐? 우리 주변에서도 그런 글들을 엄청나잖아.
>
> 여 : 하긴, 디지털 글쓰기 때문에 과거보다 진지하게 글을 쓰는 사람이 적어진 건 사실이야. 남의 글을 베끼거나 근거 없는 내용을 담은 글들도 많아지고.
>
> 남 : 우리 이 주제로 토론을 해 보는 게 어때?

① 세대 간 정보화 격차

② 디지털 글쓰기와 정보화

③ 디지털 글쓰기의 장단점

④ 디지털 글쓰기와 의사소통의 관계

⑤ 디지털 글쓰기의 미래

18. A 무역회사에 다니는 乙 씨는 회의에서 발표할 '해외 시장 진출 육성 방안'에 대해 다음과 같이 개요를 작성하였다. 이를 검토하던 甲이 지시한 내용 중 잘못된 것은?

> I. 서론
> • 해외 시장에 진출한 우리 회사 제품 수의 증가 …… ㉠
> • 해외 시장 진출을 위한 장기적인 전략의 필요성
>
> II. 본론
> 1. 해외 시장 진출의 의의
> • 다른 나라와의 경제적 연대 증진 …… ㉡
> • 해외 시장 속 우리 회사의 위상 제고
> 2. 해외 시장 진출의 장애 요소
> • 해외 시장 진출 관련 재정 지원 부족
> • 우리 회사에 대한 현지인의 인지도 부족 …… ㉢
> • 해외 시장 진출 전문 인력 부족
> 3. 해외 시장 진출 지원 및 육성 방안
> • 재정의 투명한 관리 …… ㉣
> • 인지도를 높이기 위한 현지 홍보 활동
> • 해외 시장 진출 전문 인력 충원
>
> III. 결론
> • 해외 시장 진출의 전망 …… ㉤

① ㉠ : 해외 시장에 진출한 우리 회사 제품 수를 통계 수치로 제시하면 더 좋겠군.

② ㉡ : 다른 나라에 진출한 타 기업 수 현황을 근거 자료로 제시하면 더 좋겠군.

③ ㉢ : 우리 회사에 대한 현지인의 인지도를 타 기업과 비교해 상대적으로 낮음을 보여주면 효과적이겠군.

④ ㉣ : II-2를 고려할 때 '해외 시장 진출 관련 재정 확보 및 지원'으로 수정하는 것이 좋겠군.

⑤ ㉤ : 해외 시장 진출 전망을 단기와 장기로 구분하여 그래프 등 시각적인 자료로 제시하면 한눈에 파악하기 쉽겠군.

　　오랫동안 인류는 동물들의 희생이 수반된 육식을 당연하게 여겨왔으며 이는 지금도 진행 중이다. 그런데 이에 대해 윤리적 문제를 제기하며 채식을 선택하는 경향이 생겨났다. 이러한 경향을 취향이나 종교, 건강 등의 이유로 채식하는 입장과 구별하여 '윤리적 채식주의'라고 한다. 그렇다면 윤리적 채식주의 관점에서 볼 때, 육식의 윤리적 문제점은 무엇인가?

　　육식의 윤리적 문제점은 크게 개체론적 관점과 생태론적 관점으로 나누어 살펴볼 수 있다. 개체론적 관점에서 볼 때, 인간과 동물은 모두 존중받아야 할 '독립적 개체'이다. 동물도 인간처럼 주체적인 생명을 영위해야 할 권리가 있는 존재이다. 또한 동물도 쾌락과 고통을 느끼는 개별 생명체이므로 그들에게 고통을 주어서도, 생명을 침해해서도 안 된다. 요컨대 동물도 고유한 권리를 가진 존재이기 때문에 동물을 단순히 음식 재료로 여기는 인간 중심주의적인 시각은 윤리적으로 문제가 있다.

　　한편 ㉠생태론적 관점에서 볼 때, 지구의 모든 생명체들은 개별적으로 존재하는 것이 아니라 서로 유기적으로 연결되어 존재한다. 따라서 각 개체로서의 생명체가 아니라 유기체로서의 지구 생명체에 대한 유익성 여부가 인간 행위의 도덕성을 판단하는 기준이 되어야 한다. 그러므로 육식의 윤리성도 지구 생명체에 미치는 영향에 따라 재고되어야 한다. 예를 들어 대량 사육을 바탕으로 한 공장제 축산업은 인간에게 풍부한 음식 재료를 제공한다. 하지만 토양, 수질, 대기 등의 환경을 오염시켜 지구 생명체를 위협하므로 윤리적으로 문제가 있다.

　　결국 우리의 육식이 동물에게든 지구 생명체에든 위해를 가한다면 이는 윤리적이지 않기 때문에 문제가 있다. 인류의 생존을 위한 육식은 누군가에게는 필수불가결한 면이 없지 않다. 그러나 인간이 세상의 중심이라는 시각에 젖어 그동안 우리는 인간 이외의 생명에 대해서는 윤리적으로 무감각하게 살아왔다. 육식의 윤리적 문제점은 인간을 둘러싼 환경과 생명을 새로운 시각으로 바라볼 것을 요구하고 있다.

19. 제시된 글의 중심 내용으로 가장 적절한 것은?

① 윤리적 채식의 기원
② 육식의 윤리적 문제점
③ 지구 환경 오염의 실상
④ 윤리적 채식주의자의 권리
⑤ 채식이 인체에 미치는 효과

20. ㉠을 지닌 사람들이 다음에 대해 보일 반응으로 가장 적절한 것은?

　　옥수수, 사탕수수 등을 원료로 하는 바이오 연료는 화석 연료에 비해 에너지 효율은 낮지만 기존의 화석 연료를 대체하는 신재생 에너지로 주목받고 있다. 브라질에서는 넓은 면적의 열대우림을 농경지로 개간하여 바이오 연료를 생산함으로써 막대한 경제적 이익을 올리고 있다. 하지만 바이오 연료는 생산과정에서 화학비료나 농약 등을 과도하게 사용하여 여러 환경문제를 발생시켰다. 또한 식량자원을 연료로 사용함으로써 저개발국의 식량보급에 문제를 발생시켰다.

① 바이오 연료 생산으로 열대우림이 파괴되는 것도 인간에게 이익이 되는 일이라면 가치가 있다.
② 바이오 연료는 화석 연료에 비해 에너지 효율이 낮지만, 대체 에너지 자원으로 적극 활용해야 한다.
③ 바이오 연료가 식량 문제를 발생시켰지만, 신재생 에너지이므로 환경 문제를 해결하는 데에는 긍정적이다.
④ 바이오 연료는 친환경 에너지원으로 보이지만, 그 생산 과정을 고려하면 지구 생명체에 유해한 것으로 보아야 한다.
⑤ 바이오 연료 생산을 위해 더 많은 열대우림을 농경지로 개간해야 한다.

21. 다음 표는 일정한 규칙으로 문자를 나열한 것이다. ( ) 안에 들어갈 알맞은 문자는?

J	G	D	A
F	I	Z	( )
A	L	U	F
U	P	O	J

① B
② C
③ D
④ E
⑤ F

22. 2개의 주사위를 동시에 던질 때, 서로 다른 숫자가 나오는 확률은?

① $\dfrac{1}{3}$
② $\dfrac{1}{2}$
③ $\dfrac{2}{3}$
④ $\dfrac{5}{6}$
⑤ $\dfrac{3}{8}$

23. 증명사진 6장을 뽑는 데 4000원이고 한 장씩 더 추가할 때마다 200원씩 받는다고 할 때, 사진을 몇 장 이상 뽑으면 1장의 가격이 400원 이하가 되는가?

① 11장 ② 12장
③ 13장 ④ 14장
⑤ 15장

24. 다음은 'A'국의 4대 범죄 발생건수 및 검거건수에 대한 자료이다. 이에 대한 설명으로 옳지 않은 것은?

〈2013 ~ 2017년 4대 범죄 발생건수 및 검거건수〉

(단위 : 건, 천 명)

구분\연도	발생건수	검거건수	총인구	인구 10만 명당 발생건수
2013	15,693	14,492	49,194	31.9
2014	18,258	16,125	49,346	( )
2015	19,498	16,404	49,740	39.2
2016	19,670	16,630	50,051	39.3
2017	22,310	19,774	50,248	44.4

〈2017년 4대 범죄 유형별 발생건수 및 검거건수〉

(단위 : 건)

구분\범죄 유형	발생건수	검거건수
강도	5,753	5,481
살인	132	122
절도	14,778	12,525
방화	1,647	1,646
합계	22,310	19,774

① 인구 10만 명당 4대 범죄 발생건수는 매년 증가한다.

② 2014년 이후, 전년대비 4대 범죄 발생건수 증가율이 가장 낮은 연도와 전년대비 4대 범죄 검거건수 증가율이 가장 낮은 연도는 동일하다.

③ 2017년 발생건수 대비 검거건수 비율이 가장 낮은 범죄 유형의 발생건수는 해당 연도 4대 범죄 발생건수의 60% 이상이다.

④ 2017년 강도와 살인 발생건수의 합이 4대 범죄 발생건수에서 차지하는 비율은 2017년 강도와 살인 검거건수의 합이 4대 범죄 검거건수에서 차지하는 비율보다 높다.

⑤ 2017년 범죄 발생건수 중 방화가 차지하는 비율과 2017년 검거건수 중 방화가 차지하는 비율의 차는 1%p 이하이다.

25. 다음은 정기 예금과 가계 대출의 평균 금리 추이에 관한 신문 기사이다. 이와 같은 추이가 지속될 경우 나타날 수 있는 현상을 모두 고른 것은?

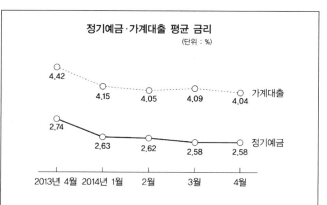

초저금리 기조가 이어지면서 저축성 수신 금리와 대출 금리 모두 1996년 통계를 내기 시작한 이후 역대 최저 수준을 기록했다. 한국은행에 따르면 2014년 4월 말 신규 취급액을 기준으로 정기 예금 평균 금리는 연 2.58 %, 가계 대출 평균 금리는 연 4.04 %로 역대 최저치를 기록했다.

㉠ 예대 마진은 점차 증가할 것이다.
㉡ 요구불 예금 금리는 점차 증가할 것이다.
㉢ 변동 금리로 대출을 받는 고객이 점차 증가할 것이다.
㉣ 정기 예금 가입 희망자 중 고정 금리를 선호하는 고객이 점차 증가할 것이다.

① ㉠㉡ ② ㉠㉢
③ ㉡㉢ ④ ㉢㉣
⑤ ㉡㉢㉣

26. 다음 표는 5개 대학교의 한 해 신입생 정원에 관한 자료이다. 이에 대한 〈보기〉의 설명 중 옳은 것을 모두 고른 것은?

〈표1〉 계열별 신입생 정원

(단위 : 명)

구분	인문·사회	자연·공학	전체
A 대학교	2,350	3,241	5,591
B 대학교	2,240	1,783	4,023
C 대학교	3,478	4,282	7,760
D 대학교	773	458	1,231
E 대학교	1,484	1,644	3,128

※ 각 대학교의 계열은 인문·사회와 자연·공학 두 가지로만 구성됨.

〈표2〉 모집전형별 계열별 신입생 정원

(단위 : 명)

구분	수시전형		정시전형	
	인문·사회	자연·공학	인문·사회	자연·공학
A 대학교	1,175	1,652	1,175	1,589
B 대학교	536	402	1,704	1,381
C 대학교	2,331	2,840	1,147	1,442
D 대학교	319	215	454	243
E 대학교	725	746	759	898

〈보기〉

㉠ 전체 신입생 정원에서 인문·사회 계열 정원의 비율이 가장 높은 대학교는 B 대학교이다.

㉡ 자연·공학 계열 신입생 정원이 전체 신입생 정원의 50%를 초과하는 대학교는 A, C, E 대학교이다.

㉢ 수시전형으로 선발하는 신입생 정원이 정시전형으로 선발하는 신입생 정원보다 많은 대학교는 C 대학교뿐이다.

㉣ 수시전형으로 선발하는 신입생 정원과 정시전형으로 선발하는 신입생 정원의 차이가 가장 작은 대학교는 A 대학교이다.

① ㉠㉡
② ㉠㉢
③ ㉡㉢
④ ㉡㉣
⑤ ㉡㉢㉣

27. 다음 표는 2015 ~ 2017년 남아공, 멕시코, 브라질, 사우디, 캐나다, 한국의 이산화탄소 배출량에 대한 자료이다. 다음에 제시된 조건을 근거로 하여 A ~ D에 해당하는 국가를 바르게 나열한 것은?

(단위 : 천만 톤, 톤/인)

국가 \ 구분 \ 연도	2015	2016	2017
한국 / 총배출량	56.45	58.99	59.29
한국 / 1인당 배출량	11.42	11.85	11.86
멕시코 / 총배출량	41.79	43.25	43.58
멕시코 / 1인당 배출량	3.66	3.74	3.75
A / 총배출량	37.63	36.15	37.61
A / 1인당 배출량	7.39	7.01	7.20
B / 총배출량	41.49	42.98	45.88
B / 1인당 배출량	15.22	15.48	16.22
C / 총배출량	53.14	53.67	53.37
C / 1인당 배출량	15.57	15.56	15.30
D / 총배출량	38.85	40.80	44.02
D / 1인당 배출량	1.99	2.07	2.22

※ 1인당 배출량(톤/인) $= \dfrac{총배출량}{인구}$

〈조건〉

• 1인당 이산화탄소 배출량이 2016과 2017년 모두 전년대비 증가한 국가는 멕시코, 브라질, 사우디, 한국이다.

• 2015년 ~ 2017년 동안 매년 인구가 1억명 이상인 국가는 멕시코와 브라질이다.

• 2017년 인구는 남아공이 한국보다 많다.

	A	B	C	D
①	남아공	사우디	캐나다	브라질
②	남아공	브라질	캐나다	사우디
③	캐나다	사우디	남아공	브라질
④	캐나다	브라질	남아공	사우디
⑤	사우디	남아공	브라질	캐나다

| 28~29 | 다음은 국내 온실가스 배출현황을 나타낸 표이다. 물음에 답하시오.

(단위 : 백만 톤 CO_2 eq.)

구분	2005년	2006년	2007년	2008년	2009년	2010년	2011년
에너지	467.5	473.9	494.4	508.8	515.1	568.9	597.9
산업공정	64.5	63.8	60.8	60.6	57.8	62.6	63.4
농업	22.0	21.8	21.8	21.8	22.1	22.1	22.0
폐기물	15.4	15.8	14.4	14.3	14.1	x	14.4
LULUCF	−36.3	−36.8	−40.1	−42.7	−43.6	−43.7	−43.0
순배출량	533.2	538.4	551.3	562.7	565.6	624.0	654.7
총배출량	569.4	575.3	591.4	605.5	609.1	667.6	697.7

28. 2010년 폐기물로 인한 온실가스 배출량은? (단, 총배출량＝에너지＋산업공정＋농업＋폐기물)

① 14.0 ② 14.1
③ 14.2 ④ 14.3
⑤ 14.4

29. 전년대비 총배출량 증가율이 가장 높은 해는?

① 2007년 ② 2008년
③ 2009년 ④ 2010년
⑤ 2011년

30. 다음 그래프는 취업 인구 비율에 따른 A~D 국가의 산업 구조를 나타낸 것이다. 이에 대한 분석으로 옳은 것은?

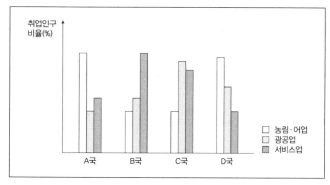

① A 국가는 1차 산업 < 2차 산업 < 3차 산업의 순서로 산업 비중이 높다.
② B 국가는 노동 집약 산업의 비중이 가장 높다.
③ D 국가의 산업 구조는 중진국형에 해당한다.
④ B 국가는 C 국가보다 산업 구조의 고도화가 더 진행되었다.
⑤ 광공업 취업 인구 비율은 C국 > B국 > D국 > A국 순이다.

31. 다음 표의 해석으로 가장 적합한 것은?

구분	재배면적(천ha)		10a당 생산량(kg)		생산량(천t)	
	지난해	올해	지난해	올해	지난해	올해
배추	14.5	13.5	10,946	10,946	1,583	1,588
무	7.8	7.5	8,034	6,333	624	473

① 올해 배추 생산량은 지난해에 비해 약 25% 감소했다.
② 올해 재배면적은 지난해에 비해 무가 배추보다 더 감소했다.
③ 올해 단위면적당 배추 생산량은 지난해에 비해 감소했다.
④ 올해 단위면적당 무 생산량은 지난해에 비해 감소했다.
⑤ 올해 무 생산량은 지난해에 비해 30% 이상 감소하였다.

32. 다음은 갑과 을의 시계 제작 실기시험 지시서의 내용이다. 을의 최종 완성 시간과 유휴 시간은 각각 얼마인가? (단, 이동 시간은 고려하지 않는다.)

> [각 공작 기계 및 소요 시간]
> 1. 앞면 가공용 A 공작 기계 : 20분
> 2. 뒷면 가공용 B 공작 기계 : 15분
> 3. 조립 : 5분
>
> [공작 순서]
> 시계는 각 1대씩 만들며, 갑은 앞면부터 가공하여 뒷면 가공 후 조립하고, 을은 뒷면부터 가공하여 앞면 가공 후 조립하기로 하였다.
>
> [조건]
> • A, B 공작 기계는 각 1대씩이며 모두 사용해야 하고, 두 사람이 동시에 작업을 시작한다.
> • 조립은 가공이 이루어진 후 즉시 실시한다.

	최종 완성 시간	유휴 시간
①	40분	5분
②	45분	5분
③	45분	10분
④	50분	5분
⑤	50분	10분

33. 다음은 (주)서원기업의 재고 관리 사례이다. 금요일까지 부품 재고 수량이 남지 않게 완성품을 만들 수 있도록 월요일에 주문할 A~C 부품 개수로 옳은 것은? (단, 주어진 조건 이외에는 고려하지 않는다.)

[부품 재고 수량과 완성품 1개당 소요량]

부품명	부품 재고 수량	완성품 1개당 소요량
A	500	10
B	120	3
C	250	5

[완성품 납품 수량]

항목 \ 요일	월	화	수	목	금
완성품 납품 개수	없음	30	20	30	20

[조건]
1. 부품 주문은 월요일에 한 번 신청하며 화요일 작업 시작 전 입고된다.
2. 완성품은 부품 A, B, C를 모두 조립해야 한다.

	A	B	C
①	100	100	100
②	100	180	200
③	500	100	100
④	500	180	250
⑤	500	180	300

34. 다음 재고 현황을 통해 파악할 수 있는 완성품의 최대 수량과 완성품 1개당 소요 비용은 얼마인가? (단, 완성품은 A, B, C, D의 부품이 모두 조립되어야 하고 다른 조건은 고려하지 않는다.)

부품명	완성품 1개당 소요량(개)	단가(원)	재고 수량(개)
A	2	50	100
B	3	100	300
C	20	10	2,000
D	1	400	150

	완성품의 최대 수량(개)	완성품 1개당 소요 비용(원)
①	50	100
②	50	500
③	50	1,000
④	100	500
⑤	100	1,000

35. 어느 날 A부서 팀장이 다음 자료를 주며 "이번에 회사에서 전략 사업으로 자동차 부품 시범 판매점을 직접 운영해 보기로 했다."며 자동차가 많이 운행되고 있는 도시에 판매점을 둬야하므로 후보 도시를 추천하라고 하였다. 다음 중 후보도시로 가장 적절한 곳은?

도시	인구수	도로연장	자동차 대수(1,000명당)
A	100만 명	200km	200대
B	70만 명	150km	150대
C	50만 명	300km	450대
D	40만 명	100km	300대
E	50만 명	200km	500대

① A ② B
③ C ④ D
⑤ E

36. 다음의 상황에서 옳은 것은?

다음은 자동차 외판원 A, B, C, D, E, F의 판매실적에 대한 진술이다.
• A는 B에게 실적에서 앞서 있다.
• C는 D에게 실적에서 뒤졌다.
• E는 F에게 실적에서 뒤졌지만, A에게는 실적에서 앞서 있다.
• B는 D에게 실적에서 앞서 있지만, E에게는 실적에서 뒤졌다.

① 외판원 C의 실적은 꼴찌가 아니다.
② B의 실적보다 안 좋은 외판원은 3명이다.
③ 두 번째로 실적이 좋은 외판원은 B이다.
④ 실적이 가장 좋은 외판원은 F이다.
⑤ A보다 실적이 좋은 외판원은 3명이다.

│37~38│ 다음 글을 읽고 물음에 답하시오.

○○통신회사 직원 K씨가 고객으로부터 걸려온 전화를 응대하고 있다. 고객은 K씨에게 가장 저렴한 통신비를 문의하고 있다.

K씨 : 안녕하십니까? ○○텔레콤 K○○입니다. 무엇을 도와드릴까요?
고객 : 네. 저는 저에게 맞는 통신비를 추천받고자 합니다.
K씨 : 고객님이 많이 사용하시는 부분이 무엇입니까?
고객 : 저는 통화는 별로 하지 않고 인터넷을 한 달에 평균 3기가 정도 사용합니다.

K씨 : 아, 고객님은 인터넷을 많이 사용하시는군요. 그럼 인터넷 외에 다른 서비스는 필요하신 부분이 없으십니까?

고객 : 저는 매달 컬러링을 바꾸고 싶습니다.

K씨 : 아 그럼 매달 3기가 이상의 인터넷과 무료 컬러링이 필요하신 것입니까?

고객 : 네. 그럼 될 것 같습니다.

요금제명	무료인터넷 용량	무료통화 용량	무료 부가서비스	가격
35요금제	1기가	40분	없음	30,000원
45요금제	2기가	60분	없음	40,000원
55요금제	3기가	120분	컬러링 월 1회	50,000원
65요금제	4기가	180분	컬러링 월 2회	60,000원
75요금제	5기가	360분	없음	70,000원

37. K씨가 고객에게 가장 적합하다고 생각하는 요금제는 무엇인가?

① 35요금제　　　　② 45요금제
③ 55요금제　　　　④ 65요금제
⑤ 75요금제

38. 만약 동일한 조건에서 고객이 통화를 1달에 1시간 30분 정도 사용한다고 한다면 이 고객에게 가장 적합한 요금제는 무엇인가?

① 35요금제　　　　② 45요금제
③ 55요금제　　　　④ 65요금제
⑤ 75요금제

39. A, B, C, D, E는 영업, 사무, 전산, 관리, 홍보의 일을 각각 맡아서 하기로 하였다. A는 영업과 사무 분야의 업무를 싫어하고, B는 관리 업무를 싫어하며, C는 영업 분야 일을 하고 싶어하고, D는 전산 분야 일을 하고 싶어하며, E는 관리와 사무 분야의 업무를 싫어한다. 인사부에서 각자의 선호에 따라 일을 시킬 때 옳게 짝지은 것은?

① A – 관리　　　　② B – 영업
③ C – 홍보　　　　④ D – 사무
⑤ D – 전산

40. 다음 글을 근거로 유추할 경우 옳은 내용만을 바르게 짝지은 것은?

- 9명의 참가자는 1번부터 9번까지의 번호 중 하나를 부여 받고, 동시에 제비를 뽑아 3명은 범인, 6명은 시민이 된다.
- '1번의 오른쪽은 2번, 2번의 오른쪽은 3번, …, 8번의 오른쪽은 9번, 9번의 오른쪽은 1번'과 같이 번호 순서대로 동그랗게 앉는다.
- 참가자는 본인과 바로 양 옆에 앉은 사람이 범인인지 시민인지 알 수 있다.
- "옆에 범인이 있다."라는 말은 바로 양 옆에 앉은 2명 중 1명 혹은 2명이 범인이라는 뜻이다.
- "옆에 범인이 없다."라는 말은 바로 양 옆에 앉은 2명 모두 범인이 아니라는 뜻이다.
- 범인은 거짓말만 하고, 시민은 참말만 한다.

- ㉠ 1, 4, 6, 7, 8번의 진술이 "옆에 범인이 있다."이고, 2, 3, 5, 9번의 진술이 "옆에 범인이 없다."일 때, 8번이 시민임을 알면 범인들을 모두 찾아낼 수 있다.
- ㉡ 만약 모두가 "옆에 범인이 있다."라고 진술한 경우, 범인이 부여받은 번호의 조합은 (1, 4, 7) / (2, 5, 8) / (3, 6, 9) 3가지이다.
- ㉢ 한 명만이 "옆에 범인이 없다."라고 진술한 경우는 없다.

① ㉡　　　　　　　② ㉢
③ ㉠㉡　　　　　　④ ㉠㉢
⑤ ㉠㉡㉢

41. 다음 내용과 전투능력을 가진 생존자 현황을 근거로 판단할 경우 생존자들이 탈출할 수 있는 경우로 옳은 것은? (단, 다른 조건은 고려하지 않는다)

- 좀비 바이러스에 의해 라쿤 시티에 거주하던 많은 사람들이 좀비가 되었다. 건물에 갇힌 생존자들은 동, 서, 남, 북 4개의 통로를 이용해 5명씩 탈출을 시도한다. 탈출은 통로를 통해서만 가능하며, 한 쪽 통로를 선택하면 되돌아올 수 없다.
- 동쪽 통로에 11마리, 서쪽 통로에 7마리, 남쪽 통로에 11마리, 북쪽 통로에 9마리의 좀비들이 있다. 선택한 통로의 좀비를 모두 제거해야만 탈출할 수 있다.
- 남쪽 통로의 경우, 통로 끝이 막혀 탈출을 할 수 없지만 팀에 폭파전문가가 있다면 다이너마이트를 사용하여 막힌 통로를 뚫고 탈출할 수 있다.
- 전투란 생존자가 좀비를 제거하는 것을 의미하며 선택한 통로에서 일시에 이루어진다.
- 전투능력은 정상인 건강상태에서 해당 생존자가 전투에서 제거하는 좀비의 수를 의미하며, 질병이나 부상상태인 사람은 그 능력이 50%로 줄어든다.
- 전투력 강화에는 건강상태가 정상인 생존자들 중 1명에게만 사용할 수 있으며, 전투능력을 50% 향상시킨다. 사용 가능한 대상은 의사 혹은 의사의 팀 내 구성원이다.
- 생존자의 직업은 다양하며, 아이와 노인은 전투능력과 보유품목이 없고 건강상태는 정상이다.

전투능력을 가진 생존자 현황

직업	인원	전투능력	건강상태	보유품목
경찰	1명	6	질병	–
헌터	1명	4	정상	–
의사	1명	2	정상	전투력 강화제 1개
사무라이	1명	8	정상	–
폭파전문가	1명	4	부상	다이너마이트

탈출 통로	팀 구성 인원
① 동쪽 통로	폭파전문가 – 사무라이 – 노인 3명
② 서쪽 통로	헌터 – 경찰 – 아이 2명 – 노인
③ 남쪽 통로	헌터 – 폭파전문가 – 아이 – 노인 2명
④ 북쪽 통로	경찰 – 의사 – 아이 2명 – 노인
⑤ 남쪽 통로	사무라이 – 폭파전문가 – 아이 2명 – 노인

42. 다음 글의 내용과 날씨를 근거로 판단할 경우 종아가 여행을 다녀온 시기로 가능한 것은?

- 종아는 선박으로 '포항 → 울릉도 → 독도 → 울릉도 → 포항' 순으로 3박 4일의 여행을 다녀왔다.
- '포항 →울릉도' 선박은 매일 오전 10시, '울릉도 → 포항' 선박은 매일 오후 3시에 출발하며, 편도 운항에 3시간이 소요된다.
- 울릉도에서 출발해 독도를 돌아보는 선박은 매주 화요일과 목요일 오전 8시에 출발하여 당일 오전 11시에 돌아온다.
- 최대 파고가 3m 이상인 날은 모든 노선의 선박이 운항되지 않는다.
- 종아는 매주 금요일에 술을 마시는데, 술을 마신 다음날은 멀미가 심해 선박을 탈 수 없다.
- 이번 여행 중 종아는 울릉도에서 호박엿 만들기 체험을 했는데, 호박엿 만들기 체험은 매주 월·금요일 오후 6시에만 할 수 있다.

날씨

(㉙ : 최대 파고)

日	月	火	水	木	金	土
16	17	18	19	20	21	22
㉙ 1.0m	㉙ 1.4m	㉙ 3.2m	㉙ 2.7m	㉙ 2.8m	㉙ 3.7m	㉙ 2.0m
23	24	25	26	27	28	29
㉙ 0.7m	㉙ 3.3m	㉙ 2.8m	㉙ 2.7m	㉙ 0.5m	㉙ 3.7m	㉙ 3.3m

① 19일(水) ~ 22일(土)
② 20일(木) ~ 23일(日)
③ 23일(日) ~ 26일(水)
④ 25일(火) ~ 28일(金)
⑤ 26일(水) ~ 29일(土)

43. 도서출판 서원각에 근무하는 최 대리는 이번 달에 접수된 총 7건의 고객 불만 사항에 대해 보고서를 작성하려고 한다. A, B, C, D, E, F, G 고객의 불만이 접수된 순서가 다음의 정보를 모두 만족할 때, 불만 사항이 가장 마지막으로 접수된 고객은?

〈정보〉
• B고객의 불만은 가장 마지막에 접수되지 않았다.
• G고객의 불만은 C고객의 불만보다 먼저 접수되었다.
• A고객의 불만은 B고객의 불만보다 먼저 접수되었다.
• B고객의 불만은 E고객의 불만보다 나중에 접수되었다.
• D고객과 E고객의 불만은 연달아 접수되었다.
• C고객의 불만은 다섯 번째로 접수되었다.
• A고객과 B고객의 불만 접수 사이에 한 건의 불만이 접수되었다.

① A
② C
③ D
④ F
⑤ G

44. M회사 구내식당에서 근무하고 있는 N씨는 식단을 편성하는 업무를 맡고 있다. 식단편성을 위한 조건이 다음과 같을 때 월요일에 편성되는 식단은?

〈조건〉
• 다음 5개의 메뉴를 월요일~금요일 5일에 각각 하나씩 편성해야 한다.
  – 돈가스 정식, 나물 비빔밥, 크림 파스타, 오므라이스, 제육 덮밥
• 월요일에는 돈가스 정식을 편성할 수 없다.
• 목요일에는 오므라이스를 편성할 수 없다.
• 제육덮밥은 금요일에 편성해야 한다.
• 나물 비빔밥은 제육덮밥과 연달아 편성할 수 없다.
• 돈가스 정식은 오므라이스보다 먼저 편성해야 한다.

① 나물 비빔밥
② 크림 파스타
③ 오므라이스
④ 제육덮밥
⑤ 돈가스 정식

45. 취업을 준비하고 있는 A, B, C, D, E 5명이 지원한 분야는 각각 마케팅, 생산, 출판, 회계, 시설관리 중 한 곳이다. 5명이 모두 서류전형에 합격하여 NCS 직업기초능력평가를 보러 가는데, 이때 지하철, 버스, 택시 중 한 가지를 타고 가려고 한다. 다음 중 옳지 않은 것은? (단, 한 가지 교통수단은 최대 2명만 이용할 수 있고, 한 사람도 이용하지 않는 교통수단은 없다)

㉠ 버스는 마케팅, 생산, 출판, 시설관리를 지원한 사람의 회사를 갈 수 있다.
㉡ A는 출판을 지원했다.
㉢ E는 어떤 교통수단을 이용해도 지원한 회사에 갈 수 있다.
㉣ 지하철에는 D를 포함한 두 사람이 탄다.
㉤ B가 탈 수 있는 교통수단은 지하철뿐이다.
㉥ 버스와 택시가 지나가는 회사는 마케팅을 제외하고 중복되지 않는다.

① B와 D는 같이 지하철을 이용한다.
② E는 택시를 이용한다.
③ A는 버스를 이용한다.
④ E는 회계를 지원했다.
⑤ B는 생산을 지원했다.

46. 다음은 어느 레스토랑의 3C분석 결과이다. 이 결과를 토대로 하여 향후 해결해야 할 전략과제를 선택하고자 할 때 적절하지 않은 것은?

3C	상황 분석
고객 / 시장 (Customer)	• 식생활의 서구화 • 유명브랜드와 기술제휴 지향 • 신세대 및 뉴패밀리 층의 출현 • 포장기술의 발달
경쟁 회사 (Competitor)	• 자유로운 분위기와 저렴한 가격 • 전문 패밀리 레스토랑으로 차별화 • 많은 점포수 • 외국인 고용으로 인한 외국인 손님 배려
자사 (company)	• 높은 가격대 • 안정적 자금 공급 • 업계 최고의 시장점유율 • 고객증가에 따른 즉각적 응대의 한계 • 한식 위주의 메뉴 구성

① 원가 절감을 통한 가격 조정
② 유명브랜드와의 장기적인 기술제휴
③ 즉각적인 응대를 위한 인력 증대
④ 안정적인 자금 확보를 위한 자본구조 개선
⑤ 서구화된 식생활에 따른 메뉴 다양화

47. 다음은 스마트폰 기종별 출고가 및 공시지원금에 대한 자료이다. 〈조건〉과 〈정보〉를 바탕으로 A～D에 해당하는 스마트폰 기종 '갑 ～ 정'을 바르게 나열한 것은?

(단위 : 원)

기종 구분	출고가	공시지원금
A	858,000	210,000
B	900,000	230,000
C	780,000	150,000
D	990,000	190,000

〈조건〉

- 모든 소비자는 스마트폰을 구입할 때 '요금할인' 또는 '공시지원금' 중 하나를 선택한다.
- 사용요금은 월정액 51,000원이다.
- '요금할인'을 선택하는 경우의 월 납부액은 사용요금의 80%에 출고가를 24(개월)로 나눈 월 기기값을 합한 금액이다.
- '공시지원금'을 선택하는 경우의 월 납무액은 출고가에서 공시지원금과 대리점보조금(공시지원금의 10%)을 뺀 금액을 24(개월)로 나눈 월 기기값에 사용요금을 합한 금액이다.
- 월 기기값, 사용요금 이외의 비용은 없고, 10원 단위 이하 금액을 절사한다.
- 구입한 스마트폰의 사용기간은 24개월이고, 사용기간 연장이나 중도해지는 없다.

〈정보〉

- 출고가 대비 공시지원금의 비율이 20% 이하인 스마트폰 기종은 '병'과 '정'이다.
- '공시지원금'을 선택하는 경우의 월 납부액보다 '요금할인'을 선택하는 경우의 월 납부액이 더 큰 스마트폰 기종은 '갑' 뿐이다.
- '공시지원금'을 선택하는 경우 월 기기값이 가장 작은 스마트폰 기종은 '정'이다.

	A	B	C	D
①	갑	을	정	병
②	을	갑	병	정
③	을	갑	정	병
④	병	을	정	갑
⑤	정	갑	을	병

48. 공연기획사인 A사는 이번에 주최한 공연을 보러 오는 관객을 기차역에서 공연장까지 버스로 수송하기로 하였다. 다음의 표와 같이 공연 시작 4시간 전부터 1시간 단위로 전체 관객 대비 기차역에 도착하는 관객의 비율을 예측하여 버스를 운행하고자 하며, 공연 시작 시간까지 관객을 모두 수송해야 한다. 다음을 바탕으로 예상한 수송 시나리오 중 옳은 것을 모두 고르면?

◼ 전체 관객 대비 기차역에 도착하는 관객의 비율

시각	전체 관객 대비 비율(%)
공연 시작 4시간 전	a
공연 시작 3시간 전	b
공연 시작 2시간 전	c
공연 시작 1시간 전	d
계	100

- 전체 관객 수는 40,000명이다.
- 버스는 한 번에 대당 최대 40명의 관객을 수송한다.
- 버스가 기차역과 공연장 사이를 왕복하는 데 걸리는 시간은 6분이다.

◼ 예상 수송 시나리오

㉠ a = b = c = d = 25라면, 회사가 전체 관객을 기차역에서 공연장으로 수송하는 데 필요한 버스는 최소 20대이다.

㉡ a = 10, b = 20, c = 30, d = 40이라면, 회사가 전체 관객을 기차역에서 공연장으로 수송하는 데 필요한 버스는 최소 40대이다.

㉢ 만일 공연이 끝난 후 2시간 이내에 전체 관객을 공연장에서 기차역까지 버스로 수송해야 한다면, 이때 회사에게 필요한 버스는 최소 50대이다.

① ㉠ 　　　　　　② ㉡

③ ㉠, ㉡ 　　　　④ ㉠, ㉢

⑤ ㉡, ㉢

49. 사내 체육대회에서 8개의 종목을 구성해 각 종목에서 우승 시 얻는 승점을 합하여 각 팀의 최종 순위를 매기고자 한다. 각 종목은 순서대로 진행하고, 3번째 종목부터는 각 종목 우승 시 받는 승점이 그 이전 종목들의 승점을 모두 합한 점수보다 10점 더 많도록 구성하였다. 다음 중 옳은 것을 모두 고르면? (단, 승점은 각 종목의 우승 시에만 얻을 수 있으며, 모든 종목의 승점은 자연수이다.)

> ㉠ 1번째 종목과 2번째 종목의 승점이 각각 10점, 20점이라면 8번째 종목의 승점은 1,000점을 넘게 된다.
> ㉡ 1번째 종목과 2번째 종목의 승점이 각각 100점, 200점이라면 8번째 종목의 승점은 10,000점을 넘게 된다.
> ㉢ 1번째 종목과 2번째 종목의 승점에 상관없이 8번째 종목의 승점은 6번째 종목 승점의 네 배이다.
> ㉣ 만약 3번째 종목부터 각 종목 우승 시 받는 승점이 그 이전 종목들의 승점을 모두 합한 점수보다 10점 더 적도록 구성한다면, 1번째 종목과 2번째 종목의 승점에 상관없이 8번째 종목의 승점은 6번째 종목 승점의 네 배보다 적다.

① ㉠, ㉢
② ㉠, ㉣
③ ㉡, ㉢
④ ㉠, ㉡, ㉣
⑤ ㉡, ㉢, ㉣

50. 다음 글과 표를 근거로 판단할 때 세 사람 사이의 관계가 모호한 경우는?

> • 조직 내에서 두 사람 사이의 관계는 '동갑'과 '위아래' 두 가지 경우로 나뉜다.
> – 두 사람이 태어난 연도가 같은 경우 입사년도에 상관없이 '동갑' 관계가 된다.
> – 두 사람이 태어난 연도가 다른 경우 '위아래' 관계가 된다. 이때 생년이 더 빠른 사람이 '윗사람', 더 늦은 사람이 '아랫사람'이 된다.
> – 두 사람이 태어난 연도가 다르더라도 입사년도가 같고 생년월일의 차이가 1년 미만이라면 '동갑' 관계가 된다.
> • 두 사람 사이의 관계를 바탕으로 임의의 세 사람(A~C) 사이의 관계는 '명확'과 '모호' 두 가지 경우로 나뉜다.
> – A와 B, A와 C가 '동갑' 관계이고 B와 C 또한 '동갑' 관계인 경우 세 사람 사이의 관계는 '명확'하다.
> – A와 B가 '동갑' 관계이고 A가 C의 '윗사람', B가 C의 '윗사람'인 경우 세 사람 사이의 관계는 '명확'하다.
> – A와 B, A와 C가 '동갑' 관계이고 B와 C가 '위아래' 관계인 경우 세 사람 사이의 관계는 '모호'하다.

이름	생년월일	입사년도
甲	1992. 4. 11.	2017
乙	1991. 10. 3.	2017
丙	1991. 3. 1.	2017
丁	1992. 2. 14.	2017
戊	1993. 1 7.	2018

① 甲, 乙, 丙
② 甲, 乙, 丁
③ 甲, 丁, 戊
④ 乙, 丁, 戊
⑤ 丙, 丁, 戊

51. 윤주는 인바운드 텔레마케팅의 팀장 직책을 맡고 있다. 우연히 신입직원 교육 중 윤주 자신의 신입사원 시절을 떠올리게 되었다. 아래의 내용 중 윤주가 신입사원 시절에 행한 전화매너로써 가장 옳지 않은 사항을 고르면?

① 전화가 잘못 걸려 왔을 시에도 불쾌하게 말하지 않는다.
② 용건을 마치면 인사를 하고 상대가 끊었는지의 여부와는 관계없이 끊는다.
③ 용건 시 대화 자료나 또는 메모도구 등을 항상 준비한다.
④ 자세는 단정하게 앉아서 통화한다.
⑤ 거친 음성이 나타나지 않도록 음성을 가다듬는다.

52. 다음의 기사를 읽고 제시된 사항 중 올바른 명함교환예절로 볼 수 없는 항목을 모두 고르면?

> 직장인의 신분을 증명하는 명함. 명함을 주고받는 간단한 행동 하나가 나의 첫인상을 결정짓기도 한다. 나의 명함을 받은 상대방은 한 달 후에 내 명함을 보관할 수도 버릴 수도 있다. 명함을 어떻게 활용하느냐에 따라 기억이 되는 사람이 될 수도, 잊히는 사람이 될 수도 있다는 것. 그렇다면 나에 대한 첫인상을 좋게 남기기 위한 명함 예절에는 어떤 것들이 있을까?
>
> 명함은 나를 표현하는 얼굴이며, 상대방의 명함 역시 그의 얼굴이다. 메라비언 법칙에 따르면 첫인상을 결정짓는 가장 큰 요소는 바디 랭귀지(표정·태도) 55%, 목소리 38%, 언어·내용 7% 순이라고 한다. 단순히 명함을 주고받을 때의 배려있는 행동만으로도 상대방에게 좋은 첫인상을 심어 줄 수 있다. 추후 상대방이 나의 명함을 다시 보게 됐을 때 교양 있는 사람으로 기억되고 싶다면 명함 예절을 꼭 기억해 두는 것이 좋다.

> ㉠ 명함은 오른손으로 받는 것이 원칙이다.
> ㉡ 거래를 위한 만남인 경우 판매하는 쪽이 먼저 명함을 건넨다.
> ㉢ 자신의 소속 및 이름 등을 명확하게 밝힌다.
> ㉣ 명함을 맞교환 할 시에는 왼손으로 받고 오른손으로 건넨다.
> ㉤ 손윗사람이 먼저 건넨다.

① ㉠, ㉡, ㉢, ㉣, ㉤
② ㉠, ㉡, ㉣, ㉤
③ ㉡, ㉢, ㉣, ㉤
④ ㉢, ㉣
⑤ ㉤

53. 우리는 직장생활을 하다보면 여러 가지 상황에 직면하게 된다. 특히, 직장상사 및 동료들에 대한 조문을 가게 되는 경우가 생기게 마련이다. 다음 중 조문절차의 기술된 내용으로 가장 적절하지 않은 항목을 고르면?

① 절을 할 시에 손의 위치는 남성은 오른손이 위로, 여성은 왼손이 위로 오도록 하며 잠시 묵례하고 명복을 빈 후에 절을 두 번 올린다.

② 상제에게 맞절을 하고 위로의 인사말을 하는데, 절은 상제가 늦게 시작하고 먼저 일어나야 한다.

③ 분향은 홀수인 3개 또는 1개의 향을 들고 불을 붙여서 이를 입으로 끄지 않고 손으로 세 번 만에 끈 후 향로에 꽂고 묵례하고 기도하거나 또는 절을 한다.

④ 호상소에서 조객록(고인이 남자인 경우) 또는 조위록(고인이 여자인 경우)에 이름을 기록하고 부의금을 전달 후 영정 앞에서 분향이나 헌화 또는 절을 한다.

⑤ 헌화 시 꽃송이를 가슴부위까지 들어 올려서 묵례를 하고 꽃송이 쪽이 나를 향하도록 해서 헌화한다. 이후에 다시금 묵례를 하고 기도나 또는 절을 한다.

54. 어느 날 예상치 못하게 야간 근무를 위한 교대 준비를 하던 차에 연철이가 근무하는 경비 부서에 그룹 회장인 김정은과 수행비서인 김여정이 근무시찰을 나오게 되었다. 특히 김정은은 열심히 근무하는 연철이의 모습을 보고 크게 기뻐하며 악수를 청하게 되었는데, 다음 중 김정은과 연철이가 악수를 하는 상황에서 가장 잘못 묘사된 사항을 고르면?

① 악수 시에는 기본적으로 남녀 모두 장갑을 벗는 것이 원칙이다.

② 악수 시에는 허리를 세우고 대등하게 악수해야 한다.

③ 손을 쥐고 흔들 시에는 윗사람이 흔드는 대로 따라서 흔들면 된다.

④ 반드시 왼손으로 악수를 해야 한다.

⑤ 악수할 시에는 상대의 눈을 보아야 한다.

55. A사에 입사한 원모는 근무 첫날부터 지각을 하는 상황에 놓이게 되었다. 급한 마음에 계단이 아닌 엘리베이터를 이용하게 되었고 다행히도 지각을 면한 원모는 교육 첫 시간에 엘리베이터 및 계단 이용에 관한 예절교육을 듣게 되었다. 다음 중 원모가 수강하고 있는 엘리베이터 및 계단 이용 시의 예절 교육에 관한 내용으로써 가장 옳지 않은 내용을 고르면?

① 방향을 잘 인지하고 있는 여성 또는 윗사람과 함께 엘리베이터를 이용할 시에는 여성이나 윗사람이 먼저 타고 내려야 한다.

② 엘리베이터의 경우에 버튼 방향의 뒤 쪽이 상석이 된다.

③ 계단의 이용 시에 상급자 또는 연장자가 중앙에 서도록 한다.

④ 안내여성은 엘리베이터를 탈 시에 손님들보다는 나중에 타며, 내릴 시에는 손님들보다 먼저 내린다.

⑤ 계단을 올라갈 시에는 남성이 먼저이며, 내려갈 시에는 여성이 앞서서 간다.

|56~57| 甲기업 재무팀에서는 2018년도 예산을 편성하기 위해 2017년에 시행되었던 A~F 프로젝트에 대한 평가를 실시하여, 아래와 같은 결과를 얻었다. 물음에 답하시오.

〈프로젝트 평가 결과〉

(단위 : 점)

프로젝트	계획의 충실성	계획 대비 실적	성과지표 달성도
A	96	95	76
B	93	83	81
C	94	96	82
D	98	82	75
E	95	92	79
F	95	90	85

- 프로젝트 평가 영역과 각 영역별 기준 점수는 다음과 같다.
  - 계획의 충실성 : 기준 점수 90점
  - 계획 대비 실적 : 기준 점수 85점
  - 성과지표 달성도 : 기준 점수 80점
- 평가 점수가 해당 영역의 기준 점수 이상인 경우 '통과'로 판단하고 기준 점수 미만인 경우 '미통과'로 판단한다.
- 모든 영역이 통과로 판단된 프로젝트에는 전년과 동일한 금액을 편성하며, 2개 영역이 통과로 판단된 프로젝트에는 전년 대비 10% 감액, 1개 영역만 통과로 판단된 프로젝트에는 15% 감액하여 편성한다. 다만 '계획 대비 실적' 영역이 미통과인 경우 위 기준과 상관없이 15 % 감액하여 편성한다.
- 2017년도 甲기업의 A~F 프로젝트 예산은 각각 20억 원으로 총 120억 원이었다.

56. 전년과 동일한 금액의 예산을 편성해야 하는 프로젝트는 총 몇 개인가?

① 1개
② 2개
③ 3개
④ 3개
⑤ 5개

57. 甲기업의 2018년도 A~F 프로젝트 예산 총액은 전년 대비 얼마나 감소하는가?

① 10억 원
② 9억 원
③ 8억 원
④ 7억 원
⑤ 6억 원.

58. 다음은 국고보조금의 계상과 관련된 법조문이다. 이를 근거로 제시된 상황을 판단할 때, 2016 정당에 지급할 국고보조금 총액은?

제00조(국고보조금의 계상)
① 국가는 정당에 대한 보조금으로 최근 실시한 임기만료에 의한 국회의원선거의 선거권자 총수에 보조금 계상단가를 곱한 금액을 매년 예산에 계상하여야 한다.
② 대통령선거, 임기만료에 의한 국회의원선거 또는 동시지방선거가 있는 연도에는 각 선거(동시지방선거는 하나의 선거로 본다)마다 보조금 계상단가를 추가한 금액을 제1항의 기준에 의하여 예산에 계상하여야 한다.
③ 제1항 및 제2항에 따른 보조금 계상단가는 전년도 보조금 계상단가에 전전년도와 대비한 전년도 전국소비자물가 변동률을 적용하여 산정한 금액을 증감한 금액으로 한다.
④ 중앙선거관리위원회는 제1항의 규정에 의한 보조금(경상보조금)은 매년 분기별로 균등분할하여 정당에 지급하고, 제2항의 규정에 의한 보조금(선거보조금)은 당해 선거의 후보자등록마감일 후 2일 이내에 정당에 지급한다.

- 2014년 실시된 임기만료에 의한 국회의원선거의 선거권자 총수는 3천만 명이었고, 국회의원 임기는 4년이다.
- 2015년 정당에 지급된 국고보조금의 보조금 계상단가는 1,000원이었다.
- 전국소비자물가 변동률을 적용하여 산정한 보조금 계상단가는 전년 대비 매년 30원씩 증가한다.
- 2016년에는 5월에 대통령선거가 있고 8월에 임기만료에 의한 동시지방선거가 있다. 각 선거의 한 달 전에 후보자등록을 마감한다.
- 2017년에는 대통령선거, 임기만료에 의한 국회의원선거 또는 동시지방선거가 없다.

① 600억 원
② 618억 원
③ 900억 원
④ 927억 원
⑤ 971억 원

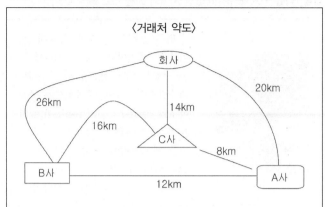

〈거래처 약도〉

회사

26km

20km

14km

16km

C사

8km

B사

12km

A사

〈각 구간별 연비〉

• 회사~A사/B사/C사 : 각 10km/L(시내)
• A사~B사 : 14km/L(국도)
• B사~C사 : 8km/L(비포장도로)
• C사~A사 : 20km/L(고속도로)
※ 연료비는 1L당 1,500원으로 계산한다.

59. 최 대리는 오늘 외출을 하여 A, B, C 거래처를 방문해야 한다. 세 군데 거래처를 모두 방문하고 마지막 방문지에서 바로 퇴근을 할 예정이지만, 서류 전달을 위해 중간에 한 번은 다시 회사로 돌아왔다 가야 한다. A사를 가장 먼저 방문할 경우 최 대리의 모든 거래처 방문이 완료되는 최단 거리 이동 경로는 몇 km인가?

① 58km
② 60km
③ 64km
④ 68km
⑤ 70km

60. 위와 같은 거래처 방문 조건 하에서 최장 거리 이동 경로와 최단 거리 이동 경로의 총 사용 연료비 차액은 얼마인가?

① 3,000원
② 3,100원
③ 3,200원
④ 3,300원
⑤ 3,400원

>> 한국사(20문항)

61. 다음 자료에 대하여 옳게 설명한 것을 모두 고른 것은?

⑦ 탕평책을 실시하여 붕당 간의 지나친 갈등을 억제하고 정치 질서의 안정을 추구하였다.

⑭ 정치집단 간의 대립구도 자체가 무의미해지고 소수의 가문 출신이 중앙 정치를 주도하게 되었다.

⑮ 각 붕당이 서로의 학문적 입장을 인정하는 토대 위에서 상호 비판적인 공존 체제를 이루어 나갔다.

⑯ 붕당 간의 균형이 무너지면서 특정한 붕당이 권력을 독점하는 일당 전제화의 추세가 나타났다.

㉠ ⑦시기는 강력한 왕권으로 붕당 간의 다툼을 일시적으로 억누른 것이었다.

㉡ ⑭시기에 권력에서 소외된 나머지 붕당들은 해체, 소멸되고 말았다.

㉢ ⑮시기에는 백성들의 여론도 붕당을 통해 중앙 정치에 반영될 수 있었다.

㉣ ⑯시기에는 정치권력이 고위 관원에게 집중되면서 비변사의 기능이 강화되었다.

① ㉠, ㉡
② ㉠, ㉣
③ ㉡, ㉢
④ ㉠, ㉡, ㉢, ㉣
⑤ ㉠, ㉢, ㉣

62. ㉠~㉣에 대한 설명으로 옳은 것을 〈보기〉에서 고른 것은?

조선 태종 때에는 세계지도적인 ㉠혼일강리역대국도지도를 만들었다. 이 지도의 필사본이 일본에 현존하고 있는데, 지금 남아 있는 세계지도 중 동양에서는 가장 오래된 것이다. 세조 때에는 양성지 등이 동국지도를 완성하였다. 16세기에도 많은 지도가 만들어졌는데, 그 중에서 ㉡조선방역지도가 현존하고 있다. 조선 후기에는 정밀하고 과학적인 지도가 많이 제작되었다. 정상기는 ㉢동국지도를 만들었고, 김정호의 ㉣대동여지도는 산맥, 하천, 포구, 도로망의 표시가 정밀하고, 목판으로 인쇄되었다.

〈보기〉
(가) ㉠은 원나라의 세계지도를 바탕으로 한반도와 일본 자료를 추가한 것이다.
(나) ㉡은 만주와 대마도를 포함하고 있어 당시 영토의식을 엿볼 수 있다.
(다) ㉢은 거리를 알 수 있도록 10리마다 눈금이 표시되어 있다.
(라) ㉣은 100리를 1척으로 정하여 지도를 제작함으로써 정확한 지도를 만들 수 있다.

① (가), (나)   ② (나), (다)
③ (다), (라)   ④ (가), (라)
⑤ (나), (라)

63. 밑줄 그은 '이 나라'와 관련된 역사적 사실을 〈보기〉에서 옳게 고른 것은?

이 나라를 끌어들여 같은 종족을 멸망시키고 도적을 불러들여 형제를 죽이는 것과 다를 바 없는 것이다. 이는 삼척동자라도 알 수 있는 것이다. …… 앞에서도 말했듯이 신라의 역대 왕들이 항상 외세의 도움을 받아 고구려, 백제를 멸망시키고자 하였거니와, …… 태종 대왕에 이르러 이 일을 위하여 마음과 힘을 다하고 수완을 다하여 마침내 이 일을 이룬 뒤에는 득의 양양하였다.
– 「조선상고사」 –

〈보기〉
㉠ 발해는 지배층의 내분과 '이 나라'의 침략으로 멸망하게 되었다.
㉡ 백제는 '이 나라'에 칠지도를 하사하였다.
㉢ 신라는 기벌포와 매소성에서 '이 나라'를 물리쳤다.
㉣ 고구려는 천리장성을 쌓고 '이 나라'의 침략에 대비하다.

① ㉠, ㉡   ② ㉠, ㉢
③ ㉠, ㉣   ④ ㉡, ㉣
⑤ ㉢, ㉣

64. 다음 자료가 유행하였던 시기의 모습으로 옳은 것은?

명주 굴산을 개창한 통효대사는 이름은 범일이고 경주 김씨였다. …… 백달사에서 좌선을 하고 있었는데, 명주도독 김공이 굴산사에 주석하기를 청했다. 한번 숲속에 앉아 40여 년이 지났다. 늘어선 소나무로 도를 행하는 행랑을 삼고 평평한 바위로 참선하는 자리를 삼았다.
– 「조당집」 –

① 무신들이 중앙 권력을 독점하였다.
② 공민왕은 전민변정도감을 실시하였다.
③ 6두품은 중앙 정계에 진출하여 정국을 주도하였다.
④ 지방에서 호족이라 불리는 새로운 세력이 성장하였다.
⑤ 문벌 귀족이 과거와 음서를 통해 권력을 유지하였다.

65. 다음 글의 밑줄 친 부분에 해당하는 왕조에 대한 설명으로 옳지 않은 것은?

이 나라는 고구려 옛 땅에 세운 나라이다. 사방 이천 리이며, 주현이나 관역이 없다. 곳곳에 마을이 있는데 모두 말갈 부락이다. 백성에는 말갈이 많고 토인이 적다. 토인이 촌장이 되었다. 큰 촌락에는 도독이라 하고 다음 크기는 자사라 한다. 그 아래에는 백성들이 모두 수령이라 불렀다.
– 「유취국사」 –

① 고구려 장군 출신 대조영이 나라를 세웠다.
② 전국을 9주 5소경으로 정비하였다.
③ 멸망 후 유민들의 부흥운동이 이어졌다.
④ 정혜공주 묘에서 고구려 계승의식을 볼 수 있다.
⑤ 해동성국이라 불리었다.

66. 다음은 어느 시대의 농민들의 가상 대화이다. ㈎에 들어갈 말로 적절한 것은?

> 농민1 : 며칠 전부터 갑자기 예전에 없던 전염병이 유행하고 있는데 무슨 방법이 없겠나?
> 농민2 : 지난해 흉년으로 인한 문제는 의창에서 도움을 받았었는데, 전염병은 어쩌지?
> 농민3 : _____㈎_____

① 사창제에서 도움을 받으면 된다고 하던데.
② 제생원에 가면 구호품을 지원해 준다네.
③ 구제도감이나 구급도감이 곧 설치된다고 하니 기다려 보세.
④ 상평창에서 곧 나설 것이라고 하던데.
⑤ 흑창에서 도움을 받은 사람이 있더군.

67. 다음 선생님의 질문에 대한 답변으로 옳지 않은 것은?

> 자 여러분!
> 오늘은 고려 후기의 농민들의
> 생활상을 한번 알아볼까요?

① 밭농사는 2년 3작의 윤작법이 보급되었다.
② 신속이 「농가집성」을 편술하여 간행하였다.
③ 남부 일부 지방에 이앙법이 보급되기도 하였다.
④ 원으로부터 문익점이 목화를 들여왔다.
⑤ 깊이갈이가 보급되어 휴경기간이 단축되었다.

68. 다음은 고려 시대의 사상을 제시한 것이다. ㈎~㈏에 대한 설명으로 옳지 않은 것은?

> ㈎ 이론의 연마와 실천을 아울러 강조하는 교관겸수(教觀兼修)와 지관(止觀)을 강조하였다.
> ㈏ 명리에 집착하는 당시 불교계의 타락상을 비판하고, 선(禪) 수행과 노동에 힘쓰기를 강조하였다.
> ㈐ 안향의 소개로 우주의 근본 원리와 인간의 심성을 밝히는 학문이 들어왔다.

① ㈎와 ㈏는 교종과 선종을 통합하려 하였다.
② ㈎는 왕실의 후원을, ㈏는 무신의 후원을 받았다.
③ ㈏에 이르러 비로소 선교일치의 완성된 철학체계를 마련하였다.
④ ㈐를 통해 신진 사대부가 권문세족을 비판하였다.
⑤ ㈐를 통해 혜심의 유·불 일치설이 발전하였다.

69. 다음 자료와 관련이 있는 국왕의 정책으로 옳은 것을 〈보기〉에서 고른 것은?

> 이인좌의 난은 조선 후기 이인좌, 이웅보 등의 소론이 주도한 반란이다. 소론은 경종의 치세하에 노론과의 대립에서 우위를 점하였다. 그러나 노론이 지지한 국왕이 즉위하자 위협을 느끼게 되었다. 이에 소론의 과격파들은 국왕이 숙종의 아들이 아니며 경종의 죽음에 관계되었다고 주장하며, 왕과 노론을 제거하고 소현세자의 증손을 왕으로 추대하고자 하였다. 여기에 일부 남인들도 가담하였으나 결국 난은 진압되었다.

〈보기〉	
㉠ 규장각 설치	㉡ 「속오례의」 편찬
㉢ 균역법 실시	㉣ 장용영 설치

① ㉠, ㉡　　　　　　② ㉠, ㉢
③ ㉡, ㉢　　　　　　④ ㉡, ㉣
⑤ ㉢, ㉣

70. 다음과 같은 놀이문화가 본격적으로 등장하게 된 배경으로 적절하지 않은 것은?

① 서민 의식이 성장하였다.
② 성리학이 전래되었다.
③ 상업 경제가 발전하였다.
④ 신분제가 동요되었다.
⑤ 농업 생산력이 향상되었다.

71. 다음 자료를 통해 당시의 사회상을 바르게 추론한 것을 〈보기〉에서 모두 고른 것은?

> 그(허생)는 안성의 한 주막에 자리 잡고서 밤, 대추, 감, 배, 귤 등의 과일을 모두 사들였다. 허생이 과일을 도거리로 사두자, 온 나라가 잔치나 제사를 치르지 못할 지경에 이르렀다. 따라서 과일 값은 크게 폭등하였다. 허생은 이에 10배의 값으로 과일을 되팔았다. 이어서 허생은 그 돈으로 곧 칼, 호미, 삼베, 명주 등을 사 가지고 제주도로 들어가서 말총을 모두 사들였다. 말총은 망건의 재료였다. 얼마 되지 않아서 망건 값이 10배나 올랐다. 이렇게 하여 허생은 50만 냥에 이르는 큰돈을 벌었다.

〈보기〉
㉠ 관영수공업이 발달하였다.
㉡ 정부는 한양에 시전을 처음 설치하였다.
㉢ 장시는 전국적인 유통망으로 연결되었다.
㉣ 선대제 수공업이 성행하였다.

① ㉠, ㉡   ② ㉠, ㉢
③ ㉡, ㉢   ④ ㉡, ㉣
⑤ ㉢, ㉣

72. 다음 그림이 그려진 시기에 볼 수 있는 장면으로 옳은 것을 〈보기〉에서 고른 것은?

〈보기〉
㉠ 보람 : 고추장에 음식을 찍어 먹어야겠어.
㉡ 윤아 : 곧 겨울이니 솜을 넣어 옷을 만들어야겠어.
㉢ 유리 : 오늘 저녁에는 호박전을 해야겠어.
㉣ 소연 : 오늘은 김치를 담가야겠어.

① ㉠, ㉡   ② ㉠, ㉢
③ ㉡, ㉢   ④ ㉡, ㉣
⑤ ㉢, ㉣

73. 다음과 같은 문제점을 해결하기 위해 실시한 개혁에 대한 설명으로 옳은 것은?

> 우리나라의 난전을 금하는 법은 오로지 육의전이 국가에 필요한 물건을 공급하게 하고 그들로 하여금 이익을 독차지 하게 하자는 것입니다. …… 이에 제각기 가게를 벌여 놓고 배나 되는 값을 받는데, 평민들이 사지 않으면 그만이지만 만약 부득이 사지 않을 수 없는 경우에 처한 사람은 그 가게를 버리고서는 다른 곳에서 물건을 살 수가 없습니다. 이 때문에 그 값이 나날이 올라 물건 값이 비싸기가 신이 젊었을 때에 비해 3배 또는 5배나 됩니다. 이에 2~30년 사이에 새로 벌인 영세한 가게 이름을 조사해 내어 모조리 혁파하도록 해야 합니다.

① 경시서를 처음 설치하였다.
② 객주와 여각의 상업 활동을 위축시켰다.
③ 시전과 결탁한 서인들의 세력을 견제하였다.
④ 영세 상인과 수공업자의 활동이 위축되었다.
⑤ 모든 시전상인의 금난전권을 폐지하였다.

74. 다음 글의 밑줄 친 ㉠~㉤에 대한 설명으로 옳지 않은 것은?

> 조선은 고려의 교육제도를 이어받아 서울에 국립 교육 기관인 ㉠성균관을 두었으며, 중등 교육 기관으로 중앙의 ㉡4부 학당(4학)과 지방의 ㉢향교가 있었다. 또, 사립 교육 기관으로 ㉣서원과 ㉤서당 등이 있었는데, 이들은 계통적으로 연결되지 않고 각각 독립된 교육 기관이었다.

① ㉠ - 조선시대 최고의 교육기관이었다.
② ㉡ - 소학, 4서를 중심으로 교수·훈도가 지도하였다.
③ ㉢ - 지방양반, 향리의 자제 및 양인이 입학하였다.
④ ㉣ - 유교 윤리를 보급하는데 기여하였다.
⑤ ㉤ - 고등교육기관으로 사학이었다.

75. 다음 사진은 일제의 식민지 지배 정책의 변천을 나타낸 것이다. (가)에 해당하는 시기에 일제가 실시한 정책으로 옳지 않은 것은?

일제가 토지조사를 위해 측량하는 모습
⇨

치안유지법에 의해 송치되는 민족운동가
⇨ (가)

① 국가 총동원령　　　　② 징병제 실시
③ 황국 신민 서사 암송　④ 신사 참배 강요
⑤ 헌병 경찰제 실시

76. (가)에 들어갈 역사적 사실로 옳은 것은?

> [동학 농민 운동의 전개 과정]
> 고부 농민 봉기 → ___(가)___ → 집강소 설치 → 우금치 전투

① 조병갑의 가혹한 수탈이 원인이 되었다.
② 전봉준 등의 동학지도자가 체포되었다.
③ 백산에서 4대 강령이 발표되었다.
④ 외국군대 철수, 폐정개혁안을 조건으로 정부와 화친하였다.
⑤ 일본이 경복궁을 점령하고 내정간섭을 하였다.

77. 다음 자료와 관련된 의병 운동을 주제로 신문기사를 쓰려고 한다. 기사 제목으로 옳은 것은?

> 나라에 대한 불충은 어버이에 대한 불효요, 어버이에 대한 불효는 나라에 대한 불충이다. 그러므로 나는 3년상을 치른 뒤 다시 의병을 일으켜 일본을 소탕하고 대한을 회복하겠다.

① 의병 연합 부대, 서울 진격 준비 중!
② 혜성같이 평민 의병장이 등장하다!
③ 을미사변의 비통함, 의병 조직되다!
④ 고종 의병해산권고 조칙, 결국 받아들이다!
⑤ 을사조약, 전국에 의병을 일으키다!

78. (가), (나) 조약이 체결된 시기 사이의 상황으로 옳은 것을 〈보기〉에서 고른 것은?

> (가) 일본국 인민이 조선국 지정의 각 항구에 머무르는 동안에 만약 죄를 범한 것이 조선국인민에게 관계되는 사건일 때에는 모두 일본국 관리가 심의한다.
>
> (나) 제14조 조선국이 어느 때인지 어느 국가나 어느 나라 상인 또는 공민에게 항해, 정치, 기타 어떤 통교에 연관된 것임을 막론하고 본 조약에 의하여 부여되지 않은 어떤 권리나 특권, 또는 특혜를 허가할 때는 이들이 미합중국의 관민과 상인 및 공민에게도 무조건 부여된다.

> 〈보기〉
> ㉠ (가)로 인해 일본 상품에 관세를 부여하였다.
> ㉡ (가)로 인해 황국 중앙 총상회가 상권 수호 운동을 하였다.
> ㉢ (나)는 열강들에게 이권 침탈의 빌미를 제공하였다.
> ㉣ (나)는 청나라의 알선으로 이루지게 되었다.

① ㉠, ㉡　　　　　② ㉠, ㉢
③ ㉡, ㉢　　　　　④ ㉡, ㉣
⑤ ㉢, ㉣

79. 다음 자료에 밑줄 친 '신흥무관학교'에 해당하는 지역을 지도에서 찾은 것은?

> 지난해 신흥무관학교 설립 100돌을 맞아 발족한 '100주년 기념 사업회'는 "지난 한 해 동안 여러 사업을 통해 대한민국 국군의 뿌리이자 한국판 '노블레스 오블리주'의 전형인 이 곳의 설립 정신을 널리 알리고자 노력해 왔다."면서 "그 성과를 바탕으로 '기념 사업회'로 새롭게 출발하고자 한다."고 9일 밝혔다. 신흥무관학교는 1911년 지린성 류허현에서 우당 이회영 · 석오 이동녕 선생 등의 지사들이 신흥강습소로 개교한 이래 20년까지 2천명이 넘는 독립군 간부를 배출했다.

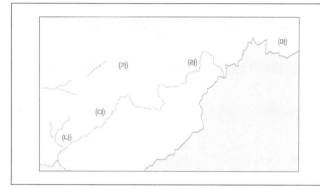

① (가)

② (나)

③ (다)

④ (라)

⑤ (마)

80. 밑줄 친 '그 나라'와 관련 있는 역사적 사실을 〈보기〉에서 옳게 고른 것은?

> 중국을 근거로 활동하던 그 나라 상인 오페르트.
> 그는 1868년(고종 5년) 충청도 덕산에 있는 흥선 대원군의 아버지 남연군의 묘를 도굴하려 했다. 시체와 부장품을 볼모로 삼아 대원군을 압박하려는 속셈이었다. 하지만 봉분 속의 단단한 벽을 뚫지 못해 도굴을 포기했다.

〈보기〉
㉠ 러시아의 남하정책을 저지하기 위해 거문도를 점령하였다.
㉡ 부들러는 한반도의 영세중립화를 조선 정부에 건의하였다.
㉢ 1960년대에 우리나라의 간호사와 광부가 파견되었다.
㉣ 근대 무기제조기술, 군사훈련법 습득을 위해 영선사가 파견되었다.

① ㉠, ㉡

② ㉠, ㉢

③ ㉡, ㉢

④ ㉡, ㉣

⑤ ㉢, ㉣

>> 영어(20문항)

81. 밑줄 친 부분의 의미로 적절한 것은?

> How does he explain the plight of the oil-hungry nations?

① strange circumstance

② happy realization

③ bad situation

④ final decision

⑤ hazard · decision

82. 다음의 대화에 대한 내용으로 적절한 것은?

> A : Mary, you look down. What's up?
> B : You don't want to know, JAKE. My car was broken into last night.
> A : I'm sorry. You have the car alarm on your car, don't you?
> B : No, I didn't think I needed one.
> A : You're asking for it if you leave your car without security system in this area.
> B : I should have known better.

① JAKE had his car stolen last night.

② Mary needs to buy a new car.

③ Mary set the car alarm off.

④ JAKE doesn't want to know about Mary's story.

⑤ Mary was inattentive about car safety.

83. 밑줄 친 부분의 의미로 가장 가까운 것은?

> Desertification threatens 20 percent of the already dry Middle East and North Africa, pushing many states to invest in African farmland to feed growing populations, said Wadid Erian of the Arab Centre for the Studies of Arid Zones and Dry Lands. Dwindling arable land and mounting food insecurity could exacerbate existing conflicts and deter investment in a region where economic marginalization has long driven unrest.

① improve

② justify

③ linger

④ proscribe

⑤ aggravate

84. 화자가 자신을 보이지 않는 인간이라고 말하는 이유는?

I am an invisible man. No, I am not a spook like those who haunted Edgar Allen Poe; nor am I one of Hollywood movie ectoplasms. I am a man of substance, flesh and bone, fiber and liquids and I might even be said to possess a mind. I am invisible, understand, simply because people refuse to see me. Like the bodiless heads you see sometimes in circus sideshows, it is as though I have seen surrounded by mirrors of hard, distortion glass. When they approach me, they see only my surroundings, themselves, or figments of their imagination—indeed, everything and anything except me.

① Because he is physically transparent.
② Because he is a ghost.
③ Because he is reflected by distorting mirrors.
④ Because his real self is neglected by other people.
⑤ Because he lives in the complicated surroundings.

85. 다음 중 어법상 올바른 문장은?

① I never dreamed of there being a river in the deep forest.
② No sooner he had gone out than it started raining.
③ Most tellers in the banks these days cannot dispense without computers.
④ I have successfully completed writing the book three weeks ago.
⑤ I can't hardly make myself understood in English.

86. 빈칸에 들어갈 말로 적절한 것은?

Sometimes, the minute you are asked to write about a significant experience, the very incident will flash to mind _____. In many other cases, however, you will need more time for your memories to surface.

① tardily   ② gradually
③ immediately   ④ consistently
⑤ helplessly

87. 다음 문장들을 문맥에 맞게 배열한 것은?

(A) They are still left out in the world where the so-called age of information has not arrived yet.
(B) The bad news, however, is that millions of people around the world cannot even afford to buy a computer.
(C) The internet is bringing us closer than ever.
(D) That's the good news for those who have access to the web.

① D - A - C - B   ② C - A - B - D
③ C - D - B - A   ④ D - C - B - A
⑤ D - B - C - A

88. 빈칸에 들어갈 알맞은 문장은?

Having been selected to represent the Association of Korean Dancers at the Annual Convention, _____.

① given a short acceptance speech
② she gave a short acceptance speech
③ a speech had to be given by her
④ the members congratulated her
⑤ the members applauded her

89. 빈칸에 알맞은 말을 넣으면?

She requested that he _____ longer for dinner.

① is staying   ② stays
③ to stay   ④ has stayed
⑤ stay

90. 빈칸에 들어갈 말로 바르게 짝지어진 것은?

> The prison sentence was introduced in the eighteenth century as a _____, a milder substitute for the _____ penalties of death, torture, mutilation, and exile.

① supplement – irrevocable

② sequel – overabundant

③ reform – harsh

④ suggestion – corrective

⑤ catchall – revised

▮91~92▮ 다음 밑줄 친 부분 중 잘못된 부분을 고르시오.

91.

> The supervisor ①was advised to give the assignment to ②whomever ③he believed had a strong ④sense of responsibility and the courage ⑤of his conviction.

92.

> ①Reading for learning is something you will ②do it all your life, whether it's ③studying to get a driver's license ④or finding out how much medicine ⑤to give a baby.

93. 다음 중 ( ) 안에 들어갈 단어로 가장 적절한 것은?

> Science, in so far as it consists of knowledge, must be regarded as having value, but in so far as it consists of technique the question whether it is to be praised or blamed depends upon the use that is made of the technique. In itself it is ( ), neither good nor bad.

① valuable ② useless

③ neutral ④ central

⑤ unfair

▮94~95▮ 다음 중 밑줄 친 곳에 가장 적당한 말을 고르시오.

94.

> As there will be an agent at the airport to meet you as soon as you arrive in London, you needn't worry about changing dollars to pounds or _____ a hotel.

① reserve ② reserving

③ being reserved ④ reserved

⑤ to reserve

95.

> "_____" comes from two Greek words meaning "good death." In practice, it has come to mean the selective killing of those who are old or sick. Worldwide, support for the practice appears to be increasing. Vigorous efforts for legalization are proceeding in numerous countries. The Dutch have now legalized 'mercy killing' after many years of unofficial toleration.

① euthanasia ② assassination

③ extermination ④ massacre

⑤ murder

96. 다음 문장을 가장 자연스럽게 옮긴 것은?

> 우리는 건강을 잃고, 나서야 비로소 건강의 가치를 깨닫는다.

① It is not until we lose our health that we realize the value of it.

② No sooner had we realized the value of our health when we lost it.

③ We will realize the value of our health even though we lose it.

④ It will not be long before we realize the value of our health.

⑤ Our ill health prevents us from realizing the value of it.

97. 다음 세 문장의 밑줄 친 부분에 들어갈 말이 순서대로 짝지어진 것은?

A. We must read the next chapter_____ tomorrow.
B. We stayed at the bar_____ 4:00 AM.
C. It's been raining on and off _____ last Sunday.

① by − by − since
② till − till − since
③ till − by − from
④ by − till − from
⑤ by − till − since

98. 다음 중 문법적으로 틀린 곳은?

The heat wave of the summer ① is hitting the Seoul Metropolitan area this week. With that swelter ② comes the chances of heat stroke or heat exhaustion. Heat stroke occurs when the body loses its ability ③ to regulate its temperature. Heat exhaustion is a bit different because it can develop ④ over several days as a result of ⑤ exposure to high temperatures and the failure to replace fluids.

99. 밑줄 친 (A)~(E)의 지시대상이 나머지 넷과 다른 것은?

The best plays are created by a "tight ensemble." This means that the actors know each other well and trust each other. They seek advice from one another and ask for feedback. They do not fear making "mistakes" in rehearsals. The same is true with a group of language learners. (A)They should feel free to criticize one another in a constructive manner, and (B)they should learn to enjoy experimenting with the new language in front of (C)their peers. Language teachers can foster this feeling by minimizing the inhibitions of the language learners. The most obvious approach is to avoid making (D)their inhibitions any worse than (E)they are. The language class, like the rehearsal, should be an atmosphere conducive to open experimentation with the second language.

① (A)
② (B)
③ (C)
④ (D)
⑤ (E)

100. 다음 글의 내용과 일치하는 것은?

The widespread idleness and the high crime rate in our city are due largely to our not having any mills or factories to provide regular employment for a large segment of the population. If we want to do away with our present delinquency problem, we must endeavor to make our city a center of manufacturing.

① 우리 도시의 많은 사람들이 제분소나 공장에서 일한다.
② 우리 도시의 높은 범죄율은 일자리 부족 때문이다.
③ 우리 도시에 만연된 게으름과 높은 범죄율이 공장을 내몰고 있다.
④ 우리 도시의 범죄문제는 사람들의 게으름과 관계가 있다.
⑤ 사람들이 공장의 부도 때문에 일자리를 잃어 범죄가 늘고 있다.

"일반상식"

꼭 알아야하는 알짜 일반상식만 담았다!

공사공단 일반상식

공사공단 채용대비
핵심상식 + 기출유형문제 + 논술
한 권으로 일반상식 준비 끝낸다!

**공기업/공공기관 채용
빈출 일반상식**

공기업/공공기관 채용에 꼭 필요한
영역별 일반상식 빈출만 담았다!
기출유형문제로 구성한 한국사까지
함께 공부한다!

한국산업인력공단

일반직 5급(일반행정) 모의고사

[정답 및 해설]

SEOWONGAK
(주)서원각

>> 직업기초능력

1 ②

② "유럽에서의 한방 원료 등을 이용한 'Korean Therapy' 관심 증가"라는 기회를 이용하여 "아시아 외 시장에서의 존재감 미약"이라는 약점을 보완하는 WO전략에 해당한다.

2 ⑤

'작업환경변화 등 우수 인력 유입 촉진을 위한 기반 조성'을 통해 '신규 인재 기피'라는 약점을 보완하고, '이직 등에 의한 이탈'이라는 위협을 회피한다.

3 ④

거래처 식대이므로 접대비지출품의서나 지출결의서를 작성하고 30만 원 이하이므로 최종 결재는 본부장이 한다. 본부장이 최종 결재를 하고 본부장 란에는 전결을 표시한다.

4 ④

해외출장비는 교통비에 해당하며, 출장계획서의 경우 팀장, 출장비신청서의 경우 대표이사에게 결재권이 있다.

5 ②

㉠ 사장직속으로는 3개 본부, 12개 처, 3개 실로 구성되어 있다.
㉡ 해외부사장은 2개의 본부를 이끌고 있다.
㉣ 노무처는 관리본부에, 재무처는 기획본부에 소속되어 있다.

6 ①

공문서는 시행일자 뒤에 수신처에서 문서를 보존할 기간을 기입해야 하지만 행정기관이 아닌 경우에는 기재를 하지 않아도 된다. 참고로 보존기간의 표시로는 영구, 준영구, 10년, 5년, 3년, 1년 등을 사용한다.

7 ②

사회보험의 종류에는 공적연금, 건강보험, 산재보험, 고용(실업)보험, 노인장기요양보험 등이 있으며 공적연금은 다시 노령연금, 유족연금, 장애연금으로 구분된다.

8 ④

④ 기원 - 祈願

9 ④

법정대시인 → 법정대리인
재란법인 → 재단법인
정부투기기관 → 정부투자기관
체유하는 → 체류하는

10 ④

토론의 주제는 찬성과 반대로 뚜렷하게 나뉘어질 수 있는 것이 좋다. 위 토론의 주제는 찬성(전교생을 대상으로 무료급식을 시행해야 한다.)과 반대(전교생을 대상으로 무료급식을 시행해서는 안 된다.)로 분명하게 나뉘어지므로 옳은 주제라 할 수 있다.

11 ③

㈎에서 나무꾼은 도끼날이 무뎌졌다는 근본적인 원인을 찾지 못 해 지칠 때까지 힘들게 나무를 베다가 결국 바닥에 드러눕고 말았다. 따라서 이를 끈기 있게 노력하지 않고 좋은 결과를 바라는 업무 태도 개선에 적용하는 것은 적용 대상의 모색이 잘못된 것이다.

12 ①

입찰 매매는 서면으로 최고 및 최저 가격을 제시한 자와 계약을 체결하며 주로 관공서나 공기업 등의 물품 구입이나 공사 발주 시 이용된다.

13 ②

기업의 자금 조달 중 보통주 발행은 자기 자본으로 형성되며 주식에 투자한 주주는 경영 참가권을 갖게 된다. 채권 발행은 타인 자본이며, 기업은 이자 부담과 원금 상환 의무를 가지게 된다.

14 ⑤

⑤ 절약은 소비를 줄이는 행동이지만 이를 통해 원자로 1기를 덜 지어도 동일한 생산 효과를 얻을 수 있다는 말이다.
① 절약을 통해 생산이 감소한다는 것은 단순하게 이해한 것으로, 절약을 통해 불필요한 생산을 막을 수 있다는 의미가 드러나지 않았다.
② 절약으로 전력 사용량을 감소시킬 수 있다.
③ 절약을 통해 불필요한 생산을 막을 수 있기 때문에 생산과 관련이 있다.
④ 전후 관계가 반대로 되었다.

15 ④

④ 글쓴이는 우리가 처해진 문제 상황을 제시하고 이 속에서 에너지의 절약은 선택 사항이 아니라 반드시 해야 하는 필수임을 강조하고 있다.

16 ①

주어진 글은 하회 마을 여행을 권유하는 안내문으로, 하회 마을과 그 주변 지역의 대표적인 관광지에 대한 정보를 제시한 후에, 하회 마을의 여행 일정을 추천하고 하회 마을 여행의 의의를 밝히고 있다.

17 ③

좋은 글은 한 번에 완성되지 않는다. 따라서 효과적으로 자신의 의도를 표현하기 위해서는 글을 쓰면서 조정과 점검의 과정을 거치는 것이 좋다. 글쓴이는 5월이 가족 여행하기에 좋은 계절이라고 말하고 하회 마을이 가족 여행지로 적합하다는 점을 강조하고 있다. 〈보기〉의 내용은 그렇게 표현하는 과정에서 좀 더 독자들의 관심을 끌고 이해를 돕기 위해 내용을 적절하게 조정하고 점검하는 내용에 해당한다.

18 ③

① 김 교수의 첫 번째 발언에서 확인할 수 있다.
② 이 교수의 첫 번째 발언에서 확인할 수 있다.
④ 이 교수의 마지막 발언에서 확인할 수 있다.
⑤ 이 교수의 두 번째 발언에서 확인할 수 있다.

19 ②

② 김 교수는 앞서 말한 이 교수의 의견에 공감을 표하며 자신의 의견을 덧붙이는 방식으로 자신의 의견을 표현하고 있다.

20 ②

종업원 현황에서 110명은 중소기업에 해당되며, 4대 보험은 기업이 제공하고 있는 법정 복리 후생이다.

21 ②

문자를 잘 살펴보아야 한다. 잘 살펴보면 총 10개의 문자가 나열되어 있다.
1 ~ 10까지의 숫자를 영문으로 표현한 것이다.
ONE - TWO - THREE - FOUR - FIVE - SIX - SEVEN - EIGHT - NINE - TEN
그러므로 정답은 EIGHT의 E이다.

22 ③

$$\frac{1}{20} + \frac{1}{30} + \frac{1}{42} + \frac{1}{56} + \frac{1}{72}$$
$$= \frac{1}{4 \times 5} + \frac{1}{5 \times 6} + \frac{1}{6 \times 7} + \frac{1}{7 \times 8} + \frac{1}{8 \times 9}$$
$$= \left(\frac{1}{4} - \frac{1}{5}\right) + \left(\frac{1}{5} - \frac{1}{6}\right) + \left(\frac{1}{6} - \frac{1}{7}\right) + \left(\frac{1}{7} - \frac{1}{8}\right) + \left(\frac{1}{8} - \frac{1}{9}\right)$$
$$= \frac{1}{4} - \frac{1}{9}$$
$$= \frac{9 - 4}{36} = \frac{5}{36}$$

23 ①

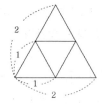

24 ②

주어진 조건에 의해 다음과 같이 계산할 수 있다.
{(1,000,000 + 100,000 + 200,000) × 12
+ (1,000,000 × 4) + 500,000} ÷ 365 × 30
= 1,652,055원
따라서 소득월액은 1,652,055원이 된다.

25 ③

4명의 참석자를 각각 A, B, C, D라 하고 좌석을 a, b, c, d라 하면
4명 중 A만 자신의 자리 a에 앉고 나머지 좌석에 3명이 앉을 경우의 수는
3×2×1 = 6가지
그러나 3명은 모두 자신의 자리가 아닌 곳에 앉아야 하므로 (A, C, D, B), (A, D, B, C)의 2가지만 조건에 해당된다.

a	A					
b	B		C		D	
c	C	D	B	D	B	C
d	D	C	D	B	C	B

그러므로 경우의 수는 4×2 = 8가지가 된다.

26 ③

㈎ 경상수지, ㈏ 본원소득수지

경상수지는 상품수지, 서비스수지, 본원소득수지, 이전소득수지로 구성되며, 자본금융 계정은 자본수지와 금융계정으로 구성된다.
㉠ 경상수지 적자가 지속되면 통화량이 줄어들어 디플레이션이 발생할 수 있다.
㉡ 국내 기업이 보유하고 있는 외국인의 배당금을 해외로 송금하면 본원소득수지에 영향을 미친다.
㉢ 국내 기업이 외국에 주식을 투자할 경우 영향을 미치는 수지인 금융계정은 흑자가 지속되고 있다.

㉣ 외국 기업이 보유한 특허권 이용료 지불이 영향을 미치는 수지인 자본금융은 2014년 적자를 기록하고 있다.

27 ③

고등학교	국문학과	경제학과	법학과	기타	진학 희망자수
A	(420명) 84명	(70명) 7명	(140명) 42명	(70명) 7명	700명
B	(250명) 25명	(100명) 30명	(200명) 60명	(100명) 30명	500명
C	(60명) 21명	(150명) 60명	(120명) 18명	(180명) 18명	300명
D	(20명) 6명	(100명) 25명	(320명) 64명	(120명) 24명	400명

28 ②

① 1인 가구인 경우 852,000원, 2인 가구인 경우 662,000원, 3인 가구인 경우 520,000원으로 영·유아 수가 많을수록 1인당 양육비가 감소하고 있다.
② 1인당 양육비는 영·유가가 1인 가구인 경우에 852,000원으로 가장 많다.
③ 소비 지출액 대비 총양육비 비율은 1인 가구인 경우 39.8%로 가장 낮다.
④ 영·유아 3인 가구의 총양육비의 절반은 793,500원이므로 1인 가구의 총양육비는 3인 가구의 총양육비의 절반을 넘는다.
⑤ 영·유아 1인 가구와 2인 가구의 총양육비 합은 2,176,000원으로 영·유아 3인 가구 총양육비의 2배인 3,174,000원보다 적다.

29 ①

할부 이용시 연이율은 3%가 적용되지만, 선수금이 10% 오르는 경우 0.5% 하락하므로 초기비용으로 500만 원을 지불하면 연이율은 2.5%가 적용된다.

30 ③

설치일로부터 18개월 이후 해지시 위약금은 남은 약정금액의 10%이므로
(690,000원×19회)×0.1 = 1,311,000원

31 ①

$$\frac{이수인원}{계획인원} \times 100 = \frac{2,159.0}{5,897.0} \times 100 ≒ 36.7(\%)$$

32 ③

㉠ 중국은 미국보다 1인당 취수량이 적다.

㉡ 미국은 인도보다 농업용도 취수 비중이 낮지만 1인당 취수량이 매우 많기 때문에 1인당 농업용수의 취수량이 많다.

㉢ 오스트레일리아는 브라질보다 물 자원량에서 차지하는 취수량의 비중이 높다.

브라질 : $\frac{59}{8,243} = 0.00715$

오스트레일리아 : $\frac{24}{492} = 0.04878$

㉣ 물 자원량이 많은 국가라고 해서 1인당 물 자원량이 많지는 않다.

33 ④

① 커피전체에 대한 수입금액은 2008년 331.3, 2009년 310.8, 2010년 416, 2011년 717.4, 2012년 597.6으로 2009년과 2012년에는 전년보다 감소했다.

② 생두의 2011년 수입단가는(528.1 / 116.4 = 4.54) 2010년 수입단가(316.1 / 107.2 = 2.95)의 약 1.5배 정도이다.

③ 원두의 수입단가는 2008년 11.97, 2009년 12.06, 2010년 12.33, 2011년 16.76, 2012년 20.33로 매해마다 증가하고 있다.

⑤ 2012년 생두의 수입중량은 100.2톤으로 커피제조품의 20배 이하이다.

34 ③

① 2010년 원두의 수입단가 = 55.5 / 4.5 = 12.33

② 2011년 생두의 수입단가 = 528.1 / 116.4 = 4.54

③ 2012년 원두의 수입단가 = 109.8 / 5.4 = 20.33

④ 2011년 커피조제품의 수입단가 = 98.8 / 8.5 = 11.62

⑤ 2012년 생두의 수입단가 = 365.4/100.2 = 3.65

35 ④

㉢ 2016년 여성 평균 임금이 남성 평균 임금의 60%이므로 남성 평균 임금은 여성 평균 임금의 2배가 되지 않는다.

㉣ 고졸 평균 임금 대비 중졸 평균 임금의 값과 고졸 평균 임금 대비 대졸 평균 임금의 값 간의 차이는 2014년(1.20-0.78=0.42)과 2016년(1.14-0.72=0.42)에 0.42로 같다. 그러나 비교의 기준인 고졸 평균 임금이 상승하였으므로 중졸과 대졸 간 평균 임금의 차이는 2014년보다 2016년이 크다.

36 ④

고객은 많은 문제를 풀어보기를 원하므로 우선적으로 예상문제의 수가 많은 것을 찾아야 한다.

37 ③

고객의 요구인 20,000원 가격선과 예상문제의 수가 많은 도서는 문제완성이 된다.

38 ③

제시된 명제를 기호로 나타내면 다음과 같다.

• 오 대리 출장→정 사원 야근

• ~남 대리 교육→~진급 시험 자격

• 정 사원 야근→~남 대리 교육

이 명제를 연결하면 '오 대리 출장→정 사원 야근→~남 대리 교육→~진급 시험 자격'이 성립한다. (대우 : 진급 시험 자격→남 대리 교육→~정 사원 야근→~오 대리 출장)

①~④의 보기를 기호로 나타내면 다음과 같으므로 항상 참인 것은 ③이다.

① ~남 대리 교육→오 대리 출장(연결 명제 중 오 대리 출장→~남 대리 교육의 역임으로 항상 참인지는 알 수 없다.)

② 정 사원 야근→오 대리 출장(첫 번째 명제의 역이므로 항상 참인지는 알 수 없다.)

③ 진급 시험 자격→~오 대리 출장(연결 명제의 대우 명제이므로 항상 참이다.)

④ ~진급 시험 자격→~오 대리 출장(주어진 명제만으로는 알 수 없다.)

⑤ ~정 사원 야근→남 대리 교육(대우 명제 중 남 대리 교육→~정 사원 야근의 역이므로 항상 참인지는 알 수 없다.)

39 ⑤

제시된 명제를 기호로 나타내면 다음과 같다.

- 자동차→자전거(대우 : ~자전거 → ~자동차)
- ~자동차 → ~가전제품(대우 : 가전제품 → 자동차)

이 명제를 연결하면 '~자전거 → ~자동차 → ~가전제품'이 성립한다. (대우 : 가전제품 → 자동차 → 자전거)

①~⑤의 보기를 기호로 나타내면 다음과 같으므로 항상 참인 것은 ⑤이다.

① ~자동차→~자전거(주어진 명제만으로는 알 수 없다.)

② 자전거 → 가전제품(주어진 명제만으로는 알 수 없다.)

③ ~가전제품→~자동차(주어진 명제만으로는 알 수 없다.)

④ 자전거 → ~자동차(주어진 명제만으로는 알 수 없다.)

⑤ 가전제품→자전거(연결 명제의 대우이므로 항상 참이다.)

40 ③

명제 2와 3을 삼단논법으로 연결하면, '윤 사원이 외출 중이 아니면 강 사원도 외출 중이 아니다.'가 성립되므로 A는 옳다. 또한, 명제 2가 참일 경우 대우명제도 참이어야 하므로 '박 과장이 외출 중이면 윤 사원도 외출 중이다.'도 참이어야 한다. 따라서 B도 옳다.

41 ④

김 실장은 중국의 소비가 급등한 원인을 1인 가구의 급속한 증가로 인한 것으로 보았으나 인도는 10가구 중 9가구가 자녀가 있으며, 부양가족의 수가 많으면 소비가 낮다는 것을 고려한 것이다.

42 ③

① 건강보험공단에서 지원하는 제도이다.

② 임신지원금은 임신 1회당 50만원이나 다태아 임신 시에는 70만원이 지급된다.

④ 지원기간은 신청에 관계없이 이용권 수령일로부터 분만예정일+60일까지이다.

⑤ 국민행복카드는 지정이용기관에서 이용권 제시 후 결제한다.

43 ①

만약 A가 범인이라고 가정한다면

	A	B	C
첫 번째 진술	×	×	○
두 번째 진술			×
세 번째 진술			×

C의 두 번째와 세 번째 진술은 거짓이므로 A와 C는 만나 적이 있다.

그러면 A의 세 번째 진술은 참이 되고 A의 두 번째 진술과 B의 세 번째 진술은 거짓이 된다.

이 경우 B의 첫 번째 진술과 세 번째 진술이 거짓이므로 두 번째 진술은 참이 되어야 하는데 C이 두 번째 진술과 상충되므로 가정을 한 A는 범인이 아니다.

C가 범인이라고 가정을 하면 A-ⓒ, B-ⓛ, C-ⓛ이 진실일 때 모순이 없다.

44 ④

장소별로 계산해 보면 다음과 같다.

- 분수광장 후면 1곳(게시판) : 120,000원
- 주차 구역과 경비초소 주변 각 1곳(게시판) : 120,000원 × 2 = 240,000원
- 행사동 건물 입구 1곳(단독 입식) : 45,000원
- 분수광장 금연 표지판 옆 1개(벤치 2개 + 쓰레기통 1개) : 155,000원
- 주차 구역과 경비초소 주변 각 1곳(단독) : 25,000 × 2 = 50,000원

따라서 총 610,000원의 경비가 소요된다.

45 ②

〈보기〉의 내용을 문제에 더해서 생각하면 'C는 변호사이다.'를 참으로 가정하면

	교사	변호사	의사	경찰	
A	×	×	×	○	경찰
B	○	×	×	×	교사
C	×	○	×	×	변호사
D	×	×	○	×	의사

이렇게 되나, '① A는 교사와 만났지만, D와는 만나지 않았다.'와 '④ D는 경찰과 만났다.'는 모순이 된다. 그러므로 ㉠ C는 변호사이다 → 거짓

㉡ 명제를 참이라고 가정하면 의사와 경찰은 만났으므로 B, C는 둘 다 의사와 경찰이 아니다. D는 경찰이 아니므로 A가 경찰, D가 의사가 된다. 그러나 ①에서 A와 D는 만나지 않았다고 했으므로 ④에서 만났다고 해도 모순이 된다.

그러므로 ㉠과 ㉡은 모두 거짓이다.

46 ②

한 명만이 진실을 말하고 있는 경우의 명제추리 문제는 주어진 조건을 하나씩 대입하여 모순이 없는 것을 찾는 방법으로 풀어볼 수 있다.

• 갑이 참을 말하는 경우 : 갑은 지역가입자이다. 이 경우 을은 거짓이므로 을도 지역가입자가 된다. 따라서 모순이 된다.

• 을이 참을 말하는 경우 : 을은 지역가입자가 아니므로 사업장 가입자 또는 임의가입자가 된다. 병은 거짓이므로 병은 임의가입자가 된다. 그러면 을은 사업장 가입자가 된다. 남는 것은 갑과 지역가입자인데 을의 말이 참이라면 갑의 말은 거짓이므로 갑은 지역가입자가 아니어야 하여 또한 모순이 된다.

• 병이 참을 말하는 경우 : 을은 지역가입자가 된다. 갑은 지역가입자가 아니므로 사업장 가입자 또는 임의가입자가 되고, 병은 사업장 가입자 또는 지역가입자가 된다. 이 경우, 을이 지역가입자이므로 병은 나머지 하나인 사업장 가입자가 되고, 이에 따라 갑은 나머지 하나인 임의가입자가 되면 아무런 모순 없이 세 명의 가입자 지위가 정해지게 된다.

정리하면 갑은 임의가입자, 을은 지역가입자, 병은 사업장 가입자가 되어 보기 ②가 거짓인 명제가 된다.

47 ②

• 화, 수, 목 중에 실시해야 하는 금연교육을 4회 실시하기 위해서는 반드시 화요일에 해야 한다.

• 금주교육이 월요일과 금요일을 제외한 다른 요일에 시행하므로 10일 이전, 같은 주에 이틀 연속으로 성교육을 실시할 수 있는 날짜는 4~5일뿐이다.

• 상황과 조건에 따라 A대학교 보건소의 교육 일정을 정리해 보면 다음과 같다.

월	화	수	목	금	토	일
1	금연 2	3	성 4	성 5	X 6	X 7
8	금연 9	10	11	12	X 13	X 14
15	금연 16	17	18	19	X 20	X 21
중 22	간 23	고 24	사 25	주 26	X 27	X 28
29	금연 30					

• 금주교육은 (3, 10, 17), (3, 10, 18), (3, 11, 17), (3, 11, 18) 중 실시할 수 있다.

48 ①

수정을 먼저 살펴보면 수정은 종로, 명동에 거주하지 않으므로 강남에 거주한다.

미연은 명동에 거주하지 않고 수정이 강남에 거주하므로 종로에 거주한다.

수진은 당연하게 명동에 거주하며, 직장은 종로이다.

또한 수정의 직장이 위치한 곳이 수진이 거주하는 곳이므로 수정의 직장은 명동이다.

그러면 당연하게 미연의 직장이 위치한 곳은 강남이 된다.

49 ③

㉢ 팀장님이 월요일에 월차를 쓴다고 하였다. → 월요일은 안 된다.

㉣ 실장님이 김 대리에게 우선권을 주어 월차를 쓸 수 있는 요일이 수, 목, 금이 되었다. → 월차를 쓸 수 있는 날이 수, 목, 금이라는 말은 화요일이 공휴일임을 알 수 있다.

㉤ 김 대리는 5일에 붙여서 월차를 쓰기로 하였다.

그럼 여기서 공휴일에 붙여서 월차를 쓰기로 했으므로 화요일이 공휴일이므로 수요일에 월차를 쓰게 된다.

50 ③

A는 1호선을 이용하지 않았으므로 4호선을 탔다. 그러면 D는 1호선을 이용하였고, B도 1호선을 이용하였다. F와 G 둘 중에 한 명은 1호선을 이용하였다. 그러므로 1호선을 이용한 사람은 3명이 되므로 E는 1호선을 탈 수 없다.

	A	B	C	D	E	F	G
1호선	×	○		○			
4호선	○	×		×			

51 ②

회사에서 정한 규정은 반드시 지켜야 한다.

52 ①

②③④⑤는 공적인 입장에서 지적하고 있지만 ①은 개인윤리의 관점에 치우치고 있으므로 적절하지 않다.

53 ③

해당 내용은 우월적 지위를 이용한 A씨의 태도를 말하고 있다.

※ 직장 내 인간관계 및 분위기를 저해하는 요인
    ㉠ 이중적인 태도
    ㉡ 군사문화의 잔재
    ㉢ 반말문화
    ㉣ 비합리적인 차별

54 ①

• (봉사)는 자신보다 고객의 가치를 최우선으로 하는 서비스 개념이다.
• (책임)은 모든 결과는 나의 선택으로 인한 결과임을 인식하는 태도이다.
• (예절)은 오랜 생활습관을 통해 정립된 관습적으로 행해지는 사회계약적 생활규범이다.

55 ④

④ 남성과 여성의 역할은 동등하다고 봐야 한다.

56 ④

㉠ 09:22에 D구역에 있었던 산양 21마리에서 09:32에 C구역으로 1마리, 09:50에 B구역으로 1마리가 이동하였고 09:52에 C구역에서 3마리가 이동해 왔으므로 09:58에 D구역에 있는 산양은 $21 - 1 - 1 + 3 = 22$마리이다.

㉡ 09:10에 A구역에 있었던 산양 17마리에서 09:18에 C구역에서 5마리가 이동해 왔고 09:48에 C구역으로 4마리가 이동하였으므로 10:04에 A구역에 있는 산양은 $17 + 5 - 4 = 18$마리이다.

㉢ 09:30에 B구역에 있었던 산양 8마리에서 09:50에 D구역에서 1마리가 이동해 왔고, 10:05에 C구역에서 2마리가 이동해 왔으므로 10:10에 B구역에 있는 산양은 $8 + 1 + 2 = 11$마리이다.

㉣ 09:45에 C구역에 있었던 11마리에서 09:48에 A구역에서 4마리가 이동해 왔고, 09:52에 D구역으로 3마리, 10:05에 B구역으로 2마리가 이동하였으므로 10:15에 C구역에 있는 산양은 $11 + 4 - 3 - 2 = 10$마리이다.

57 ④

○○목장에서 키우는 산양의 총 마리 수는 $22 + 18 + 11 + 10 = 61$마리이다.

58 ②

자원의 성격
㉠ **자원의 가변성** : 자원의 가치는 과학기술과 문화적 배경 등에 따라 변화할 수 있다.
㉡ **자원의 상대성** : 동일 자원이 시대 또는 장소에 따라 다르게 사용될 수 있다.
㉢ **자원의 유한성** : 자원의 매장량은 한계가 있다.
㉣ **자원의 편재성** : 자원은 일부 지역에 편중되어 있다.

59 ②

$(30 + 20) \times 0.2 + (20 + 20)$
$= 50$

60 ②

?표와 인접한 인접 지구 시너지 효과를 x라고 하면 다음과 같이 계산할 수 있다.

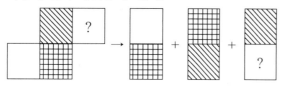

$$(30 + 20) \times 0.2 + (20 + 10)$$
$$\times 3 + x \geq 190$$
$$100 + x \geq 190, \ x \geq 90$$

따라서 업무 능력이 10인 홍보팀 팀원과 인접 배치 시너지 효과가 90 이상인 팀의 팀원이 앉아야 하므로 ? 자리에 올 수 있는 팀원은 영업팀 팀원이다.

〉〉 한국사

61 ③

이의민을 죽이고, 17년간 집권하면서 4명의 왕을 바꾸었고, 동생을 비롯한 수많은 정적을 살해하면서 자신의 권력을 유지한 인물은 최충헌이다. 최충헌이 권력을 잡은 시기에 있었던 모습을 고르는 문제이다.

③ 최충헌은 사회 개혁책으로 봉사 10조를 제시하였으나, 정책 방향의 제시가 근본적으로 자기권력의 안정화를 추구하는 수단이었다는 점에서 그 실천적 한계를 가졌다.

① 이자겸은 권력유지를 위해 금에 대한 사대관계를 받아들였다.

② 묘청의 서경천도운동과 관련된 내용이다.

④ 최무선은 왜구가 창권하자 화약제조법의 필요성을 절감하였다. 이에 원나라에서 제조법을 배워 화약을 만들어 왜구를 격퇴하였다.

⑤ 고려 말기의 학자이자 문신인 문익점은 서장관으로 중국 원나라에 갔다가 돌아오면서 목화씨를 가지고 들어온다.

※ **무신집권기의 반란** : 무신 집권기에 각 지역에서 다양한 항쟁이 발생했다. 그 주도 세력은 소민, 관노, 사노, 일반농민, 승려 등 다양했고 그들이 대항하는 상대도 지방의 향리, 지방관원, 승려, 사찰 등으로 매우 다양하였다.

62 ①

제시된 자료는 고려시대 전시과 제도의 변천 과정을 보여주는 도표이다. 각 전시과 제도의 지급 대상과 지급 기간 등의 변화에 대한 올바른 이해를 묻는 문제이다. 이 문제의 경우 전시과의 변천 과정에 대한 지식이 없더라도, 제시된 표를 분석하면 충분히 풀 수 있는 문제이다.

① 시기가 흐르면서 전시과 제도가 정비되면서 관리들에게 주는 토지 지급량이 줄어드는 것을 알 수 있다.

② 경종 대의 시정전시과는 지급기준이 관직, 인품인데 반해 목종 대의 개정전시과는 지급기준이 관직만이다. 이를 통해 목종 대가 좀 더 객관적인 토지 지급 기준을 가진 것을 알 수 있다.

③ 문종 대의 경정 전시과에 이르게 되면 지급대상에서 산직(전직)관리는 제외됨을 알 수 있다.

④ 전시과는 관리들에게 토지 수조권을 지급한 것이다.

⑤ 경기도에 한하여 관리들에게 수조권을 지급한 것은 과전법이다.

※ 고려시대 전시과의 변천 과정
- 시정전시과(경종) : 전직, 현직 관료에게 모두 지급, 인품을 기준으로 채택
- 개정전시과(목종) : 전직과 현직에게 지급하고 인품을 기준에서 제외
- 경정전시과(문종) : 현직에게만 지급

63 ①

제시된 자료는 고려의 중앙정치체제 중에서 대간인 중서문하성의 낭사와 어사대이다. 이러한 대간의 존재는 고려시대를 그전의 시대와 다르게 '중세'라고 부르는 한 가지 이유이기도 하였는데, 이러한 대간의 존재는 조선시대에도 이어지게 된다. 이를 찾아내는 문제이다.

① 사간원은 국왕에 대한 간쟁과 논박을 담당한 관청이며, 사헌부는 언론 활동, 풍속 교정, 백관에 대한 규찰과 탄핵 등을 관장하던 관청이었다.

② 집현전은 학문 연구를 위해 궁중에 설치한 기관이며, 홍문관은 궁중의 경서·사적의 관리와 문한의 처리 및 왕의 각종 자문에 응하는 일을 관장하던 관서였다.

③ 의금부는 왕 직속의 상설 사법기관, 승정원은 왕명을 출납하는 비서기관이다.

④ 병조는 군사관계 업무를 총괄하던 중추적 기관이며, 육조는 문관의 선임·공훈·봉작 등의 일을 총괄하는 기관이었다.

⑤ 의정부는 재상의 합의를 거쳐 국정을 총괄하는 기구로 최고의 관부이며, 비변사는 조선 중기 이후 군사업무를 비롯하여 정치·경제의 중요문제를 토의하던 문무합의기구였다.

※ 고려시대 삼사 vs 조선시대 삼사 : 고려의 삼사는 단순히 곡식과 화폐의 출납을 담당하는 회계 기구이다. 그러나 조선의 삼사는 사헌부와 사간원, 홍문관을 합친 것으로, 언론 기능을 맡아 권력의 독점과 부정을 방지하였다.

64 ③

제시된 드라마는 무사 백동수이다. 정조는 무예서를 편찬하였는데, 특히 무예도보통지의 경우 직접 편찬의 방향을 잡은 후 이덕무·박제가·백동수에게 편찬하도록 하였다. 1790년에 간행되었으며, 전투동작 하나하나를 그림과 글로 해설한 실전 훈련서였다. 즉 이 문제는 정조의 정책을 고르는 것이다.

③ 정조는 유능한 인재를 일정 기간 규장각에서 재교육하는 초계문신제를 실시하였다.

① 경국대전은 세조 때 최항, 노사신, 강희맹 등이 집필을 시작하여 성종 7년(1476년)에 완성된다.

② 북진정책은 태조 시절 정도전의 주도로 군제를 확립하면서 강화된 국방력을 바탕으로 요동을 정벌하기로 결정되었으나, 잇따른 왕자의 난으로 정도전 일파가 제거되고 정국이 불안해지자 중단되었다.

④ 당백전은 경복궁 중건을 위해 흥선대원군이 발행한 화폐이다.

⑤ 효종은 청나라의 요구에 조총부대를 파견하여 나선정벌을 하였다.

※ 정조는 영조와 달리 각 붕당을 떠나서 그 주장의 옳고 그름을 명백히 가리는 적극적인 탕평책을 전개하였다. 그는 노론을 경계하고 자신이 정국을 주도하기 위해 소론과 남인 및 서얼 등을 중용하였다.

65 ④

제시된 자료의 '이들'은 중인으로 유추할 수 있다. 즉 이 문제는 조선시대 중인 신분에 대한 내용으로 이들의 신분적 특징에 대한 이해를 묻고 있다.

ⓛ 서얼들은 과거 응시 자체가 금지된 것은 아니지만 문과 응시는 금지가 되었다. 이에 18세기 후반부터 서얼 층은 차별 없이 사회적 활동을 펼 수 있게 해 달라는 허통운동을 하였다.

ⓔ 중앙과 지방관청의 서리와 향리 및 기술관으로 직역을 세습하고 같은 신분 안에서 혼인하였으며 관청에서 가까운 곳에 거주하였다.

ⓐ 노비는 재산으로 취급되어 매매, 상속, 증여의 대상이 되었다.

ⓒ 양반사대부들이 자신들의 기득권을 지키고 지배층이 늘어나는 것을 막기 위해 차별을 하고 관직 진출에 제한을 두었다.

※ 조선의 신분제 : 조선의 신분제는 법제적으로 양천제로, 양인과 천민으로 구분하였다. 하지만 실질적으로는 양인을 세분화하여 신분을 4개로 구분하였다. 그것이 양반, 중인, 상민, 천민이다.

66 ③

자료에서 설명하고 있는 인물은 조광조이다. 그의 업적과 정책에 대해서 전반적으로 이해하고 있는지를 묻고 있는 문제이다.

③ 조광조는 훈구파를 견제하기 위해 위훈삭제를 추진하였다.

① 관학파의 학풍을 계승한 것은 훈구파이며, 조광조는 사림파이다.

② 조광조는 기묘사화로 인하여 사사되었다.

④ 계유정난은 세조와 관련된 내용으로, 훈구파들이 공신의 작위를 받았다.

⑤ 「경세유표」를 집필한 인물은 조선 후기 실학자 정약용이다.

※ **위훈삭제 사건** : 중종반정 때의 공신 중 작위를 받은 남곤·심정 등 76명의 작호, 노비, 공신전 등을 박탈하여 훈구세력의 제거를 시도한 것이다. 이것이 계기가 되어 불만을 품은 훈구세력에 의해 조광조 등 사림파가 제거되었다.

67 ②

제시된 자료는 조선시대 북인에 대한 설명이다. 북인들은 조식의 문하생이 중심이 되었으며, 광해군에게 협력하였다. 북인의 특징에 대한 이해를 묻는 문제이다.

② 북인은 광해군 집권 당시 중립외교를 취하여 대의명분을 중요시하는 서인, 남인들과 대립하였다.

① 예송논쟁은 조선 현종 때 궁중의례의 적용문제, 특히 복상기간을 둘러싸고 서인과 남인 사이에 크게 논란이 벌어진 두 차례의 사건이다.

③ 숙종 때 환국을 통해 정치권력을 독점한 세력은 서인이다.

④ 명에 대한 의리 명분론을 중시한 세력은 서인이다.

⑤ 영조의 탕평정치는 붕당정치의 폐해를 근본적으로 해결하지 못한 것으로, 소론의 입장이 약화되고 노론이 정국을 주도하게 되었다.

※ **붕당 정치의 변질** : 붕당정치는 처음에는 붕당의 상호 공존으로 잘 운영되었다. 현종 때 2차례의 예송논쟁으로 서인과 남인의 대립이 심화되었고 숙종 때 환국으로 인해 서인이 노론과 소론으로 분화되었으며 노론이 정권을 장악하여 일당전제화 등의 많은 문제점이 발생하였다.

68 ⑤

제시된 자료는 19세기 일어났던 농민 반란에 대한 내용의 일부이다. (가)의 자료에서는 '평서대원수', '평안도 놈'이라는 표현에 미루어 볼 때 1811년에 평안 지역을 중심으로 일어난 홍경래 난에 대한 설명임을 알 수 있다. (나)의 자료에서는 '임술년', '진주 안핵사'라는 표현을 통해 '임술 민란(1862)'이 도화선이 되었던 '진주 민란'에 대한 설명임을 알 수 있다. 이 두 사건을 통해 조선은 근본적인 체제 개혁 없이는 왕조의 존망이 위협받는 수준에까지 이르게 된다.

⑤ '홍경래 난', '진주 민란'은 동학사상의 영향보다는 탐관오리의 실정에 반발하여 일어났다.

① '홍경래 난'은 몰락양반이었던 홍경래의 지휘아래 영세농민, 광산노동자들이 합세하였다.

② '홍경래 난'은 서북 지방(평안도)에 대한 차별이 주요 원인이었다.

③ '진주 민란'을 계기로 북쪽 함흥으로부터 남쪽 제주에 이르기까지 전국에서 농민봉기가 발생하였다.

④ '진주 민란'은 삼정(전정, 군정, 환곡)의 문란이 주요 원인이었다.

※ **농민봉기의 한계 및 의의** : 농민들의 사회개혁 방향은 모두가 토지를 소유하는 것이지만 정부는 지주제를 개혁할만한 힘이 없었고, 농민들도 변혁시킬 만한 역량이 부족하였다. 그러나 농민들이 사회의 모순을 자율적으로, 보다 적극적으로 변혁시키려는 것에 그 의의가 있다.

69 ③

자료에 나타난 국왕은 세조이다. 세조의 불교 정책에 대해서 이해하고 있는 지를 묻고 있는 문제이다.

③ 세조는 간경도감을 설치하고 불교 경전을 한글로 번역하였다.

① 팔만대장경을 간행한 왕은 고려의 고종이다.

② 보우를 중용하고 승과를 부활시킨 왕은 조선의 명종이다.

④ 의정부서사제를 실시한 왕은 조선의 세종이다.

⑤ 선을 중심으로 불교를 통합한 승려는 고려의 지눌이다.

※ 간경도감은 1461년(세조 7) 왕명으로 설치되어 1471년(성종 2)까지 존속하였다. 세조는 왕위에 오르기 전부터 불교를 선호하여 세종의 불서편찬과 불경간행을 도왔다. 그리고 왕위에 오른 뒤에는 왕위찬탈을 속죄하려는 마음에서 더욱 불교를 믿었다. 이에 간경도검은 유명한 승려와 학자를 초빙하

여 불경을 번역하고 간행하는 일이 주된 사업이었
으며 불서를 구입하거나 수집하고, 왕실 불사와 법
회를 관장하기도 하였다.

70 ②

제시된 시는 윤동주가 일본에 유학하기 위해 성명을 일
본식으로 바꾼 뒤에 지은 것으로, 일제가 우리 민족에게
일본식 성명을 강요한 것을 알 수 있다. 중·일 전쟁 이
후 일제는 본격적으로 민족 말살 정책을 추진하여 우리
민족에게 황국 신민 서사 암송, 궁성 요배, 신사 참배는
물론, 심지어 우리의 성명마저도 일본식으로 고치도록 강
요하였다.

② 1930년대 민족말살정책에 대한 설명이다.

① 1910년대 무단통치에 대한 설명이다.

③ 1910년대 무단통치에 대한 설명이다.

④ 1920년대 문화통치에 대한 설명이다.

⑤ 1910년대 무단통치에 대한 설명이다.

※ 무단통치(1910~1919)

　문화통치(1919~1931)

　민족말살통치(1931~1945)

71 ①

제시된 지문은 사이토가 말하는 1920년대의 식민통치
소위 문화통치이다. 이는 3·1 운동으로 나타난 민족
의 불만을 무마하기 위한 것이었다. 그 핵심은 우리
민족을 분열시키고 회유시키려는 것이었다. 이 시기
완화된 총독부 정책과 함께 사회주의 보급 등으로 여
러 방면의 민족 운동이 활발히 전개되었다. 일제는 이
러한 민족 운동을 효과적으로 누르기 위하여 친일파를
양성하고, 민족운동을 이간시키는 일에 노력하였다.

㉠, ㉡ 1920년대 문화통치에 대한 설명이다.

㉢ 1930년대 민족말살정책에 대한 설명이다.

㉣ 1910년대 무단통치에 대한 설명이다.

※ 3·1 운동 이후 일본은 무력과 강압만으로는 우리
　민족을 지배하기 어렵다는 것을 깨닫게 되었다. 그
　래서 일본은 한민족의 문화와 관습을 존중하며 한
　국인의 이익을 위한다는 이른바 문화정치를 내세
　웠다. 문화통치는 친일파를 길러 우리 민족을 이
　간·분열시키려는 교활한 정책으로, 우리 민족의
　단결을 억제하고 독립 운동을 막으려는 것이었다.

72 ①

제시된 자료는 3·1 운동의 모습을 표현한 것이다.
3·1 운동의 전개과정은 총 3단계로 나눌 수 있는데,
1단계(점화기), 2단계(도시 확대기)는 비폭력주의를 내
세웠으나, 3단계(농촌 확산기)에 이르면 무력적인 저
항운동으로 변모하게 된다.

① 3·1 운동은 민주공화제의 대한민국 임시정부를
　수립하는 계기가 되었다.

② 민족 유일당 운동을 촉발하는 계기가 되었던 것은
　정우회 선언(1926)이다.

③ 민족자결주의의 대두, 제1차 세계대전 종전, 고종
　황제 독살 의혹 등이 3·1 운동의 배경이다.

④ 순종의 인산일을 기해 일어난 것은 6·10 만세운
　동(1926)이다.

⑤ 신간회는 1927년에 좌우익 세력이 합작하여 결성
　된 대표적인 항일단체로 광주학생운동이 일어나자
　진상조사단을 파견하고 일제에 대해 학생운동의
　탄압을 엄중 항의하였다.

※ 3·1 운동의 세계사적 의의 : 제1차 세계대전에서
　승리한 국가의 식민지에서 일어난 최초의 반제국
　주의 민족운동으로 약소민족 해방운동의 활성화에
　이바지하였다. 중국의 5·4운동, 인도의 비폭력·
　불복종운동, 베트남, 필리핀, 이집트 등의 민족운
　동에 영향을 주었다.

73 ③

제시된 자료는 근우회 취지문이다. 근우회는 1927년
에 창립하고 1931년에 해산된 여성 항일구국운동 및
여성 지위향상운동 단체이다.

③ 1931년 신간회가 해소되면서 해체되었다.

① 근우회는 신간회의 자매단체였다.

② 농촌진흥운동은 1932년부터 1940년까지 혁명적 농
　민조합운동의 확산에 대비하고 농민을 일제의 체
　제 내로 끌어들이기 위해 일제가 전개한 운동이다.

④ 근우회는 기독교계열의 여성과 사회주의계열의 여
　성이 참여하는 민족유일당이었다.

⑤ 3·1 운동 이후에 만들어진 단체이다.

※ 근우회 활동 : 전국순회공연과 강연회 등을 통하여
　여성해방에 대한 인식의 확산과 노동·농민운동
　등 사회운동에 적극적으로 개입하였다.

74 ⑤

제시된 자료는 '단재신채호전집'의 내용 중 일부이다. 신채호의 주장에 대한 전반적인 이해를 묻는 문제이다.

⑤ 신채호는 자신의 저서 「조선 상고사」에서 역사를 '아'와 '비아'의 투쟁으로 파악하였다.

① 정인보는 신채호의 민족주의 사관을 계승하였고, '조선 얼'을 강조하였다.

② 사회경제사학의 대표적인 학자인 백남운은 「조선사회경제사」, 「조선봉건사회경제사」를 저술하였다.

③ 장지연은 '시일야방성대곡'을 써서 을사조약을 비판하였다.

④ 박은식은 유교구신론을 통해 유교의 혁신과 개량을 주장하였다.

※ 조선상고사 : 단군시대로부터 백제의 멸망과 그 부흥운동까지가 담겨져 있다. 그는 이 책에서 종래의 한국사의 인식체계를 거부하고 새로운 인식체계를 수립하였다. 종래의 단군·기자·위만·삼국으로의 계승과 단군·기자·삼한·삼국으로의 계승되는 인식체계를 거부하고 신채호는 실학시대의 이종휘의 「동사」에서 영향을 받아 단군조선·고조선·부여·고구려 중심의 역사인식체계를 수립하였다.

75 ⑤

제시된 자료는 '105인 사건'과 '신민회 조직원들'의 사진자료이다. 이를 통해 1907년 결성된 비밀 결사 계몽 단체인 '신민회'임을 알 수 있다.

⑤ 대한자강회는 고종의 강제퇴위 반대운동을 전개하다 해산 당하였다.

① 신민회는 무장 투쟁도 활동의 목표로 삼았으며, 만주 지역에 독립군 기지 건설운동을 주도하였다.

② 신민회는 국권회복과 공화정체의 근대국민국가 건설을 목표로 하였다.

③ 신민회는 교육구국운동으로 오산학교, 대성학교 등을 설립하였다.

④ 신민회는 사회 각계각층의 인사들을 망라하여 조직한 비밀결사단체이다.

※ 대한제국 시기 독립협회의 해산 이후 국권 회복운동을 전개하였던 단체들은 크게 보안회-헌정연구회-대한자강회-신민회를 들 수 있다. 각 단체의 주요 활동들을 파악하는 것은 중요하다.

76 ③

제시된 자료는 대한민국 정부에서 시행하였던 정책과 관련 있는 대통령을 묻는 문제이다. ㈎의 '프로축구', '프로야구', '컬러TV'는 전두환 정부에 대한 내용이고, ㈏의 '금융실명제', 'IMF에 구제 금융 요청'은 김영삼 정부에 대한 내용이다.

ⓒ 4·13호헌 조치를 발표한 것은 전두환 정부의 역사적 사실이다.

ⓒ 경제 개발 협력 기구(OECD)가입은 김영삼 정부의 역사적 사실이다.

㉠ 서울 올림픽의 개최는 노태우 정부의 역사적 사실이다.

㉣ 남북한 유엔 동시가입은 노태우 정부의 역사적 사실이다.

※ OECD는 경제협력개발기구라고도 한다. 제2차 세계대전 뒤 유럽은 미국의 유럽부흥계획(마셜플랜)을 수용하기 위해 1948년 4월 16개 서유럽 국가를 회원으로 유럽경제협력기구(OEEC)를 발족하였고, 1950년에는 미국·캐나다를 준회원국으로 받아들였다. 1960년 12월 OEEC의 18개 회원국 등 20개국 각료와 당시 유럽공동체, 유럽석탄철강공동체, 유럽원자력공동체의 대표가 모여 경제협력개발기구조약에 서명함으로서 OECD가 탄생하였다.

77 ①

제시된 우표를 통해 1970년대의 새마을 운동인 것을 알 수 있다. 농촌을 도시와 함께 균형 있게 발전시키기 위한 4H운동이 미국에서 시작되고, 우리나라에는 미군정기에 들어와 확산되는데, 이것이 새마을 운동으로 이어졌다.

① 새마을운동은 근면, 자조, 협동을 지표로 삼았으며 지역 사회 개발 운동으로 전개되었다. 주택 개량, 농지 정리, 하천 정비 등 농촌 생활환경의 개선을 꾀하였다.

② 1949년에 제헌국회에서 농지를 유상분배하는 내용으로 만든 농지 개혁법에 의해 1970년대의 새마을 운동이 실시한 것은 아니다.

③ 제2차 석유파동은 1978년 10월부터 1981년 12월 사이에 지속적인 유가상승이 나타난 현상인데, 이를 이유로 새마을운동이 중단된 것은 아니다.

④ 새마을운동은 농민의 이농을 막기 위한 것이 아니고 농촌을 발전시키기 위한 것이었으며, 점차 도시의 발전으로도 이어졌다.

⑤ 새마을운동은 후에 공장, 도시, 직장으로 확대되면서 유신체제 하의 국민정신 운동으로 확대되었다.

※ 새마을운동은 초기에는 단순한 농가의 소득배가운
동이었지만 이것을 통하여 많은 성과를 거두면서
부터는 도시·직장·공장에까지 확산되어 근면·
자조·협동을 생활화하는 의식개혁운동으로 발전
하였다. 이러한 운동을 통하여 경제적으로 자립하
여 선진국대열에 꼭 진입해야 한다는 의지를 국민
들에게 강하게 심어준 정부주도하의 국민적 근대
화운동이었다고 말할 수 있다.

78 ②

제시된 자료의 ㈎ 위원회는 반민족특별조사위원회이
다. 반민특위의 설립 목적, 활동 등에 대해서 이해하
고 있는지를 묻는 문제이다.

② 이승만 정권은 정부와 경찰 요직에 자리 잡은 친
일파 처벌에 소극적이었다.

① 재판을 받은 자는 불과 40명에 불과 했으며, 이
중에서도 체형을 선고 받은 자는 12명이었는데, 그
중 5명은 집행유예로 풀려나 실제 체형을 받은 숫
자는 7명에 불과했다. 나머지는 공민권 정지나 집
행유예, 보석 등으로 풀려났다. 체형을 받은 7명도
후에 모두 석방되었다.

③ 제헌국회는 1948년에 반민족행위처벌법을 제정·
공포하였다.

④ 신탁 통치 문제는 반민특위활동 이전의 일이다.

⑤ 미 군정청은 일제의 식민통치기구에서 일하던 관
리와 경찰을 그대로 등용하여 친일세력이 다시 득
세할 기회를 제공하다.

※ 대한민국정부가 수립되기 이전인 1947년 친일잔재
청산을 위하여 남조선과도입법의원은 '민족반역
자·부일협력자·전범·간상배에 대한 특별법'을
제정한 바 있다. 그러나 미군정은 이 법안이 미군
정의 동맹세력인 친일경찰, 친일관료, 친일정치인
을 대상으로 하고 있었기 때문에 인준을 거부하였
다. 이로써 친일파 청산의 과제는 정부수립 후로
넘어가게 되었다.

79 ⑤

제시된 자료의 ㈎는 풍수지리사상, ㈏는 도교사상이
다. 두 사상의 변천사와 기본적인 내용 등 전반적인
이해를 묻고 있는 문제이다.

⑤ 풍수지리사상만 호족세력의 경제적 성장을 반영하
였다. 도교는 관련이 없다.

① 묘청의 서경천도운동은 풍수지리사상을 통해 서경
길지설을 주장하였다.

② 조선 태조 이성계가 한양으로 도읍을 정한 것은
풍수지리설에 의한 것이다. 즉 개경은 이미 지기
가 다해 왕업이 길지 못할 것이라는 풍수가들의
의견에 따라 구세력의 본거지인 개경을 버리고 신
왕조의 면목을 일신하기 위해 천도를 단행하였다.

③ 백제의 금동대향로에는 신선들이 사는 이상세계
즉 도교사상이 반영되어 있다.

④ 고구려 고분벽화의 사신도는 도교의 방위신을 그
린 것이다.

※ **삼국시대 도교의 특징** : 산천숭배나 불로장생의 신
선사상과 결합하여 귀족사회를 중심으로 환영받았
다. 도교의 전래에 따라 노장사상이 유행하였으며
하늘에 대한 숭배관념을 통해 민족의식을 고양하
였다.

80 ②

제시된 자료는 ㈎ 선사관~㈐ 조선관 까지 각각의 유물
을 제시하고 시대상에 맞게 전시되어 있는 지를 묻는
문제이다. 각 시기별 중요한 유물의 이해가 필요한 문
제이다.

② 모줄임 천장구조는 고구려 고분의 양식이다. 신라
와는 관련이 없다.

① 거푸집은 속을 녹여 부어 어떤 물건을 만들기 위
한 틀로서 주로 청동기·철기 등 금속도구의 제작
에 쓰였다.

③ 발해 돌사자상은 정혜공주 묘에서 출토된 발해의
대표적인 유물이다.

④ 고려의 부석사 무량수전은 주심포 양식의 기본 수
법과 배흘림기둥을 살펴볼 수 있다.

⑤ 18세기 조선 후기 풍속화가의 대표적인 인물인 김
홍도가 그린 '춤추는 아이'이다.

※ 모줄임 천장은 벽 위에 천장돌을 한두 단 내밀기
쌓기를 한 다음 한 벽에서 옆벽에 걸치도록 돌을
비스듬하게 놓아 귀를 줄이면서 천장을 좁혀 올라
가는 방법으로 만들었다.

81 ④

press conferences : 기자회견

snub : 모욕하다, 무시하다

lilt : 억양, 리듬

enunciate : (또렷이) 말하다, (명확히) 밝히다

eradicate : 근절하다

protract : 오래 끌다, 길게 하다

「모든 기자회견에서 연설자는 잘못 인용되는 것을 방지하기 위해 <u>또렷이 발음해야 한다</u>.」

82 ④

adverse : 부정적인, 불리한

advisable : 바람직한, 권할 만한

inalterable : 변경할 수 없는, 불변의

inadvertent : 고의가 아닌, 부주의한

informative : 유익한

「당신이 말하기 전에 생각을 한다면, <u>경솔한</u> 말을 덜 하게 될 것이다.」

83 ②

as if : 마치 ~인 듯이

「<u>마치</u> 어제 일어난 일<u>처럼</u> 생생하게 기억합니다.」

84 ⑤

raucous : 요란하고 거친, 시끌벅적한

tinnitus : 이명, 귀 울림

enigmatic : 수수께끼 같은, 불가사의한

fractious : 괴팍한, 말썽을 부리는

flamboyant : 이색적인, 대담한

irretrievable : 돌이킬 수 없는

loud : 시끄러운, 큰 소리

「특히 <u>시끌벅적한</u> 콘서트가 끝난 다음, 일부 록 음악 팬들은 이명으로 알려진 귀울림에 불평을 한다.」

85 ⑤

stuff : 재료, 원료, 자료

versatile : 다재한, 융통성이 있는, 만능인

stand-in : 대역

contradictory : 모순된, 양립하지 않는

ubiquitous : 편재하는

fragile : 허약한, 연약한

complicated : 복잡한, 어려운

skilful : 능숙한, 능란한

「지나치게 활동적인 우리 뇌는 그 주위에 있는 모든 것과 관련한 것을 모으느라 항상 바쁜 상태이지만, 코도 그것의 문화적 대역만큼이나 <u>다재다능하다</u>.」

86 ③

inventor : 발명가

lousy : 형편없는, 저질의

proclaim : 선포하다, 단언하다

motion picture : 영화

a string of : 일련의

spectacularly : 눈부시게

prediction : 예측, 예언

regarding : ~에 관해서

capacity : 수용력, 재능

various : 다양한

revolutionize : 혁명을 일으키다

live up to : ~에 부응하다

hype : 과대선전, 거짓말

consistent : 일관된

「토마스 에디슨은 위대한 발명가인 반면에 형편없는 <u>예언가</u>였다. 1922년에 그가 영화는 학교에서 교과서를 대체할 것이라고 발표했을 때, 그는 교육을 혁신할 수 있는 다양한 기술의 능력에 관해 눈부시게 잘못된 예측들을 계속해서 늘어놓기 시작했다. 영화에서 텔레비전까지 시대에 거슬러 그 어느 것도 과대선전의 기대를 충족시켜 주지 못했다. 심지어 컴퓨터마저도 교육을 개선함에 있어 일관된 기록을 보여주지 못했던 것이다.」

① 자랑꾼 ② 절도광 ③ 예언가

④ 사기꾼 ⑤ 괴롭히는 사람

87 ⑤

pay an arm and a leg : 비싼 대가를 치르다

「당신이 어떤 것에 매우 비싼 대가를 치른다는 것은, 결코 <u>저렴하지</u> 않다는 것이다.」

① 비싼

② 귀중한

③ 환불 가능한

④ 휴대용의

⑤ 저렴한

88 ⑤

reporting verb : 전달동사

initiate : 개시되게 하다, 착수시키다

「만약 당신이 명령이나 충고하는 사람에 대해 언급하는 것을 하고 싶지 않을 경우 명령이나 충고를 <u>받는</u> 사람을 절의 주어로 하여 수동형의 전달동사를 사용해라.」

89 ②

extraterrestrial intelligence : 외계 지적생명체

alien life : 외계 생명체

compelling : 설득력 있는, 강력한, 주목하지 않을 수 없는

intelligent life : 지적 생명체

「사람들은 지구 밖의 생명체, 특히 지적 생명체가 있는가에 종종 궁금해 한다. 비록 몇몇 사람들이 외계 생명체에 대한 증거가 많다고 주장하지만, 나는 설득력 있는 어떤 증거도 발견하지 못했다.」

① 낙관적인

② 회의적인

③ 찬성하는

④ 양면의, 반대 감정이 병존하는

⑤ 찬미하는

90 ①

institution : (대학 · 은행 등과 같이 특정 목적을 지닌 대규모) 기관, 학회, 공공시설

make it : 성공하다, 정하다

「A : 어느 학교에 지원할 예정이니?
 B : 글쎄, 예일대나 다른 곳들 중에서. <u>무모한 도전인</u> 거 알아. 아마도 떨어질 것 같아.
 A : 잘 해내길 빌어.
 B : 고마워.」

① 승산 없는 도박, 무모한 도전

② 좋은 관계인

③ 부족한 돈

④ 논쟁을 넘어

⑤ 재고로

91 ④

nervous : 불안한

upset : 화나게 하다

average : 평균의

naps : 낮잠

「잠을 자는 것은 자연스러운 일이다. 우리는 아마도 우리 삶의 3분의 1을 자면서 보낼 것이다. 그렇다면 왜 사람들은 잠자는 데 문제를 겪을까? 종종 우리는 잠을 자지 못한다. 왜냐하면 재미있는 무언가가 ─ 예를 들어, 특별한 파티나 선수권 대회 경기 ─ 벌어지려고 해서이다. 우리는 초조하거나 화가 날 때에도 잠을 자지 못한다. 만약 우리가 잠자는 데에 문제가 있다면 무엇을 해야 할까? 하나의 제안은 잠자기 스케줄을 짜는 것이다. 가능하다면 언제든지, 매일 밤 대략 같은 시간에 잠자리에 들도록 노력해라. 또한, 너에게 알맞은 시간동안 잠을 자려고 노력해라. 어떤 사람들은 하룻밤에 단지 6 또는 7시간의 잠만이 필요할 지도 모른다. 다른 사람들은 9 또는 10시간이 필요할 수도 있다. 하룻밤에 7 또는 8시간이 평균치이다.」

① 사람들의 3분의 1은 낮 동안 낮잠을 자면서 보낸다.

② 대부분의 사람들은 그들이 상상하는 것 보다 적은 잠을 필요로 한다.

③ 과도한 수면은 흥분이나 긴장을 초래한다.

④ 필요한 수면의 양은 각각의 사람마다 다양하다.

⑤ 숙면을 하려면 자정 전에 잠자리에 들어야 한다.

92 ④

fatal : 치명적인

surrender : 항복하다

exotic : 외국의

after another : 잇따라

subscription : 가입

exceed : 넘다

theatergoer : 극장에 자주 가는 사람

idle away one's time : 시간을 허비하다

「내가 아는 한 여성이 그녀가 치명적일 수도 있는 골수암을 앓고 있다고 의사로부터 들었다. 그녀는 병에 항복하는 대신에 이국적인 나라를 차례차례 여행을 하기 시작했다. 그녀는 영화 티켓과 잡지 구독권을 샀다. 거의 80세에, 그녀는 재혼했다. 그녀는 그녀 의사의 기대치를 훨씬 넘었다. 그녀는 그녀가 원하는 일을 할 충분한 시간이 하루에 없다고 말한다.」

① 그녀는 정기적으로 잡지를 읽는다.

② 그녀는 의사의 기대보다 더 오래 살았다.

③ 그녀는 극장에 자주 간다.

④ 그녀는 때때로 그녀의 시간을 허비한다.

⑤ 그녀의 심각한 병에도 불구하고 그녀는 긍정적인 삶을 이어갔다.

【93~94】

go through : 경험하다

astronaut : 우주인

gravity : 중력

weightlessness : 무중력

private : 개인 소유의

literally : 문자 그대로

individual : 개인

commercialize : 상업화하다

「휴가에서 돌아온 여행자들은 "당신의 여행은 어땠습니까?"라는 질문에 종종 "오, 그것은 정말 딴 세상이었어요."라는 속담으로 대답한다. [A] 이 속담에 의하면 물론, 그들의 여행이 놀라웠다는 것을 의미한다. [B] 이미 그것은 우주인들이 하는 경험과 같은 경험을 통해서 가능하다. [C] 러시아에 있는 스타시티에 가기만 한다면 우주인의 훈련에 더해서, 그들의 '우주 모험' 중 하나를 경험하는 것이 가능하다. [D] 이것들 중 하나로 예를 들어, 당신은 당신에게 우주인들이 경험하는 무중력의 느낌을 주는 - 몇 분간의 무중력으로 - 특별한 비행기에 들어갈 수 있다. [E] 두 민간인은 이미 한 명당 $20,000,000의 가격으로 한 주를 그 국제 우주 정거장

에서 지냈다. 많은 회사들은 지금 다양한 방법으로 상업화된 우주에 대한 프로젝트를 계획 중이다. 한 캘리포니아의 회사, Scaled Composites, 그리고 한 영국의 회사, Virgin Galactica는 가까운 미래에 승객을 나를 수 있는 재사용 가능한 탈 것을 만들기 위해 일하는 중이다. 힐튼 호텔 체인은 우주 호텔을 건설하는 것까지 고려하는 중이다. 그 주된 매력은 (지구를) 보는 것, 무중력을 느끼는 것, 그리고 달에서 산책해보는 것일 것이다. 그것은 가격 또한 '이 세상의 것을 넘어서는 것'이라는 말은 하지 않을 것이다.」

93 ③

due to : ~에 기인하는

in consequence of : ~으로 말미암아

③ 빈칸의 앞 문장에서는 우주인의 경험을 할 수 있다고 했고, 뒤의 문장에서는 실제로 우주정거장에 머무는 등의 이야기가 이어지기 때문에, '우주인들의 훈련에 더해서'가 자연스럽다.

94 ②

literally : 문자 그대로

「그러나 사람들은 곧 이 표현을 문자 그대로 사용할 수 있을 것이다. 그러나 그것은 매우 비쌀 것이다.」

95 ①

separation : 분리

heartache : 심적 고통

bar : (음악) 마디

steady : 규칙적인

fertile : 비옥한

antonym : 반의어

「컨트리 음악과 블루스는 (A) 반대인 것처럼 여겨진다. 그러나 사실은 그것들은 많은 공통된 것들을 갖고 있다. 예를 들어, 대부분의 옛날의 컨트리 음악은 헤어짐, 죽음, 그리고 심적 고통에 대해, 또는 더 행복한 면, 외출 그리고 좋은 시간을 갖는 것에 대해 썼다. 음악적으로, 컨트리와 블루스는 비슷한 8마디나 12마디의 코드 구조를 공유한다. 그러나 컨트리는 규칙적이고, 휘몰아치는 블루스의 리듬과 비교하였을 때 boxer beat를 가진다. 컨트리와 블루스 둘 모두는 로큰롤의 발전에 영향을 끼치면서, 블루스는 재즈, 퓨전, 디스코, 랩, 그리고 펑크가 태어나게 한 더 (B) 비옥한 자원임을 증명했다.」

① 반대 - 비옥한
② 반대 - 불안정한
③ 반의어 - 헛된
④ 마찬가지로 - 불모의
⑤ 마찬가지로 - 생산적인

96 ①

wonder at : ~에 놀라다
the celebrated : 유명 인사들
prestige : 명성
small account : 중요하지 않은
deal with : 다루다
come across : 떠오르다
correspond with : 부합하다

「나는 유명 인사들을 만나기 위해 많은 사람들이 가지고 있는 열정에 항상 놀랐다. 당신은 당신 친구에게 유명 인사를 안다고 말할 수 있음으로 당신이 얻을 수 있는 명성은 다만 당신 스스로는 별로 중요하지 않다는 것을 증명할 뿐이다. 유명 인사들은 그들이 우연히 만나는 사람들을 다루는 기술을 개발한다. 그들은 세상 사람들에게 가면을, 종종 인상적인 가면을 보여준다. 그러나 그들의 진정한 본성을 감추기 위해 주의한다. 그들은 그들에게 예상되는 역할을 하며 연습을 하여 그런 역할을 잘 하도록 배우지만 그들의 역할의 이러한 대외적인 행위가 내면에 있는 그 사람과 부합한다고 생각한다면 여러분은 어리석은 것이다.」

① 여러분은 유명 인사들의 대외적인 행위를 그들의 진정한 본성과 혼동해서는 안 된다.
② 여러분은 유명 인사들을 만나기 위해 열정을 가져야 한다.
③ 여러분은 유명 인사들이 하는 말은 무엇이든 믿으면 안 된다.
④ 여러분은 유명 인사들은 그들의 진정한 본성을 주의한다는 것을 깨달아야 한다.
⑤ 여러분은 유명 인사들의 대외적인 행위가 그들의 진짜 그것과 부합한다고 생각하는 것이 낫다.

【97~98】

bring something close to : ~을 ~에 가까이로 가져오다
institution : 기관
sling : 내던지다
agenda : 의제
executive branch : 행정부
legislation : 법률 제정
muster : 모으다
beltway : 도시 주변의 순환도로
in charge of : ~에 책임이 있는
grass roots : 풀뿌리, 민초
detachment : 분리
accuse : 고발하다
foster : 촉진하다
debate : 논의

「멀리 떨어진 브뤼셀에서 유럽인들을 통치하는 EU 단체들로 평범한 유럽인들을 더욱 가까이 다가서게 하려고 의도된, 직접민주주의 실험은 시민들로 하여금 EU의 의제에 그들의 우려들을 올리게 허락하고 있다. 그 원칙은 간단하다. 만일 캠페인을 벌이는 사람들이 제안 건에 대해 백 만 명의 서명을 모으면, 그들은 EU의 행정부인 유럽위원회가 새로운 입법을 작성하도록 요구할 수 있다. "이것은 모두 EU를 브뤼셀의 순환도로 밖으로 데려와서 EU에 충분한 민주적 표현을 제시하는 것에 관한 것이다."라며 이러한 제안을 제자리 잡도록 하는 책임을 지고 있는 EU집행위원 Maros Sefcovic이 말했다. "EU는 종종 복잡성과 시민들로부터 분리되어 있다하여 비판을 받고 있다. 우리가 브뤼셀에서 무슨 일을 하고 있는지에 대해 국경을 가로지르는 활발한 논의를 조성하는 것은 민초들에 의해 고무되어 보다 나은 규칙을 제정하는 결과를 가져올 것이다."」

97 ①

tyrannize : 압제하다
legislative : 입법의, 입법부의

① 비교적 평범한 유럽 사람들로부터 멀리 떨어져 있다.
② 지난 몇 년 간 매일 유럽 사람들을 압제했다.
③ 입법 청원 양식을 시민들에게 허락하지 않았다.
④ 모범적인 민주주의 실험으로 번영했다.
⑤ 각 유럽의 특정 국가보다 더 진보된 민주주의를 달성했다.

현재 EU시스템이 문제가 되고 있는 이유를 묻고 있다. 'The E. U. often stands accused of complexity and detachment from its citizens.'라는 문장을 통해서 알 수 있다.

98 ⑤

approval : 인정, 찬성

headquarters : 본사, 본부

① 국경을 뛰어넘는 활발한 논의
② EU 기관의 축소
③ EU 기관의 승인
④ 브뤼셀의 순환도로 밖으로 EU 본사 이전
⑤ 제안에 동의하는 유럽 시민 백만 명

민초들이 입법 청원을 하기 위해서는 무엇이 필요한가를 묻고 있다. 'The principle is simple: if campaigners muster one million signatures for a proposal, they can ask the European Commission, the E.U.'s executive branch, to write new legislation.'라는 부분을 통해서 알 수 있다.

99 ⑤

chief : 주된, 주요한

「액션페인팅 기법은 잭슨의 작품에 너무나 널리 퍼져있어서 그것이 사실상 그의 예술의 주요 특성이 되었다.」

① useless 쓸모없는 – destruction 파괴
② negligible 대수롭지 않은 – bequest 유산
③ visible 명백한 – defense 방어
④ ardent 열심인 – remission 면제
⑤ pervasive 퍼지는 – characteristic 특성

100 ②

arrange for : 준비하다

① 성질, 성격, 속성 등을 나타낼 때는 전치사 of를 쓴다. for him → of him
③ have 동사 다음에 온 명사를 to 부정사가 수식할 때는 능동형으로 써야 한다. to be used → to use
④ 지각동사인 notice가 사용되었으므로 to come을 come으로 바꾸어야 한다.
⑤ practice 는 동명사만을 목적어로 취하는 동사다. to play → playing

〉〉 직업기초능력

1 ④

콜센터를 포함하면 11개의 팀으로 구성되어 있다.

2 ②

유기적 조직 … 의사결정권한이 조직의 하부구성원들에게 많이 위임되어 있으며 업무 또한 고정되지 않고 공유 가능한 조직이다. 유기적 조직에서는 비공식적인 상호의사소통이 원활히 이루어지며, 규제나 통제의 정도가 낮아 변화에 따라 쉽게 변할 수 있는 특징을 가진다.

3 ③

직원 교육에 대한 업무는 인사과에서 담당하기 때문에 교육 세미나에 대해 인사과와 협의해야 하지만 영업교육과 프레젠테이션 기술 교육을 인사과 직원이 직접 하는 것은 아니다.

4 ④

협의 사항 중 비서실과 관련된 내용은 없다.

5 ②

① 영업교육과 프레젠테이션 기술 교육
③ 연 2회
④ 영업직원의 영업능력 향상
⑤ 인사과

6 ④

임시회이 → 임시회의
재직위원 → 재적위원
자분 → 자문
방청건 → 방청권
대통령영 → 대통령령

7 ⑤

㉮ **임의계속가입자** : 국민연금 가입자 또는 가입자였던 자가 기간연장 또는 추가 신청을 통하여 65세까지 가입을 희망하는 가입자를 말한다.

㉯ **임의가입자** : 사업장가입자 및 지역가입자 외의 자로서 국민연금에 가입된 자를 말한다.

㉰ **지역가입자** : 사업장가입자가 아닌 자로서 국민연금에 가입된 자를 말한다.

㉱ **사업장 가입자** : 사업장에 고용된 근로자 및 사용자로서 국민연금에 가입된 자를 말한다.

8 ②

위 문서는 기안서로 회사의 업무에 대한 협조를 구하거나 의견을 전달할 때 작성하며, 흔히 사내 공문서라고도 한다.

9 ③

주주는 증권 시장을 통해 자신들의 주식을 거래할 수 있으며, 감사는 이사회의 업무 및 회계를 감시한다.

10 ①

제시된 포스터는 바다에 쓰레기를 투기하거나 신호보다 먼저 출발하는 행동을 사회의 부정부패에 비유하며 썩은 이를 뽑듯 뽑아내자고 이야기하고 있다. 따라서 이 포스터의 주제를 가장 잘 표현한 사원은 甲이라고 할 수 있다.

11 ③

위 글은 부패방지평가 보고대회가 개최됨을 알리고 행사준비관련 협조사항을 통보하기 위하여 쓴 문서이다.

12 ④

④ 국제노동기구에서는 사회보장의 구성요소로 전체 국민을 대상으로 해야 하고, 최저생활이 보장되어야 하며 모든 위험과 사고가 보호되어야 할뿐만 아니라 <u>공공의 기관을 통해서 보호나 보장이 이루어져야 한</u>다고 하였다.

13 ③

③ **파급**(波及) : 어떤 일의 여파나 영향이 차차 다른 데로 미침.
① **통용**(通用) : 일반적으로 두루 씀. 또는 서로 넘나들어 두루 씀.
② **책정**(策定) : 계획이나 방책을 세워 결정함.
④ **양육**(養育) : 아이를 보살펴서 자라게 함.
⑤ **부조**(扶助) : 남을 거들어 도와주는 일

14 ④

ⓒ 문제해결능력은 업무수행과정에서 발생된 문제의 원인을 정확하게 파악하고 해결하는 능력이다.
ⓔ 의사소통능력은 타인의 의도를 파악하고 자신의 의사를 정확히 전달하는 능력이다.

15 ①

지문은 최인철의 「프레임(나를 바꾸는 심리학의 지혜)」중 일부로 '이것'에 해당하는 것은 '프레임'이다. 두 글에서 미루어 볼 때 프레임은 자기 자신의 관심에 따라 세상을 규정하는 사고방식이라고 할 수 있다.

16 ③

'찬성 2'는 두 번째 입론에서 자신이 경험한 사례를 근거로 한식의 세계화를 위해 한식의 표준화가 필요하다는 주장을 하고 있다. 이 주장에 앞서 여러 대안들을 검토한 바 없으므로, 여러 대안들 중 한식의 표준화가 최선의 선택이라는 점을 부각하고 있다는 것은 적절하지 않다.

17 ②

직원정보를 등락, 수정 → 직원정보를 등록, 수정
신규경보 → 신규정보
인력형황 → 인력현황

18 ③

① 혼례(혼인할 혼, 예도 례)
② 축복(빌 축, 복 복)
③ 혜량(은혜 혜, 믿을 량)
④ 형통(형통할 형, 통할 통)
⑤ 기원(빌 기, 원할 원)

19 ②

메모
전 직원들에게
Robert Burns로부터
직원회의에 관하여
월요일에 있을 회의 안건에 대하여 모두에게 알리고자 합니다. 회의는 브리핑과 브레인스토밍 섹션으로 구성될 예정입니다. 회의에서 제안할 사무실 재편성에 관한 아이디어를 준비하여 오시기 바랍니다. 회의는 긍정적인 분위기를 유지하기를 원한다는 점을 기억하시기 바랍니다. 우리는 회의에서 여러분이 제안한 그 어떤 아이디어에도 전혀 비판을 하지 않을 것입니다. 모든 직원들이 회의에 참석할 것을 기대합니다.

20 ①

인과관계를 나열하면 성적 하락은 업무 숙련도가 떨어지기 때문이고, 이는 코칭이 부족하기 때문이며, 이는 팀장이 너무 바쁘기 때문이고 결국 팀에 할당되는 많은 업무를 팀장이 대부분 직접 하려고 하기 때문이다.

21 ①

A 학생은 영어보다 수학 성적이 더 높다.

22 ③

시와 분을 따로 생각하여 보면

시는 11시 → 9시 → 7시 → ( )

분은 45분 → 35분 → 25분 → ( )

시는 -2, 분은 -10씩 줄어듦을 알 수 있다.

그러므로 5시 15분이 된다.

23 ③

민수와 동기가 동시에 10개의 동전을 던졌을 때, 앞면의 개수가 많이 나올 확률은 민수와 동기 모두 같다. 둘이 10개의 동전을 함께 던진 후 동기가 마지막 한 개의 동전을 던졌다고 하면 앞면이 나올 확률은 50%이다. 그러므로 이 게임에서 민수와 동기가 이길 확률은 동일하다.

24 ①

이틀 연속으로 청구된 보상 건수의 합이 2건 미만인 경우는, 첫째 날과 둘째 날 모두 보상 건수가 0건인 경우, 첫째 날 보상 건수가 0건이고 둘째 날 1건인 경우, 첫째 날 보상 건수가 1건이고 둘째 날 0건인 경우가 존재한다.

$$\therefore 0.4 \times 0.4 + 0.4 \times 0.3 + 0.3 \times 0.4$$
$$= 0.16 + 0.12 + 0.12 = 0.4$$

25 ②

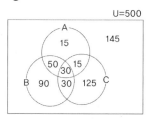

A, B, C 시험에 모두 불합격한 학생은

$500 - (15 + 15 + 50 + 30 + 90 + 30 + 125) = 145$(명)이다.

26 ④

판매 총액은 판매 가격과 판매량을 곱한 값이다.

판매 가격을 $10 + X$라고 하면 판매량은 $360 - 20X$

판매 총액 $= (10 + X) \times (360 - 20X)$

$3,600 - 200X + 360X - 20X^2$

$-20X^2 + 160X + 3,600$

$-20(X^2 - 8X) + 3,600 = -20(X - 4)^2 + 3,920$

$X = 4$일 때 판매 총액은 3,920만 원

27 ③

③ 같은 지역 안에서는 월간 가격 비교가 가능하다. '다' 지역의 경우 3월 아파트 실거래 가격지수가 100.0이므로 3월의 가격과 1월의 가격이 서로 같다는 것을 알 수 있다.

① 각 지역의 아파트 실거래 가격지수의 기준이 되는 해당 지역의 1월 아파트 실거래 가격이 제시되어 있지 않으므로 다른 월의 가격도 알 수 없으므로 비교가 불가능하다.

② 아파트 실거래 가격지수가 높다고 하더라도 기준이 되는 1월의 가격이 다른 지역에 비하여 현저하게 낮다면 실제 가격은 더 낮아질 수 있으나 가격이 제시되어 있지 않으므로 비교가 불가능하다.

④ '가' 지역의 7월 아파트 실거래 가격지수가 104.0이므로 1월 가격이 1억 원일 경우, 7월 가격은 1억 4천만 원이 아니라 1억 4백만 원이 된다.

⑤ '다' 지역의 1/4분기 아파트 실거래 가격은 4/4 분기 아파트 실거래 가격보다 낮다.

28 ⑤

2016년의 기초연금 수급률이 65.6%이므로 기초연금 수급률은 65세 이상 노인 수 대비 수급자의 비율이라고 볼 수 있다. 따라서 이에 의해 2009년의 기초연금 수급률을 구해 보면, $3,630,147 \div 5,267,708 \times 100 = 68.9\%$가 된다. 따라서 68.9%와 65.6%와의 증감률을 구하면 된다. 이것은 다시 $(65.6 - 68.9) \div 68.9 \times 100 = -4.8\%$가 된다.

29 ⑤

1인 수급자는 전체 부부가구 수급자의 약 17%에 해당하며, 전체 기초연금 수급자인 4,581,406명에 대해서는 약 8.3%에 해당한다.

① 기초연금 수급자 대비 국민연금 동시 수급자의 비율은 2009년이 $719,030 \div 3,630,147 \times 100 = 19.8\%$이며, 2016년이 $1,541,216 \div 4,581,406 \times 100 = 33.6\%$이다.

② $4,581,406 \div 6,987,489 \times 100 = 65.6\%$이므로 올바른 설명이다.

③ 전체 수급자는 4,581,406명이며, 이 중 2,351,026명이 단독가구 수급자이므로 전체의 약 51.3%에 해당한다.

④ 2009년 대비 2016년의 65세 이상 노인인구 증가율은 $(6,987,489 - 5,267,708) \div 5,267,708 \times 100$ = 약 32.6%이며, 기초연금수급자의 증가율은 $(4,581,406 - 3,630,147) \div 3,630,147 \times 100 =$ 약 26.2%이므로 올바른 설명이다.

30 ①

甲 : 사망자가 공무원의 부모이고, 해당 공무원이 2인 이상(직계비속인 C와 D)인 경우이므로 사망한 자를 부양하던 직계비속인 공무원인 D가 사망조위금 최우선 순위 수급권자이다.

乙 : 사망자 C는 공무원의 배우자이자 자녀이다. 해당 공무원이 2인 이상(직계존속인 A와 B, 배우자인 D)인 경우이므로 사망한 자의 배우자인 공무원인 D가 사망조위금 최우선 순위 수급자이다.

丙 : 사망자 A 본인이 공무원인 경우로, 사망조위금 최우선 순위 수급자는 사망한 공무원의 배우자인 B가 된다.

31 ④

㉠ 주어진 기간 동안 강풍 피해금액과 풍랑 피해금액의 합계를 각각 계산하여 비교하기 보다는 소거법을 이용하여 비교하는 것이 좋다. 비슷한 크기의 값들을 서로 비교하여 소거한 뒤 남은 값들의 크기를 비교해주는 것으로 2013년 강풍과 2014년 풍랑 피해금액이 70억 원으로 동일하고 2009, 2010, 2012년 강풍 피해금액의 합 244억 원과 2013년 풍랑 피해금액 241억 원이 비슷하다. 또한 2011, 2016년 강풍 피해금액의 합 336억 원과 2011년 풍

랑 피해금액 331억 원이 비슷하다. 이 값들을 소거한 뒤 남은 값들을 비교해보면 강풍 피해금액의 합계가 풍랑 피해금액의 합계보다 더 작다는 것을 알 수 있다.

㉡ 2016년 태풍 피해금액이 2016년 5개 자연재해 유형 전체 피해금액의 90% 이상이라는 것은 즉, 태풍을 제외한 나머지 4개 유형 피해금액의 합이 전체 피해금액의 10% 미만이라는 것을 의미한다. 2016년 태풍을 제외한 나머지 4개 유형 피해금액의 합을 계산하면 전체 피해금액의 10% 밖에 미치지 못함을 알 수 있다.

㉢ 피해금액이 매년 10억 원보다 큰 자연재해 유형은 호우, 대설이 있다.

㉣ 피해금액이 큰 자연재해 유형부터 순서대로 나열하면 2014년 호우, 태풍, 대설, 풍랑, 강풍이며 이 순서는 2015년의 순서와 동일하다.

32 ①

㉠ 2016년부터 2017년에는 발전량과 공급의무율 모두 증가하였으므로 공급의무량 역시 증가하였을 것이다. 2015년과 2016년만 비교해보면 2015년의 공급의무량은 770이고 2016년의 공급의무량은 1,020이므로 2016년의 공급의무량이 더 많다.

㉡ 인증서구입량은 2015년 15GWh에서 2017년에 160GWh로 10배 넘었지만, 같은 기간 자체공급량은 75GWh에서 690GWh로 10배를 넘지 못하였다. 따라서, 자체공급량의 증가율이 인증서구입량의 증가율보다 작다.

㉢ 각 연도별로 공급의무량과 이행량 및 이 둘의 차이를 계산하면

• 공급의무량 = 공급의무율 × 발전량
 – 2015년 = $55,000 \times 0.014 = 770$
 – 2016년 = $51,000 \times 0.02 = 1,020$
 – 2017년 = $52,000 \times 0.03 = 1,560$

• 이행량 = 자체공급량 + 인증서구입량
 – 2015년 = $75 + 15 = 90$
 – 2016년 = $380 + 70 = 450$
 – 2017년 = $690 + 160 = 850$

• 공급의무량과 이행량의 차이
 – 2015년 = $770 - 90 = 680$
 – 2016년 = $1,020 - 450 = 570$
 – 2017년 $1,560 - 850 = 710$

2016년의 경우 전년에 비하여 공급의무량과 이행량의 차이가 감소한다.

㉣ 이행량은 자체공급량과 인증서구입량의 합으로 구하므로 이행량에서 자체공급량이 차지하는 비중 대신에 인증서구입량 대비 자체공급량의 배율로 바꾸어 생각해보면

2015년$= \dfrac{75}{15} = 5$

2016년$= \dfrac{380}{70} = 5.4$

2017년$= \dfrac{690}{160} = 4.3$

2016년에는 값이 5를 초과하지만 2017년에는 5 미만이 된다. 그러므로 2016년에서 2017년으로 갈 때 이행량에서 자체공급량이 차지하는 비중은 2016년에는 증가, 2017에는 감소하였다.

33 ②

첫째 자리에 선이 세 개 있으므로 15, 둘째 자리에는 점이 세 개 있으므로 60이 된다. 따라서 첫째 자리와 둘째 자리를 합한 값인 75를 입력하면 (그림 4)와 같은 결과를 얻을 수 있다.

34 ④

연도별 각 지역의 대형마트 수는 다음과 같다.

지역	2011년	2012년	2013년	2014년
A	13	15	16	15
B	10	11	11	10
C	9	8	9	6
D	8	7	4	6

따라서 2011년 대형마트 수가 가장 많은 지역은 A, 가장 적은 지역은 D이다.

35 ③

보통예금은 요구불 예금이며, 정기적금은 이자 수익을 얻는 금융 상품이다. 주식을 보유하는 목적은 시세 차익과 배당금 수익이다. 또한 수익증권은 위탁받은 자산운용회사가 운영한 수익을 고객에게 지급하는 금융 상품이다.

36 ④

A→B, B→C이면 A→C의 관계를 대입해 보면, 무한도전을 좋아하는 사람 – [무], 런닝맨을 좋아하는 사람 –[런], 하하를 좋아하는 사람 –[하], 유재석을 좋아하는 사람 –[유]라고 나타낼 때, [무→런], [유→무], [런→하]이므로 [유→런(유→무, 무→런)], [무→하(무→런, 런→하)], [유→하(유→무, 무→런, 런→하)]의 관계가 성립한다.

[~하→~무]는 [무→하]의 대우명제이므로 ④가 답이 된다.

37 ②

② B와 C가 취미가 같고, C는 E와 취미생활을 둘이서 같이 하므로 B가 책읽기를 좋아한다면 E도 여가시간을 책읽기로 보낸다.

38 ③

채무자인 乙이 실제 수령한 금액인 1,200만 원을 기준으로 최고연이자율 연 30%를 계산하면 360만 원이다. 그런데 선이자 800만 원을 공제하였으므로 360만 원을 초과하는 440만 원은 무효이며, 약정금액 2,000만 원의 일부를 변제한 것으로 본다. 따라서 1년 후 乙이 갚기로 한 날짜에 甲에게 전부 변제하여야 할 금액은 2,000 − 440 = 1,560만 원이다.

39 ②

甲~戊의 심사기준별 점수를 산정하면 다음과 같다. 단, 丁은 신청마감일(2014. 4. 30.) 현재 전입일부터 6개월 이상의 신청자격을 갖추지 못하였으므로 제외한다.

구분	거주 기간	가족 수	영농 규모	주택 노후도	사업 시급성	총점
甲	10	4	4	8	10	36점
乙	4	8	10	6	10	38점
丙	6	6	8	10	10	40점
戊	8	6	10	8	4	36점

따라서 상위 2가구는 丙과 乙이 되는데, 2가구의 주소지가 B읍·면으로 동일하므로 총점이 더 높은 丙을 지원하고, 나머지 1가구는 甲, 戊의 총점이 동점이므로 가구주의 연령이 더 높은 甲을 지원하게 된다.

40 ③

각 프로젝트의 연도별 소요 예산을 정리하면 다음과 같다.

				1	2	3	4	5
A	1	4						
B	15	18	21					
C	15							
D	15	8						
E	6	12	24					
				20	24	28	35	40

B, E 프로젝트의 기간은 3년이므로 가장 길다. 그러므로 가용 예산을 초과하지 않도록 하기 위해서는 3년 차에 시작하여야 한다. B 프로젝트는 1년 또는 2년 차에 시작할 수 있으나 E 프로젝트의 예산을 따져 보면 2년 차에 시작하여야 한다.

				1	2	3	4	5
A	1	4				1	4	
B	15	18	21		15	18	21	
C	15							15
D	15	8		15	8			
E	6	12	24			6	12	24
				20	24	28	35	40

41 ②

② 최단 기간에 업무를 끝내기 위해 필요한 최소 인력은 8명이다.

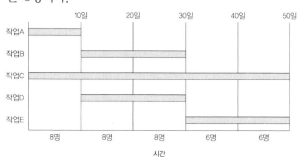

작업장 사용료 : 50일×50만 원＝2,500만 원

인건비 : {(8인×30일)＋(6인×20일)}×10만 원＝3,600만 원

42 ④

④ 실태조사를 위해선 대화의 방법, 횟수, 시간, 중요성 등을 조사하여야 한다.

43 ③

일정의 최종 결정권한은 상사에게 있으므로 부하직원이 스스로 독단적으로 처리해서는 안 된다.

44 ③

주어진 조건들을 종합하면 A는 파란색 옷 입은 의사, B는 초록색 옷을 입은 선생님, C는 검은색 옷을 입은 외교관, D는 갈색 옷을 입은 경찰이므로 회장의 직업은 경찰이고, 부회장의 직업은 의사이다.

	외교관, 검정 C ↓ ↑ D 경찰, 갈색	의사, 파랑 A ↓ ↑ B 선생님, 초록
창 가		

45 ⑤

지역가입자 중 공적소득이 많은 것으로 인정되는 자는 생업 목적에 해당하는 근로를 제공한다고 보지 않으므로 근로자에서 제외된다.

① 건설일용근로자는 1개월간 근로일수가 20일 이상인 경우에 사업장 가입자 신고대상이 된다.

② '소득 있는 업무 종사자'가 되므로 조기노령연금 수급권자인 경우에는 다시 사업장 가입자로 신고할 수 있다.

③ 대학 시간강사의 경우 월 60시간 미만인 자로서 생업목적으로 3개월 이상 근로를 제공하기로 한 경우에 신고대상에 해당된다.

④ 신고를 하지 않는 경우 근로자의 청구 또는 공단 직권으로 확인 시 근로자의 신고절차 없이 자격 취득 신고대상이 된다고 규정되어 있다.

46 ②

대학 시간강사의 경우, 1개월의 근로시간이 50시간(60시간 미만)이더라도 생업을 목적으로 3개월 이상의 근로를 제공하게 되면, '근로자에서 제외되는 자'의 조건에서 제외되므로 근로자가 되어 사업장 가입자 자격 취득 신고대상이 된다.

① 2016년에 시행된 규정에 의해 둘 이상 사업장에 근로를 제공하면서 각 사업장의 1개월 소정근로시간의 합이 60시간 이상인 사람으로서 1개월 소정근로시간이 60시간 미만인 사업장에서 근로자로 적용되기를 희망하는 자는 근로자에서 제외되므로 신고대상에서 제외된다.

③ 일용근로자 또는 1개월 미만의 기한을 정하여 사용되는 근로자에 해당되므로 '근로자'의 개념에서 제외되어 신고대상에서 제외된다.

④ 소득이 발생하지 않는 법인의 이사이므로 근로자에서 제외되어 신고대상에서 제외된다.

⑤ 4개월의 근로계약을 맺었으나, 1개월 동안의 소정근로시간이 60시간 미만인 단시간근로자에 해당되므로 '근로자'의 개념에서 제외되어 신고대상에서 제외된다.

47 ②

각 대안별 월 소요 예산을 구하면 다음과 같다.

A안 : 모든 빈곤 가구에게 전체 가구 월 평균 소득의 25%에 해당하는 금액을 가구당 매월 지급한다고 하였으므로, $(300 \times 0.2 + 600 \times 0.2 + 500 \times 0.2 + 100 \times 0.2) \times (2,000,000 \times 0.25) = 300 \times 500,000 = 150,000,000$원이 필요하다.

B안 : 한 자녀 가구에는 10만 원, 두 자녀 가구에는 20만 원, 세 자녀 이상 가구에는 30만 원을 가구당 매월 지급한다고 하였으므로, $(600 \times 100,000 + 500 \times 200,000 + 100 \times 300,000) = 60,000,000 + 100,000,000 + 30,000,000 = 190,000,000$원이 필요하다.

C안 : 자녀가 있는 모든 맞벌이 가구에 자녀 1명당 30만 원을 매월 지급하고 세 자녀 이상의 맞벌이 가구에는 일률적으로 가구당 100만 원을 매월 지급한다고 하였으므로, $\{(600 \times 0.3) \times 300,000\} + \{(500 \times 0.3) \times 2 \times 300,000\} + \{(100 \times 0.3) \times 1,000,000\} = 54,000,000 + 90,000,000 + 30,000,000 = 174,000,000$원이 필요하다.

따라서 A < C < B 순이다.

48 ①

후쿠오카공항(K13)역에서 나카스카와바타(K09)역까지 4개 역을 이동하는 데 12분이 걸리고, 공항선에서 하코자키선으로 환승하는 데 10분, 나카스카와바타(H01)역에서 지요겐초구치(H03)역까지 2개 역을 이동하는 데 6분이 걸린다. 따라서 후쿠오카공항(K13)역에서 오전 9시에 출발할 경우, 지요겐초구치(H03)역에는 28분 후인 9시 28분에 도착한다.

49 ②

지요겐초구치(H03) → 무로미(K02) → 후쿠오카공항(K13) → 자야미(N09) → 덴진미나미(N16)의 순으로 움직인다면, H03역에서 K02역으로 이동 할 때 1번, K02역에서 K13역으로 이동할 때 1번, K13역에서 N09역으로 이동할 때 1번으로, 총 3번 덴진(K08)역을 지난다.

50 ④

① 2호 ② 6호 ③ 4호 ⑤ 7호

51 ②

전문 의식이란 전문적인 기술과 지식을 갖기 위해 노력하는 자세이고, 연대 의식이란 직업에 종사하는 구성원이 상호 간에 믿음으로 서로 의존하는 의식이다.

52 ②

㉠ '긍지와 자부심을 갖고'는 소명 의식을 의미한다.
㉡ 홀랜드의 직업 흥미 유형은 실재적 유형이다.
㉢ 직업의 경제적 의의보다 개인적 의의를 중요시하고 있다.
㉣ 항공기 정비원은 한국 표준 직업 분류 중 기능원 및 관련 기능 종사자에 해당한다.

53 ⑤

① 근면에 대한 내용이다.
② 책임감에 대한 내용이다.
③ 경청에 대한 내용이다.
④ 솔선수범에 대한 내용이다.

54 ①

(가) 개인의 소질, 능력, 성취도를 최우선으로 하여 직업을 선택하는 업적주의적 직업관이다.

(나) 개인의 욕구 충족을 중요시하는 개인중심적 직업관이다.

55 ④

직업별 윤리에는 노사 관계에서의 근로자 및 기업가의 윤리, 공직자의 윤리, 직종별 특성에 맞는 법률, 법령, 규칙, 윤리 요강, 선언문 등의 행위 규범이 있다.

56 ④

런던 현지 시각 8월 10일 오전 10시 이전에 행사장에 도착하여야 한다.

그리고 런던 현지 시각이 서울보다 8시간 느리며, 입국 수속에서 행사장 도착까지 4시간이 소요된다는 것을 잊지 말아야 한다.

① 총 소요시간 : 7 + 12 + 4 = 23시간
행사장 도착 시각 : 19 : 30 + 23 − 8 = 익일 10 : 30

② 총 소요시간 : 5 + 13 + 4 = 22시간
행사장 도착 시각 : 20 : 30 + 22 − 8 = 익일 10 : 30

③ 총 소요시간 : 3 + 12 + 4 = 19시간
행사장 도착 시각 : 23 : 30 + 19 − 8 = 익일 10 : 30

④ 총 소요시간 : 11 + 4 = 15시간
행사장 도착 시각 : 02 : 30 + 15 − 8 = 09 : 30

⑤ 총 소요시간 : 9 + 4 = 13시간
행사장 도착 시각 : 05 : 30 + 13 − 8 = 10 : 30

57 ③

책꽂이 20개를 제작하기 위해서는 칸막이 80개, 옆판 40개, 아래판 20개, 뒤판 20개가 필요하다. 재고 현황에서 칸막이는 40개, 옆판 30개가 있으므로 추가적으로 필요한 칸막이와 옆판의 개수는 각각 40개, 10개이다.

58 ⑤

완성품 납품 개수는 총 100개이다. 완성품 1개당 부품 A는 10개가 필요하므로 총 1,000개가 필요하고, B는 300개, C는 500개가 필요하다. 이때 각 부품의 재고

수량에서 A는 500개를 가지고 있으므로 필요한 1,000개에서 가지고 있는 500개를 빼면 500개의 부품을 주문해야 한다. 이와 같이 계산하면 부품 B는 180개, 부품 C는 250개를 주문해야 한다.

59 ①

• 직무 분석 결과에 따른 인사 배치는 '적재적소 배치의 원칙'을 적용한 것이다.

• 기업 부설 연수원에서 교육을 실시하는 것은 Off JT 형태이다.

• 건강 강좌를 제공하는 것은 법정 외 복리 후생 제도이다.

60 ③

ⓒ 최초 제품 생산 후 4분이 경과하면 두 번째 제품이 생산된다.

A 공정에서 E 공정까지 첫 번째 완제품을 생산하는 데 소요되는 시간은 12분이다. C 공정의 소요 시간이 2분 지연되어도 동시에 진행되는 B 공정과 D 공정의 시간이 7분이므로, 총소요시간에는 변화가 없다.

61 ①

사료 내용의 국가는 삼한이다. 다른 부족의 생활권을 침범하면 노비와 소, 말을 변상하게 하였던 풍습은 책화로 동예이다. 시체를 가매장하였다가 뼈를 추려 목곽에 안치하는 풍습은 세골장(가족 공동묘)으로 옥저이다.

62 ④

제시된 유물은 청동기 시대의 유물로 민무늬토기, 반달돌칼, 탁자식(북방식)고인돌이다.

63 ④

제시된 자료는 4세기 백제의 전성기 지도이다. 당시 전성기 백제시대의 왕이었던 근초고왕을 알아야 풀 수 있는 문제이다.

ⓒ 칠지도는 근초고왕(24년, 369)이 왜왕에게 하사한 것으로 양국이 친교관계를 유지하고 있었음을 알 수 있다.

ⓔ 근초고왕은 고흥으로 하여금 「서기」를 편찬하게 하였다.

ⓐ 사비로 천도하고, 국호를 '남부여'로 고친 것은 성왕(재위 523~554) 때의 일이다.

ⓑ 신라가 율령을 제정하고 불교를 공인한 것은 법흥왕(재위 514~540) 때의 일이다.

※ **근초고왕** : 근초고왕은 백제 13대 임금으로, 서기 346년에 즉위하여 375년까지 30년간 나라를 다스렸다. 그는 활발한 정복활동을 펼쳤을 뿐만 아니라, 대외관계의 폭을 넓히고, 역사서 편찬, 수도의 확장, 왕권 강화, 해상 무역 등을 발전시키는 등 다방면에 걸친 업적을 남긴 임금이다. 또한 백제 초기 불완전했던 왕권을 강화시키고 중앙 집권화를 한층 강화시켜 백제를 고대국가로 완성한 임금이라고 평가받는다. 근초고왕의 활약 탓에 백제는 삼국 가운데 가장 먼저 전성기를 이룩했다.

64 ②

제시된 자료는 원종과 애노의 난이 일어났던 신라 말기 진성여왕 때의 모습을 보여주고 있다. 신라 말기의 사회 모습에 대한 이해를 묻는 문제이다. 신라의 사회상을 시대별로 구분하여 정리를 할 수 있도록 하자.

② 신라하대에는 골품제의 모순과 왕위쟁탈전으로 인해 왕권의 힘은 약화되며, 상대등의 권한이 강화되어 녹읍을 지급하게 된다.

① 신라하대에는 정치적 부패, 지배계급의 대토지 소유 확대와 가혹한 조세수취 등으로 농민들이 토지를 잃거나 노비가 되거나 초적이 되기도 하였다.

③ 신라하대에 6두품 세력은 호족세력 및 사원세력과 연계하여 골품제에 대항하면서 반신라적 활동을 전개하였다.

④ 호족은 사병을 양성하고 스스로 성주·장군이라 칭하면서 중앙의 지배를 받지 않았다.

⑤ 신라하대에는 관리들에게 수조권을 지급하는 관료전이 아닌, 수조권에 공물, 인적자원까지 수취할 수 있는 녹읍이 지급되게 된다.

※ **신라 하대의 사회상** : 신라 하대 중앙의 왕위 쟁탈전은 결국 중앙 집권력의 약화를 가져왔다. 전국 각처에서 호족들이 일어나 지방의 난민들을 규합하여 국가의 착취에 저항하면서 독자 세력을 구축해 갔다. 특히 진성여왕과 효공왕 무렵에서의 신라는 지방에 대한 통제력을 상실하였다. 조세의 수취는 불가능해졌고, 조세를 독촉하면 할수록 호족과 농민들의 반발은 더욱 조직적인 항쟁의 형태로 발전해나갔다.

65 ①

제시된 자료는 신라시대의 신분제인 골품제를 보여주고 있다. 골품제와 그 신분에 따라 정해지는 관직에 대한 이해를 묻는 질문이다. 제시된 표를 잘 해석하여 문제를 푸는 것이 중요하다.

ⓐ 제시된 글을 통해 일상생활까지 규제를 가하는 기준이 되는 것을 알 수 있다.

ⓑ 제시된 표를 통해 6두품은 비색의 공복을 입을 수 있는 6등급 아찬까지 가능한 것을 알 수 있다.

ⓒ 제시된 글과 표를 통해 신라의 골품제도는 개인의 능력에 따라 지위가 상승할 수 없음을 알 수 있다. 이러한 골품제의 모순으로 신라하대에 호족세력 및 사원세력과 연계하여 골품제에 대항하면서 반신라적 활동을 전개하였다.

ⓓ 제시된 표를 통해 5두품은 10등급 대나마의 관등까지만 가능함을 알 수 있다.

※ **신라의 신분제도** : 신라는 성골, 진골의 골제와 6두품 이하 1두품까지의 두품제로서 독특한 신분체제를 갖추었다. 이에 따르면 성골, 진골은 왕족이고 6두품이하 4두품까지는 귀족이며, 3두품이하는 평민층으로 관직담당은 4두품이상에 한하였다. 그러나 왕족 및 귀족과 평민사이에는 신분의 고하가 있어 관직의 등용, 특권 등에 차이가 있었다.

66 ④

제시된 대화를 통해 고려의 주요 정치 기구에 대해 이해를 하고 있는지를 물어보는 문제이다. 고려에 '도병마사', '식목도감'이 존재했는데, 이 기구들은 회의형태로 운영되었던 기구인데 이 회의에 참여할 수 있는 직책에 대해 알고 있어야 한다.

④ 고려시대의 정치는 재추가 그 중심을 이루었다. 도병마사에는 이러한 재추 즉 중서문하성의 재신(5명), 중추원의 추밀(7명)이 구성되었으며, 만장일치제를 채택하였다.

① 고려시대 삼사는 재정과 관련한 업무를 담당한 중앙 관청이었다.

② 고려시대 어사대는 관리의 감찰 업무를 담당한 기관이었다.

③ 고려시대 도평의사사는 전기에 설치되었던 도병마사의 후신이며 도당이라고도 한다.

⑤ 고려시대 식목도감은 국내 정치에 관한 법의 제정 및 각종 시행규칙을 다루던 일종의 입법기관이었다.

※ **고려 중앙정치제도의 특징** : 고려는 중앙집권적이나 전제왕정이 아닌 귀족정치이다. 따라서 왕권과 귀족 사이의 권력조화가 이루어졌다. 또한 정치권력은 귀족들이 독점하고 중서문하성과 중추원의 재신과 추밀에게 집중되어 있었다.

67 ⑤

제시된 자료는 여·원 연합군의 일본원정을 묻는 문제이다. 이 시기는 몽골과 강화한 이후의 일로서 일본원정에 몽골의 요구로 인해 참전하게 되었다. 원의 내정간섭으로 인해 많은 정치적, 사회적 변화를 겪게 되는데, 이 부분에 대해 정리를 할 필요가 있다.

ⓒ 원의 내정간섭으로 인해 고려에서는 몽골식 의복이나 변발·장도·곤지·설렁탕 등의 몽골풍이 유행하였다.

ⓔ 원의 내정간섭기에 해동청(매)의 사육과 징발을 위해 응방을 설치하였다.

㉠ 동북 9성은 1107년 윤관이 별무반을 편성해 고려 동북쪽의 새외지역에 흩어져 살고 있던 여진족들을 축출하고, 그 지역에 쌓은 9개의 성이다.

ⓛ 교정도감은 고려시대 최충헌 이래 무신정권의 최고 정치기관이다. 최씨 정권의 반대세력을 제거하는 데 이용될 뿐만 아니라 서정 감시, 세정, 비위 규찰과 제반 명령 하달 등 국정을 총괄하는 최고의 정치기구였다.

※ **여·원 연합군의 일본원정**

• 1차 원정 : 일본의 규슈지방을 공격하였으나 태풍으로 실패하였다.

• 2차 원정 : 일본의 규슈지방을 공격하였으나 질병과 태풍으로 패배하였다.

68 ③

제시된 자료는 고려사 전반에 일어났던 주요 사건을 그래프로 표현한 것이다. (개)시기는 고려의 체제 정비와 거란과 전쟁 시기, (내)시기는 문벌귀족사회가 동요하는 시기, (대)시기는 무신들의 권력 투쟁과 반란이 빈번한 시기, (래)시기는 몽골과 전쟁을 진행한 시기, (매)시기는 고려의 세력이 약화된 시기이다.

③ 묘청의 서경천도운동(1135)은 이자겸의 난 직후에 일어난 것으로 (내)시기가 적합하다.

① 고려를 건국한 태조 왕건은 호족 견제책으로 기인제도, 사심관 제도를 시행하였다.

② 상감청자는 고려의 문벌귀족사회기에 유행하였다.

④ 팔만대장경 편찬은 몽골의 침략이 원인이 되어 제작되었다.

⑤ 관제와 왕실용어의 격하는 몽고와의 항쟁에서 강화를 한 이후 내정 간섭을 받게 되면서 일어나게 되는 일이다.

※ **묘청의 서경천도운동 의의** : 묘청의 난은 문벌귀족사회의 내부분열과 지역 세력 간의 대립으로 나타난 결과이다. 또한 왕건의 북진정책을 계승한 서경파와 보수적 유교정치사상사에 바탕을 둔 개경파의 충돌이다.

69 ①

사진에서 설명하고 있는 (나)는 수원화성이다. 수원화성 축조에 정약용의 (가)거중기가 사용되었으며, 이러한 계획도시를 건설한 왕은 정조로 그의 정책이 아닌 것을 고르면 된다.

① 소격서는 조선시대 도교의 재초를 거행하기 위하여 설치되었던 관서였으나, 임진왜란을 겪은 뒤 선조 때 아주 폐지되고 말았다.

② 대전통편은 정조가 통치 질서를 재정비하기 위해 만든 법전이다.

③ 금난전권을 폐지하고 통공 정책을 실시하여 재정 수입을 늘리고 상공업을 진흥시키기 위해 자유로운 상업 행위를 허락하였다.

④ 장용영은 국왕의 친위 부대로 왕권을 뒷받침하는 군사적 기반이었다.

⑤ 규장각은 본래 역대 왕의 글과 책을 수집, 보관하는 기구였으나, 정조는 비서실의 기능과 문한 기능을 통합적으로 부여하였다.

※ **정조의 수원** : 정조는 수원으로 사도세자의 묘를 옮기고 화성을 세워 정치적, 군사적 기능을 부여함과 동시에 상공인을 유치하여 자신의 정치적 이상을 실현하는 상징적 도시로 육성하고자 하였다.

70 ⑤

자료에서 (가)는 소를 가리킨다. 고려 시대의 특수 행정 구역이었던 향·부곡·소의 주민은 원칙적으로 다른 지역으로의 이주가 금지되었으며, 특히 소에서는 수공업 제품이나 광물 생산을 주로 담당하였다.

71 ④

조선 후기 회화에 대해 묻고 있다. 답지에서 조선 후기에 그려진 회화가 아닌 것을 고르면 된다.

④ 강희안의 「고사관수도」이다. 이는 조선 초기에 그려진 그림으로 사색에 잠긴 선비의 모습을 표현한 15세기 작품이다.

① 18세기 조선 후기 풍속화가의 대표적인 인물인 김홍도가 그린 「씨름도」이다.

② 17세기 정선의 「인왕재색도」이다. 진경산수화로 우리나라 자연을 사실적으로 묘사하였다.

③ 18세기 조선 후기 풍속화가인 신윤복은 도회지의 한량과 기녀 등 남녀 사이의 은은한 정을 잘 나타낸 그림들을 그렸다.

⑤ 조선 후기의 민화로, 용을 표현한 것이다.

※ 조선 후기에는 진경산수화, 풍속화, 민화가 유행하였다. 대표적인 작품을 정리해서 기억하면 될 것이다.

72 ①

제시된 자료는 단순히 임진왜란에서 더 나아가 문화 교류가 이루어졌다는 것을 보여주고 있다. 문제에서는 단순히 임진왜란과 관련된 사건을 찾아내는 것을 묻고 있다.

① 권율은 임진왜란 때 활약한 명장으로 특히 행주대첩으로 대승을 거두었다.

② 광해군 시기의 강홍립 장군은 명의 원병 요청에 출전하여 조선의 출병이 부득이했음을 적진에 알리고 후금에 항복하였다.

③ 인조가 삼전도의 굴욕을 당한 것은 청나라와의 병자호란 때문이다.

④ 청은 나선 정벌을 위해 조선에 조총부대 파견을 요청하였고, 이에 신유와 조총부대를 파견하였다.

⑤ 비변사는 중종 때 삼포왜란을 계기로 임시기구로 설치되었고, 명종 때 을묘왜변을 계기로 상설기구화 되었다.

※ 일본에선 임진왜란을 도자기 전쟁이라고 부르기도 한다. 도요토미 히데요시가 조선의 도공들을 닥치는 대로 붙잡아 오도록 명령을 내렸고 일본으로 끌려간 조선 도공들은 오늘날 일본 도자기 문화의 뿌리가 되었다.

73 ④

제시된 자료는 김종직의 '조의제문'의 판결에 대한 내용이다. 조의제문이 무오사화의 계기가 되었다는 것을 알고 있어야 사림에 대한 문제임을 파악할 수 있다. 사림파와 훈구파를 비교하는 문제는 자주 출제되는 편이므로 정리를 할 필요가 있다. (가)는 훈구파이다.

ㄴ, ㄹ 훈구파에 해당하는 내용이다.

ㄱ, ㄷ 사림파에 해당하는 내용이다.

훈구파(15세기 집권)	사림파(16세기 집권)
급진파사대부	온건파사대부
중앙집권	향촌자치
부국강병추구	왕도정치추구
대토지	중소지주
관학파(성균관출신)	사학파(사립학교)
성리학 외 학문 포용	성리학 외 이단으로 배척
과학 기술 발달	예학, 보학 발달
단군 중시	기자 조선 강조

74 ①

제시된 자료는 판소리 흥부전이다. 판소리는 조선 후기의 대표적인 서민문화라고 할 수 있다. 즉 조선 후기의 사회 모습에 해당하는 내용을 묻는 문제이다.

① 영·정조 때 서얼은 적극적인 신분상승운동을 벌이기도 하였는데 상소를 통하여 청요직 진출을 요구하고, 정조 때 규장각 검서관으로 진출하기도 하였다.

② 부농층이 축적된 부를 바탕으로 공명첩을 매입하거나 족보를 위조하면서, 양반의 수는 증가하게 되고, 이에 정부는 국가재정 확충을 위해 노비의 신분상승을 촉진시켜 노비의 수는 감소하게 되었다.

③ 붕당정치로 인해 관료들이 서로 파벌을 이루어 정권을 다투면서 많은 혼란이 발생되었다.

④ 부농층은 관권과 결탁하여 향안에 등재하고 향임직을 매입하면서, 관권의 권한이 강화되었다.

⑤ 대다수의 농민은 작은 규모의 자영농이나 소작농이었다.

※ 조선 시대에는 흔히 4조(아버지, 할아버지, 증조할아버지, 외할아버지)안에 벼슬한 사람이 없으면 양반이 아닌 것으로 여겼다. 그러므로 그들은 양반의 신분을 유지하기 위하여 그 지방 지주로서의 경제력을 바탕으로 유학을 공부하여 유림의 대열에 포함되려 하거나, 족보, 서원, 사우, 묘비 등을 만들어 자신들의 조상들을 드러내려고 애썼다.

75 ②

제시된 자료는 일제 강점기 1920년대 문화 통치에 대한 내용을 담고 있다. 1910년대 무단 통치에서 이렇게 시정 방침이 발표된 원인을 묻는 문제이다.

② 3·1 운동을 기점으로 일제는 통치 정책을 무단 통치에서 문화 통치로 바꾸었다.

① 6·10 만세 운동은 1926년에 일어난 사건이다.

③ 간도참변은 1920년 간도에서 한국인들이 일본군에 의하여 무차별 학살당한 사건이다.

④ 대한민국임시정부는 1919년 중국 상해에서 한국독립운동자들이 수립했던 임시정부이다.

⑤ 광주학생항일운동은 1929년 11월 광주에서 시작되어 이듬해 3월까지 전국에서 벌어진 학생들의 시위운동이다.

※ 3·1 운동으로 강압적 무단 통치의 한계를 인식한 일제는 제2대 조선 총독으로 부임한 사이토의 '시정 방침 훈시'를 통해 이른바 문화 통치로 전환하였다. 그러나 문화 통치는 민족 분열을 조장한 기만적인 술책에 불과한 것으로, 핵심은 조선인들 일부를 일제에 지지하도록 포섭하는 것이었다.

76 ⑤

광혜원은 1885년 2월 29일에 고종이 미국 선교의사인 호러스 알렌의 건의를 받아들여 서울 재동에 설립한 한국 최초의 근대식 병원이다. 따라서 광혜원이 설립되었을 당시에 볼 수 없었던 모습을 고르면 된다.

⑤ 국채보상운동은 1907년에 서상돈의 제안으로 대구에서 발단된 주권수호운동이다.

① 기기창은 1883년 청나라의 텐진의 군수공장을 모방하여 설립되었다.

② 박문국은 1883년에 설립되어 새로운 지식확대에 기여하였다.

③ 한성순보는 1883년에 간행된 최초의 신문이다.

④ 조선의 중립화론은 1885년에 부들러, 유길준에 의해 대두되었다.

※ 기기창은 1881년(고종 18)에 김윤식을 영선사로 하여 중국 텐진 기기국에 38명의 공학도를 파견, 신식무기와 과학기계의 제조법을 배우게 하였다. 1882년 임오군란으로 이들이 귀국할 때 기증받은 많은 과학기술 서적과 구입한 신식기계들을 바탕으로, 김명균이 데리고 온 텐진 공장 4명과 함께 건립한 것으로, 한국 최초의 근대 무기 공장이다. 청나라로부터 조총기기·내찬혈기·세포기·제약기 등을 구입, 무기와 화약을 생산하였다. 1894년 동학농민운동과 청일전쟁으로 문을 닫게 되었다.

77 ⑤

제시된 자료는 헐버트가 교사로 있던 육영공원에 대한 교육 내용 등에 대한 설명이다. 육영공원의 설립과 교육 내용 등에 대한 전반적인 이해를 묻는 문제이다.

ⓒ 영어교육을 지나치게 강조하고 고급 양반 자제만을 대상으로 삼는 등 국민 대중 교육에는 한계가 있었다.

ⓔ 헐버트가 영어로 강의하고, 영어원서를 강독하였다.

㉠ 교육입국조서는 1895년에 발표되었고, 육영공원은 1886년에 설립되었다.

ⓛ 개항장의 주민들이 적극적으로 설립에 동참한 학교는 원산학사이다.

※ **육영공원 설립 배경** : 강화도조약 체결 후, 서양 근대 문명이 대량으로 들어오고 동시에 국내 선각자들도 해외의 선진 문물을 수용해야 한다는 필요성을 느꼈다. 그리하여 정부차원에서도 선진 문물을 도입하기 위해 해외에 사절단을 파견하기도 하였다. 또한 국내에 근대식 교육기관을 설립하여 근대 교육을 실시해야 함을 절감하고 있었는데 그리하여 설립된 최초의 근대식 관립 교육기관이 육영공원이다.

78 ②

제시된 자료는 김구의 백범일지 중 일부를 발췌한 것이다. 당시의 사회적 상황에 대한 이해와 역사적 사실에 대한 해석을 묻는 문제이다.

㉠ 일본의 무조건적인 항복으로 인해 승전국의 입장에서 일본군을 직접 무장 해제시켜 정부창설을 주도하지 못하였기 때문에 김구는 한국의 입지가 약해질 것을 우려하였다.

ⓔ 일본의 무조건적인 항복으로 임시정부의 한국광복군정진군 계획이 물거품 되게 되었기 때문에 김구는 아쉬워하였다.

ⓛ 미국의 군사적, 경제적 원조 중단은 김구가 우려했던 부분이 아니다.

ⓒ 신탁통치는 1945년 12월 모스크바 3상회의에서 결정된 내용이다. 문제의 제시문은 모스크바3상회의 이전의 내용이다.

※ **한국광복군** : 대한민국 임시 정부의 정규군으로 충칭에서 창설, 사령관에 지청천을 임명하였다. 미국 전략 정보처의 협조로 국내 정진군을 조직, 특수 훈련을 실시하였으나 일본의 갑작스런 항복으로 국내 진공 시도가 무산되었다.

79 ⑤

일제강점기 때는 독립운동의 일환으로 한국사에 대한 연구가 활발하게 이루어졌다. 국사학자마다 한국사의 연구 방향이 서로 달랐기 때문에 그 차이를 묻는 문제가 자주 출제된다. ㈎는 민족주의 사학 ㈏는 사회경제 사학 ㈐는 실증주의 사학이다.

⑤ 청구학회의 식민사관의 오류를 배격한 것은 실증 사학이다.

① 백남운은 사회경제사학, 안재홍은 신민족주의사학의 대표적인 학자이다.

② 진단학회를 조직하여 근대적 역사관의 수립에 공헌한 것은 실증주의 사학이다.

③ 문헌고증을 토대로 사회경제사학의 세계사적 발전법칙을 수용하여 민족주의사학을 계승·발전시키려는 것은 신민족주의사학이다.

④ 신채호는 민족주의사학의 대표적인 학자이다.

※ • 민족주의사학 : 신채호, 박은식, 정인보 등
　• 사회경제사학 : 백남운
　• 실증주의사학 : 이병도, 손진태 등
　• 신민족주의사학 : 안재홍, 이인영, 홍이성 등

80 ④

제시된 자료의 좌측사진은 1차 봉기에서 전주성을 점령, 우측사진은 2차 봉기에서 공주 우금치에서 일본군과 정부군에게 패퇴하는 시기를 의미한다. 문제는 이 사이에 있었던 사건을 묻고 있다.

ⓛ 전주화약을 체결한 이후 동학농민군은 자치 기구인 집강소를 설치하였다.

ⓔ 전주성 점령 이후 청·일 군대가 들어오자, 동학농민군은 외국 군대 철수와 폐정개혁안을 조건으로 정부와 화친을 맺었다.

㉠ 고부민란이 발생한 직후 정부는 조병갑을 탄핵하고 안핵사를 파견하였다.

ⓒ 고부 군수 조병갑의 횡포로 전봉준이 사발통문을 돌려 1천여 명의 농민을 이끌고 고부 관아를 습격하였다.

※ **집강소**
• 의의 - 전라도 53개 군에 설치한 민정기관
• 기능 - 지방의 치안과 행정수행을 함

81 ⑤

deter : 단념시키다, 방해하다, 만류하다, 저지하다

determine : ~에게 경심시키다, 결정하다, 확정하다

arrest : 체포하다, 저지하다, 구인하다

persuade : 설득하다, 권유하다, 납득시키다

lure : 유인하다, 유혹하다

discourage : 단념시키다, 방해하다

「그들은 각자 안전점검을 하고 내가 필요한 것과 앞으로 도둑을 예방하기(단념시키기) 위한 비용이 얼마나 들 것인지를 산정할 것이다.」

82 ⑤

stand up to : 맞서다, 운명을 감수하다

bully : 괴롭힘, 협박

「모든 신입생들과 같이 그는 많은 괴롭힘을 당했지만, 그것에 맞서는 것을 보고 나는 감탄하였다.」

83 ④

greed for money : 금전욕

provide : 공급하다, 제공하다

「금전욕은 회사들을 더 능률적이게 만들어 더 나은 고객 서비스를 제공하도록 돕는다.」

84 ④

tell the difference : (차이를) 구별하다

tell a joke : 농담하다

「• 몇 시인지 알려 주시겠어요?
 • 대체로, 나는 차이를 구별하지 못한다.
 • 그 시계는 몇 시를 나타내고 있나요?
 • 당신은 사람들을 만나면 멋진 재담을 잘 한다.」

85 ④

greed for money : 금전욕

provide : 공급하다, 제공하다

「A : 좀 도와 드릴까요?
 B : 아닙니다. 혼자 할 수 있어요. 감사합니다.」

① 저 좀 도와주세요.

② 저 좀 도와주시겠어요?

③ 어떻게 도와주시겠어요?

④ 좀 도와 드릴까요?

⑤ 전 이것을 혼자 할 수 없습니다. 저 좀 도와주시겠어요?

86 ③

for a rainy day : 만일의 경우를 대비하여

「A : 너는 돈에 쪼들려 보이는 일이 없구나.
 B : 그건 내가 만일의 경우를 대비해서 항상 몇 달러를 숨겨두기 때문이야.」

① 낭비하다

② 터벅터벅 걷다

③ 넣어 두다, 숨기다

④ 구슬리다, 꾀다

⑤ 받다, 얻다

87 ⑤

cut a poor figure : 초라한 인상을 주다

command : 명령하다, 위치에 있다

shed : (눈물을) 흘리다

tore : 찢다, 뜯다

「A. 그 소녀는 그녀의 낡은 재킷을 입어서 초라한 인상을 준다.
 B. 그 집은 바다가 잘 보이는 위치에 있다.
 C. 그녀는 그 슬픈 소식에 눈물을 흘렸다.」

88 ④

account for : ~을 해명하다, 설명하다

① A : 전기 요금이 이렇게 비싼 이유가 뭐지?
   B : 그건 아마 에어컨 때문일 거야.

② A : 이 팩스기는 품질보증서가 있죠, 그렇죠?
   B : 평생 보증서가 있다고 들었어요.

③ A : 이 경매는 일반 대중에게도 공개되나요?
   B : 주말에는 그렇습니다.

④ A : 그 회사의 변호사는 왜 회의에 나타나지 않았죠?
   B : 우린 모두 거기에 늦었어요.

⑤ A : 그녀가 그 제안서를 정오 전에 끝낼 거라고 생
　　　각해요?
　　B : 그녀는 그러겠다고 약속했어요.

④ 기록된 언어들은 변화가 불가능하다.

⑤ 몇몇 언어는 사용하는 사람들이 매우 적다.

89 ③

latent : 잠재하는, 잠복해 있는

「좋은 교육은 당신의 <u>잠재된</u> 재능들을 개발하도록 도울 것
이다.」

① 가난한

② 분명한

③ 숨은

④ 훌륭한

⑤ 얄팍한

92 ⑤

obstacle : 장애

overwhelming : 압도적인

the odds against : ~에 불리한 가능성

larynx : 후두

make speech : 연설하다

despair : 절망하다

prime tool : 첫째가는 도구

「두려워지거나 장애물들에 의해 막혔음에도 불구하고, 그 생
존자는 자신에 불리한 가능성들이 아무리 압도적일지라도
조용히 할 일을 한다. 빌 가잔의 음성은 그의 거래에서 첫째
가는 도구였고 그것은 잘 작동하고 있었다. 그 때 그는 암에
걸렸고 후두를 잃었다. 처음에 그는 절망했다. "하지만 당신
은 당신의 삶을 자기연민 속에서 보낼 수 없습니다."라고 그
는 말했다. 그래서 그는 그가 마침내 연설할 수 있게 되기까
지 다시 말하는 법을 배우기 위해서 몇 년 동안 공부했다.
그리고 나서 그는 자신과 같은 남들을 도우면서 나머지 삶
을 보냈다.」

90 ④

readily : 손쉽게, 순조롭게

「환경 친화적인 비닐봉지는 흙에서 더 손쉽게 <u>분해되기</u> 때
문에 사용하기 안전하다.」

① 붕괴되다, 무너지다

② 완전히 이해하다

③ 증발하다

④ 분해되다

⑤ 발굴하다

93 ③

possibile : 가능한

get married : 결혼하다

tall tale : 과장된 이야기

「어떤 사람들은 불가능한 것에 대해 꿈꾸기를 좋아한다. 그
들은 돈이 없지만 멋진 휴가를 계획한다. 그들은 그들이
알지 못하는 누군가와 결혼하는 것을 생각한다. 우리는 이
사람들을 공기 중에 성의 짓는다고 말한다.」

① 견고한 미래를 짓는 것

② 강아지에게 새로운 기술을 가르치는 것

③ 공기 중에 성을 짓는 것

④ 그들 스스로를 위해 새로운 삶을 만드는 것

⑤ 과장된 이야기를 말하는 것

91 ④

oblivion : 망각

competent linguist : 유능한 언어학자

needs : 요구

circumstance : 상황

manifestation : 징후, 나타남

「어떤 언어는 매우 적은 공동체들에 의해서 말해지고 거의
살아남기 힘들 것 같다. 몇몇 유능한 언어학자가 그것을 기
록하지 않는 한 20세기 말 이전에 아프리카, 아시아, 그리
고 아메리카의 많은 언어들이 잊혀 질 것이다. 남아있는 언
어는 그것을 말하는 사람들의 상황과　변화하는 요구에 따
라 계속 변한다. 변화는 언어에서 생명의 징후이다.」

① 모든 살아있는 언어는 변한다.

② 언어의 변화는 언어 사용자에 기인한다.

③ 변화는 언어의 정상적인 상태이다.

【94~95】

point out : 지적하다

strictly : 엄격히

inconclusive : 결정적이 아닌

observation : 관찰

insecurity : 불안

conflict : 갈등

boundless : 한이 없는

on the go : 끊임없이 활동하는

pooped : 녹초가 된

「아놀드 베넷은 언젠가 우리 모두는 같은 양의 시간을 – 하루에 24시간 – 갖고 있다고 지적했다. 엄격히 말해서, 그것은 베넷이 행했던 만큼 결정적이지 않은 관찰이다. (A) 중요한 것은 시간이 아니라, 에너지이다. – 그리고 그 훌륭한 자질에서 우리는 모두 매우 다른 양들을 갖는다. 에너지는 건강한 신체에서 나온다. 물론 그것은 또한 갈등과 불안정함이 없는 심리적인 균형 상태에서 나온다. 그리고 (B) 이 사람은 명백히 끝없는 에너지를 갖고 있다. – 그는 아침부터 밤까지 끊임없이 활동한다, 그리고 종종 밤늦게까지, 열심히 일하면서, 결코 지치지 않으면서, 결코 "녹초가 되'지 않으면서 – 그리고 다른 세 명의 사람이 하는 것의 두 배만큼의 일을 한다.」

94 ③

① 나의 콜레스테롤 수치가 약간 올라갔다.

② 너는 다치지 않은 것을 행운으로 여겨야 한다.

③ 첫인상에서 중요한 것은 인터뷰에서 매력적으로 보이는 것이다.

④ 나는 100 이후에 숫자세기를 잊었다.

⑤ 알이 부화하기 전에 병아리를 세지 마라.

count는 제시문에서 '중요하다'라는 의미로 쓰였다.

95 ②

this man은 boundless energy, on the go from morning to night, never tiring 등의 특징을 가진 사람이다.

① more or less 거의

② indefatigable 포기할 줄 모르는

③ intelligence 지능

④ clock-watcher 퇴근이나 수업 마치는 시간을 알리는 시계만 쳐다보는 직장인이나 학생

⑤ psychological imbalance 정신적 불균형

96 ①

assume : 추정하다

astronomer : 천문학자

keenly : 강렬하게

pluto : 명왕성

「아이들은 모든 것이 사람들과 관련된 어떤 목적을 가지고 있다고 추정하는 것 같다. 예를 들어 "왜 눈이 있는 것이지?"라는 질문을 들으면, 아이는 눈은 "그 속에서 어린이들이 놀기 위해" 존재하는 것이라고 대답할 것이다. 우주 공간에 강한 흥미를 가지고 있는 나의 8살의 아들 Brian에게 한번은 명왕성이 달을 가지고 있다는 것을 천문학자들이 알아냈다고 말해준 적이 있었다. "그렇지만, 아빠" 라고 아들이 대답했다. "나는 명왕성은 너무 추워서 아무것도 살 수 없다고 생각했어요." 나는 아들에게 그 말이 옳다고 말해 주었다. 그러자 그 애는 "그렇다면, 왜 명왕성은 볼 사람이 아무도 없는데 달을 가지고 있는 거죠?"하고 물었다. 아들의 관점에서 달은 단지 사람들을 즐겁게 해주기 위해서만 존재하는 것이다.」

97 ②

snowstorm : 눈보라

② "도착하다, 끝내다, 완료하다" 등은 '완료'의 의미로 'by'가 호응되며, "기다리다, 공부하다, 일하다" 등은 '지속'의 의미이므로 'until'과 호응한다.

98 ④

have take a pity on : ~을 가엽게 여기다

take over : 인수하다

「나의 아들은 항상 길 잃은 고양이와 개들을 가엽게 여긴다. 제인은 요즘 나의 직무를 이어받고 있다.」

99 ④

think of A as B : A를 B로 간주하다

parallelism : 병렬관계

causal : 인과관계의

phenomena : 현상

「우리는 모두 '문명'과 '문화'라는 단어로 나타내어지는 구분에 익숙하다. 내가 이미 제시한 것처럼 '문명'이란 주로 물질적인 성취이며, '문화'는 종교적, 학문적, 예술적인 성취로 여겨진다. 그리고 이 두 현상 사이에 병렬관계뿐만 아니라 인과관계도 존재하는 것으로 추정된다. 어떤 역사적 현실에 관한 견해도 이보다 더 거짓일 수가 없다. 실로 거의 정반대도 사실인데, 왜냐하면 문화는 그것을 지탱하는 특징적 문명 없이 존재할 수 없기 때문이며 문명의 성장은 이미 존재하는 문화를 파괴시킬 수 있기 때문이다.」

① 문화와 문명은 동전의 양면이다.

② 문명을 고려하지 않고 문화를 생각할 수 없다.

③ 너무나 물질적인 문명은 독특한 문화의 쇠퇴의 원인이 될 수 있다.

④ 문화의 향상은 항상 문명의 발전을 동반한다.

⑤ 문화와 문명 간에 어떤 인과 관계도 없음을 역사는 보여준다.

100 ④

genuine : 진짜의, 진실한

「Susan은 재미를 위해 진정한 코미디언의 매우 훌륭한 흉내를 내는 방법을 배웠다.」

① Susan은 한 코미디언의 친구가 있다.

② Susan은 진정한 코미디언이 되길 원한다.

③ Susan은 전문직업적인 코미디언이다.

④ Susan코미디언처럼 연기하는 것을 연습했다.

⑤ Susan은 사람들을 웃기는 방법을 배웠다.

》 직업기초능력

1 ④

지원부문뿐만 아니라 4개의 본부와 그 소속 부서들이 모두 부사장 직속으로 구성되어 있다. 따라서 옳게 수정하면 4개 본부, 1개 부문, 4개 실, 16개 처, 1개 센터와 1개 지원단으로 구성되어 있다.

2 ①

㉠㉡㉢㉣은 모두 조직개편사항에 맞게 나타난 것으로 지적할 필요가 없다. 중소기업지원단은 기술지원부문에 신설된 것이므로 조직도를 수정해야 한다.

3 ④

송상현 사원의 1/4분기 복지 지원 사유는 장모상이었다. 이는 본인/가족의 경조사에 포함되므로 경조사 지원에 포함되어야 한다.

4 ①

작년 4/4분기 지원 내역을 보더라도 직위와 관계없이 같은 사유의 경조사 지원금은 동일한 금액으로 지원되었음을 알 수 있으므로 이는 변경된 복지 제도 내용으로 옳지 않다.

5 ④

④ 사업부문은 신용사업부문으로 명칭이 변경되어야 한다.

6 ②

② 제1조 ⑤에 따르면 당사자의 신문이 쟁점과 관계가 없는 때, 재판장은 당사자의 신문을 제한할 수 있다.
① 제1조 ③에 따르면 재판장은 제1항과 제2항의 규정에 불구하고 언제든지 신문할 수 있다.
③ 제1조 ④에 따르면 재판장은 당사자의 의견을 들어 제1항과 제2항의 규정에 따른 신문의 순서를 바꿀 수 있다. 따라서 B와 C가 아닌 甲과 乙의 의견을 들어야 한다.
④ 제3조에 따르면 증인 서로의 대질을 명할 수 있는 것은 재판장 A이다.
⑤ 제4조에 따르면 서류에 의해 진술하려면 재판장 A의 허가가 필요하다.

7 ②

② A는 기업 간 경쟁이 임금차별 완화의 핵심이라고 주장하며 기업들 사이의 경쟁이 강화될수록 임금차별은 자연스럽게 줄어들 수밖에 없을 것이라고 말하지만, 기업 간 경쟁이 약화되는 것을 방지하기 위한 보완 정책을 수립해야 한다고 하고 있지는 않다.

8 ④

'가을 전도' 현상은 가을의 차가운 대기로 인해 표층수의 온도가 물의 최대 밀도가 되는 4℃에 가깝게 하강하면 아래쪽으로 가라앉으면서 상대적으로 밀도가 낮은 아래쪽의 물이 위쪽으로 올라오게 되는 현상을 말한다.

9 ②

A가 잠을 자지 않아 결국 공부를 포기했으며, 그러한 상태가 지속될 경우 일어날 수 있는 부정적인 결과를 나열함으로써 잠이 우리에게 꼭 필요한 것임을 강조하고 있다.

10 ②

효과적인 수면의 중요성을 말하기 위하여, 역사상 잠을 안 잔 것으로 유명한 나폴레옹이나 에디슨도 진짜로 잠을 안 잔 것이 아니라, 효과적으로 수면을 취했음을 예로 제시하고 있다. 나폴레옹은 말안장 위에서도 잤고, 에디슨은 친구와 말을 하면서도 잠을 잤다는 내용이다.

11 ④

'뻑뻑하고', '박탈', '중죄인', '과연' 등은 낱말의 뜻을 알아야 하는 것이기 때문에 사전(辭典)을 이용해야 한다. 반면에 '워털루 전투'는 역사적인 사건이기 때문에 역사 사전과 같은 사전(事典)을 활용하여 구체적인 정보를 얻는 것이 알맞다.

12 ③

의료 서비스 시장에서는 의료 행위를 하기 위한 자격이 필요하고, 환자가 만족할 만한 수준의 병원을 설립하는 데 비용이 많이 들어 의사와 병원의 수가 적어 소비자의 선택의 폭이 좁다고 하였다.

13 ④

기타사항에 3개월 인턴 후 평가(70점 이상)에 따라 정식 고용 여부를 결정한다고 명시되어 있다.

14 ③

③ 지난 시즌이라고만 명시했지 구체적으로 언제 발간했는지 밝혀지지 않았다.

15 ③

③ 의사소통은 기계적인 정보 전달 이상의 것이다. 따라서 정보의 전달에만 치중하기보다는 서로 다른 이해와 의미를 가지고 있는 사람들이 공유할 수 있는 의미와 이해를 만들기 위해 상호 노력하는 과정으로 이해해야 한다.

16 ②

김 씨는 메모를 하는 습관을 길러 자신의 부족함을 메우고 자신만의 데이터베이스를 구축하여 모두에게 인정을 받게 되었다.

17 ③

③ 대화 속의 남과 여는 디지털 글쓰기의 장점과 단점에 대해 이야기하고 있다. 따라서 두 사람이 제출했을 토론 주제로는 '디지털 글쓰기의 장단점'이 적합하다.

18 ②

② 다른 나라에 진출한 타 기업 수 현황 자료는 '다른 나라와의 경제적 연대 증진'이라는 해외 시장 진출의 의의를 뒷받침하는 근거 자료로 적합하지 않다.

19 ②

첫 문단 마지막에 '그렇다면 윤리적 채식주의 관점에서 볼 때, 육식의 윤리적 문제점은 무엇인가?'라는 문장을 통해 앞을 말하고자 하는 중심 내용을 밝히고 있다.

20 ④

생태론적 관점은 지구의 모든 생명체들이 서로 유기적으로 연결되어 존재한다고 보는 입장이다. 따라서 하나의 유기체로서 지구 생명체에 대한 유익성 여부를 도덕성 판단 기준으로 보아야 하므로, 생태론적 관점을 지닌 사람들은 바이오 연료를 유해한 것으로 판단할 것이다.

21 ②

문자를 숫자로 변환하여 생각을 해보면

J	G	D	A		10	7	4	1
F	I	Z	( )		6	9	26	( )
A	L	U	F		1	12	21	6
U	P	O	J		21	16	15	10

첫 행의 맨 오른쪽 A에서 시작하여 옆 방향으로 내려갔다 옆 방향으로 올라가서 첫 행 맨 왼쪽 J에서 끝이 난다.

$6 \rightarrow 10 \rightarrow 15 \rightarrow 21 \rightarrow 26 \rightarrow 4 \rightarrow 7 \rightarrow 9 \rightarrow 12 \rightarrow 16 \rightarrow 21 \rightarrow 1 \rightarrow 6 \rightarrow 10$
$+4 \quad +5 \quad +6 \quad +5 \quad +4 \quad +3 \quad +2 \quad +3 \quad +4 \quad +5 \quad +6 \quad +5 \quad +4$

3번째 항인 6부터 보면 (+4, +5, +6), (+5, +4, +3, +2), (+3, +4, +5, +6), (+5, +4)가 됨을 알 수 있다. 그러므로 괄호 안에는 +2인 3즉 C가 와야 한다.

22 ④

같은 숫자가 나올 확률은 (1, 1), (2, 2), (3, 3), (4, 4), (5, 5), (6, 6)이므로 $\frac{6}{36}$ 이다.

따라서 서로 다른 숫자가 나올 확률은

$1 - \frac{6}{36} = \frac{30}{36} = \frac{5}{6}$ 이다.

23 ④

사진 6장에 추가하여 뽑는 사진의 수를 x라 하면

$$\frac{4,000+200x}{6+x} \le 400$$

$$\Rightarrow 4,000+200x \le 400 \times (6+x)$$

$$\Rightarrow 4,000+200x \le 2,400+400x \Rightarrow 8 \le x$$

따라서 $(6+8=)14$장 이상을 뽑으면 사진 한 장의 가격이 400원 이하가 된다.

24 ④

2017년 강도와 살인의 발생건수 합은

$5,753+132=5,885$건으로 4대 범죄 발생건수의 26.4%

$\left(\dfrac{5,885}{22,310} \times 100 = 26.37\right)$를 차지하고 검거건수의 합은

$5,481+122=5,603$건으로 4대 범죄 검거건수의

$28.3\%\left(\dfrac{5,603}{19,771} \times 100 = 28.3\right)$를 차지한다.

① 2014년 인구 10만 명당 발생건수는

$\dfrac{18,258}{49,346} \times 100 = 36.99 \fallingdotseq 37$이므로 매년 증가한다.

② 발생건수와 검거건수가 가장 적게 증가한 연도는 2016년으로 동일하다. 발생건수 증가율은 2015년 6.8%, 2016년 0.9%, 2017년 13.4%, 검거건수 증가율은 2015년 1.73%, 2016년 1.38%, 2017년 18.9%이다.

③ 2017년 발생건수 대비 검거건수 비율이 가장 낮은 범죄 유형의 발생건수는 강도 95%, 살인 92%, 정도 85%, 방화 99%에서 절도이다. 2017년 4대 범죄 유형별 발생건수 총 22,310건이고 60%는 13,386건이 된다. 절도의 발생건수는 14,778건이므로 60%가 넘는다.

⑤ 2017년 범죄 발생건수 중 방화가 차지하는 비율은 7.4%이고, 2017년 검거건수 중 방화가 차지하는 비율은 8.3%로 약 0.9%p 차이가 난다.

25 ④

금리가 지속적으로 하락하면 대출시 고정 금리보다 변동 금리를 선택하는 것이 유리하다.

㉠㉡ 요구불 예금의 금리와 예대 마진은 지속적으로 증가하지 않는다.

26 ④

구분	인문 · 사회	자연 · 공학	전체
A 대학교	2,350 (약 42.0%)	3,241 (약 58.0%)	5,591
B 대학교	2,240 (약 55.7%)	1,783 (약 44.3%)	4,023
C 대학교	3,478 (약 44.8%)	4,282 (약 55.2%)	7,760
D 대학교	773 (약 62.8%)	458 (약 37.2%)	1,231
E 대학교	1,484 (약 47.4%)	1,644 (약 52.6%)	3,128

구분	수시전형			정시전형			정시 기준 수시 정원
	인문 · 사회	자연 · 공학	소계	인문 · 사회	자연 · 공학	소계	
A 대학교	1,175	1,652	2,827	1,175	1,589	2,764	+63
B 대학교	536	402	938	1,704	1,381	3,085	-2,147
C 대학교	2,331	2,840	5,171	1,147	1,442	2,589	+2,582
D 대학교	319	215	534	454	243	697	-163
E 대학교	725	746	1,471	759	898	1,657	-186

㉠ 전체 신입생 정원에서 인문 · 사회 계열 정원의 비율이 가장 높은 대학교는 D 대학교이다.

㉢ 수시전형으로 선발하는 신입생 정원이 정시전형으로 선발하는 신입생 정원보다 많은 대학교는 A 대학교와 C 대학교이다.

27 ①

표에 따르면 2016년과 2017년 모두 전년대비 1인당 이산화탄소 배출량이 증가한 국가는 B와 D이다. 첫 번째 조건에서 보면 브라질과 사우디가 된다.

브라질은 매년 인구가 1억 명 이상이므로 B와 D 중 매년 인구가 1억 명 이상인 국가는 브라질이다.

2015년 B는 $15.22 = \dfrac{41.49}{x} \rightarrow x = \dfrac{41.49}{15.22} = 2.73$,

D는 $1.99 = \dfrac{38.85}{x} \rightarrow x = \dfrac{38.85}{1.99} = 19.52$

그러므로 D가 브라질이고, B가 사우디가 된다.

2017년의 한국인구, A인구, C인구를 계산해 보면

한국인구$= \dfrac{59.29}{11.86} = 4.999 \fallingdotseq 5 \rightarrow 5$천 명

A인구$= \dfrac{37.61}{7.2} = 5.2 \rightarrow 5$천 2백 명

C인구$= \dfrac{53.37}{15.3} = 3.48 ≒ 3.5 →$ 3천 5백 명

A가 남아공, C가 캐나다가 된다.

28 ①

$x = 667.6 - (568.9 + 62.6 + 22.1) = 14.0$

29 ④

① 2007년 : $\dfrac{591.4 - 575.3}{575.3} \times 100 ≒ 2.8(\%)$

② 2008년 : $\dfrac{605.4 - 591.4}{591.4} \times 100 ≒ 2.4(\%)$

③ 2009년 : $\dfrac{609.2 - 605.4}{605.4} \times 100 ≒ 0.6(\%)$

④ 2010년 : $\dfrac{667.8 - 609.2}{609.2} \times 100 ≒ 9.6(\%)$

⑤ 2011년 : $\dfrac{697.7 - 667.8}{667.8} \times 100 ≒ 4.5(\%)$

30 ④

A국은 1차 산업의 비중이 높고, B국은 선진국형, C국은 중진국형, D국은 후진국형 산업 구조이다. 따라서 B국은 C국보다 산업 구조의 고도화가 더 진행되었다.

31 ④

① 올해 배추 생산량은 지난해에 비해 약 3% 상승했다.

② 배추의 재배면적은 지난해에 비해 올해에는 약 7% 감소, 무의 재배면적은 4% 감소했으므로 배추가 더 감소했다.

③ 올해 단위면적당 배추 생산량은 변함이 없다.

⑤ 올해 무 생산량은 지난해에 비해 약 24% 감소했다.

32 ④

을은 뒷면을 가공한 이후 갑의 앞면 가공이 끝날 때까지 5분을 기다려야 한다.

뒷면 가공 15분→5분 기다림→앞면 가공 20분→조립 5분

총 45분이 걸리고, 유휴 시간은 기다린 시간인 5분이 된다.

33 ④

완성품 납품 개수는 30 + 20 + 30 + 20으로 총 100개이다.

완성품 1개당 부품 A는 10개가 필요하므로 총 1,000개가 필요하고, B는 300개, C는 500개가 필요하다.

이때 각 부품의 재고 수량에서 부품 A는 500개를 가지고 있으므로 필요한 1,000개에서 가지고 있는 500개를 빼면 500개의 부품을 주문해야 한다.

부품 B는 120개를 가지고 있으므로 필요한 300개에서 가지고 있는 120개를 빼면 180개를 주문해야 하며, 부품 C는 250개를 가지고 있으므로 필요한 500개에서 가지고 있는 250개를 빼면 250개를 주문해야 한다.

34 ③

재고 수량에 따라 완성품을 A 부품으로는 $100 ÷ 2 = 50$개, B 부품으로는 $300 ÷ 3 = 100$개, C 부품으로는 $2,000 ÷ 20 = 100$개, D 부품으로는 $150 ÷ 1 = 150$개까지 만들 수 있다.

완성품은 A, B, C, D가 모두 조립되어야 하므로 50개만 만들 수 있다.

완성품 1개당 소요 비용은 완성품 1개당 소요량과 단가의 곱으로 구하면 되므로 A 부품 $2 \times 50 = 100$원, B 부품 $3 \times 100 = 300$원, C 부품 $20 \times 10 = 200$원, D 부품 $1 \times 400 = 400$원이다.

이를 모두 합하면 $100 + 300 + 200 + 400 = 1,000$원이 된다.

35 ⑤

각 도시별 자동차 대수를 구해보면 자동차 대수의 단위가 1,000명이므로 10을 곱하여 만 명당 대수로 변환하게 계산을 하면 된다.

A : $100 \times 2,000 = 200,000$

B : $70 \times 1,500 = 105,000$

C : $50 \times 4,500 = 225,000$

D : $40 \times 3,000 = 120,000$

E : $50 \times 5,000 = 250,000$

36 ④

제시된 조건을 통해 외판원들의 판매실적을 유추하면 A>B, D>C이다. 또한 F>E>A, E>B>D임을 알 수 있다. 결과적으로 F>E>A>B>D>C가 된다.
① 외판원 C의 실적은 꼴찌이다.
② B의 실적보다 안 좋은 외판원은 2명이다.
③ 두 번째로 실적이 좋은 외판원은 E이다.
⑤ A의 실적보다 좋은 외판원은 2명이다.

37 ③

고객이 원하는 3기가 이상의 인터넷과 1회 컬러링이 부가된 것은 55요금제이다.

38 ③

55요금제는 매월 3기가의 인터넷과 120분의 통화, 1회의 컬러링이 무료로 사용할 수 있다.

39 ①

조건에 따르면 영업과 사무 분야의 일은 A가 하는 것이 아니고, 관리는 B가 하는 것이 아니므로 'A – 관리, B – 사무, C – 영업, D – 전산, E – 홍보'의 일을 하게 된다.

40 ③

㉠ "옆에 범인이 있다."고 진술한 경우를 ○, "옆에 범인이 없다."고 진술한 경우를 ×라고 하면

1	2	3	4	5	6	7	8	9
○	×	×	○	×	○	○	○	×
							시민	

• 9번이 범인이라고 가정하면
9번은 "옆에 범인이 없다.'고 진술하였으므로 8번과 1번 중에 범인이 있어야 한다. 그러나 8번이 시민이므로 1번이 범인이 된다. 1번은 "옆에 범인이 있다."라고 진술하였으므로 2번과 9번에 범인이 없어야 한다. 그러나 9번이 범인이므로 모순이 되어 9번은 범인일 수 없다.
• 9번이 시민이라고 가정하면
9번은 "옆에 범인이 없다."라고 진술하였으므로 1번도 시민이 된다. 1번은 "옆에 범인이 있다."라고

진술하였으므로 2번은 범인이 된다. 2번은 "옆에 범인이 없다."라고 진술하였으므로 3번도 범인이 된다. 8번은 시민인데 "옆에 범인이 있다."라고 진술하였으므로 9번은 시민이므로 7번은 범인이 된다. 그러므로 범인은 2, 3, 7번이고 나머지는 모두 시민이 된다.
㉡ 모두가 "옆에 범인이 있다."라고 진술하면 시민 2명, 범인 1명의 순으로 반복해서 배치되므로 옳은 설명이다.
㉢ 다음과 같은 경우가 있음으로 틀린 설명이다.

1	2	3	4	5	6	7	8	9
○	○	○	○	○	○	○	×	○
범인	시민	시민	범인	시민	범인	시민	시민	시민

41 ②

실제 전투능력을 정리하면 경찰(3), 헌터(4), 의사(2), 사무라이(8), 폭파전문가(2)이다.
이를 토대로 탈출 통로의 좀비수와 처치 가능 좀비수를 계산해 보면
㉠ 동쪽 통로 11마리 좀비 : 폭파전문가(2), 사무라이(8) → 10마리의 좀비를 처치 가능
㉡ 서쪽 통로 7마리 좀비 : 헌터(4), 경찰(3) → 7마리의 좀비 모두 처치 가능
㉢ 남쪽 통로 11마리 좀비 : 헌터(4), 폭파전문가(2) → 6마리의 좀비 처치 가능
㉣ 북쪽 통로 9마리 좀비 : 경찰(3), 의사(2)-전투력 강화제(1) → 6마리의 좀비 처치 가능
㉤ 남쪽 통로 11마리 좀비 : 사무라이(8), 폭파전문가(2) → 10마리의 좀비 처치 가능

42 ③

① 19일 수요일 오후 1시 울릉도 도착, 20일 목요일 독도 방문, 22일 토요일은 복귀하는 날인데 종아는 매주 금요일에 술을 마시므로 멀미로 인해 선박을 이용하지 못한다. 또한 금요일 오후 6시 호박엿 만들기 체험도 해야 한다.
② 20일 목요일 오후 1시 울릉도 도착, 독도는 화요일과 목요일만 출발하므로 불가능
③ 23일 일요일 오후 1시 울릉도 도착, 24일 월요일 호박엿 만들기 체험, 25일 화요일 독도 방문, 26일 수요일 포항 도착

④ 25일 화요일 오후 1시 울릉도 도착, 27일 목요일 독도 방문, 28일 금요일 호박엿 만들기 체험은 오후 6시인데, 복귀하는 선박은 오후 3시 출발이라 불가능

⑤ 26일 수요일 오후 1시 울릉도 도착, 27일 목요일 독도 방문, 28일 금요일 오후 6시 호박엿 만들기 체험까지는 가능하지만 금요일에 술을 마시면 토요일에 복귀하는 선박을 탈 수 없으며, 토요일 파고가 3.3m로 운항하지도 않는다.

43 ④

정보를 통해 정리해 보면 다음과 같다.

G → D → E → A → C → B → F

44 ①

금요일에는 제육덮밥이 편성된다. 목요일에는 오므라이스를 편성할 수 없고, 다섯 번째 조건에 의해 나물비빔밥도 편성할 수 없다. 따라서 목요일에는 돈가스 정식 또는 크림 파스타가 편성되어야 한다. 마지막 조건과 두 번째 조건에 의해 돈가스 정식은 월요일, 목요일에도 편성할 수 없으므로 돈가스 정식은 화요일에 편성된다. 따라서 목요일에는 크림 파스타, 월요일에는 나물 비빔밥이 편성된다.

45 ④

ㄹㅁ에 의해 B, D가 지하철을 이용함을 알 수 있다.
ㄷㅂ에 의해 E는 마케팅에 지원했음을 알 수 있다.
ㅁ에 의해 B는 회계에 지원했음을 알 수 있다.
A와 C는 버스를 이용하고, E는 택시를 이용한다.
A는 출판, B는 회계, C와 D는 생산 또는 시설관리, E는 마케팅에 지원했음을 알 수 있다.

46 ④

'안정적 자금 공급'이 자사의 강점이기 때문에 '안정적인 자금 확보를 위한 자본구조 개선'는 향후 해결해야 할 과제에 속하지 않는다.

47 ③

㉠ 출고가 대비 공시지원금의 비율을 계산해 보면
- A= $\frac{210,000}{858,000} \times 100 = 24.48\%$
- B= $\frac{230,000}{900,000} \times 100 = 25.56\%$
- C= $\frac{150,000}{780,000} \times 100 = 19.23\%$
- D= $\frac{190,000}{990,000} \times 100 = 19.19\%$

그러므로 '병'과 '정'은 C아니면 D가 된다.

㉡ 공시지원금을 선택하는 경우 월 납부액보다 요금할인을 선택하는 경우 월 납부액이 더 큰 스마트폰은 '갑'이다. A와 B를 비교해보면
- A
-공시지원금
$= \frac{858,000 - (210,000 \times 1.1)}{24} + 51,000 = 77,120$ 원

-요금할인= $51,000 \times 0.8 + \frac{858,000}{24} = 76,550$ 원

- B
-공시지원금
$= \frac{900,000 - (230,000 \times 1.1)}{24} + 51,000 = 77,750$ 원

-요금할인= $51,000 \times 0.8 + \frac{900,000}{24} = 78,300$ 원

B가 '갑'이 된다.

㉢ 공시지원금을 선택하는 경우 월 기기값이 가장 작은 스마트폰 기종은 '정'이다.
C와 D를 비교해 보면
- C= $\frac{780,000 - (150,000 \times 1.1)}{24} = 25,620$ 원
- D= $\frac{990,000 - (190,000 \times 1.1)}{24} = 32,540$ 원

C가 '정'이 된다.
그러므로 A=을, B=갑, C=정, D=병이 된다.

48 ⑤

㉠ $a = b = c = d = 25$라면, 1시간당 수송해야 하는 관객의 수는 $40,000 \times 0.25 = 10,000$명이다. 버스는 한 번에 대당 최대 40명의 관객을 수송하고 1시간에 10번 수송 가능하므로, 1시간 동안 1대의 버스가 수송할 수 있는 관객의 수는 400명이다. 따라서 10,000명의 관객을 수송하기 위해서는 최소 25대의 버스가 필요하다.

ⓛ d = 40이라면, 공연 시작 1시간 전에 기차역에 도착하는 관객의 수는 16,000명이다. 16,000명을 1시간 동안 모두 수송하기 위해서는 최소 40대의 버스가 필요하다.

ⓒ 공연이 끝난 후 2시간 이내에 전체 관객을 공연장에서 기차역까지 수송하려면 시간당 20,000명의 관객을 수송해야 한다. 따라서 회사에게 필요한 버스는 최소 50대이다.

49 ①

ⓐ 1번째 종목과 2번째 종목의 승점이 각각 10점, 20점이라면 8번째 종목까지의 승점은 다음과 같다.

종목	1	2	3	4	5	6	7	8
승점	10	20	40	80	160	320	640	1,280

ⓛ 1번째 종목과 2번째 종목의 승점이 각각 100점, 200점이라면 8번째 종목의 승점은 다음과 같다

종목	1	2	3	4	5	6	7	8
승점	100	200	310	620	1,240	2,480	4,960	9,920

ⓒ ⓐⓛ을 참고하면 1번째 종목과 2번째 종목의 승점에 상관없이 8번째 종목의 승점은 6번째 종목 승점의 네 배이다.

ⓓ 만약 3번째 종목부터 각 종목 우승 시 받는 승점이 그 이전 종목들의 승점을 모두 합한 점수보다 10점 더 적도록 구성한다면, 8번째 종목까지의 승점은 다음과 같다.

종목	1	2	3	4	5	6	7	8
승점	10	20	20	40	80	160	320	640

종목	1	2	3	4	5	6	7	8
승점	100	200	290	580	1,160	2,320	4,640	9,280

50 ①

① 乙과 甲, 乙과 丙이 '동갑' 관계이고 甲과 丙이 '위아래' 관계이므로 甲, 乙, 丙의 관계는 '모호'하다.

51 ②

용건을 마치면 인사를 하고 상대가 끊었는지를 확인한 후에 끊어야 한다.

52 ⑤

명함은 손아랫사람이 먼저 건네야 한다. 더불어서 지위 또는 직책 등이 낮은 사람이 먼저 명함을 건넨다.

※ **명함 교환 시의 기본 매너**

ⓐ 명함은 항상 넉넉히 준비한다.

ⓛ 명함은 자리에 앉기 전에 교환한다.

ⓒ 상대에게 명함을 건네면서 소속과 이름을 밝힌다.

ⓓ 상대로부터 받은 명함은 그 자리에서 확인하며, 한자 등의 다소 읽기 어려운 글자는 정중히 물어서 회사명과 이름을 틀리지 않아야 한다.

ⓜ 상대로부터 명함을 받은 후에 곧바로 지갑에 넣지 말고, 미팅이나 또는 회의 시에 테이블 오른 쪽에 꺼내놓고 이름 및 직함을 부르면서 대화한다.

ⓗ 상대 앞에서 명함에 낙서하는 것은 곧 상대의 얼굴에 낙서하는 것과 같음을 의미하며, 더불어서 명함을 손가락 사이에 끼고 돌리는 등의 손장난을 하는 것은 상대방을 무시하는 것과 같다.

ⓢ 명함은 스스로의 것과 상대방 것을 구분해서 넣어둔다. 만약의 경우 급한 순간에 타인의 명함을 상대에게 줄 수도 있기 때문이다.

ⓞ 상대로부터 받은 명함을 절대 그냥 두고 오는 일이 없도록 해야 한다.

53 ②

조문 시에 상제에게 맞절을 하고 위로의 인사말을 한다. 이때 절은 상제가 먼저 시작하고 늦게 일어나야 한다.

54 ④

악수는 반드시 오른손으로 해야 한다. 또한, 악수는 기본적으로 오른손으로 해야 하며, 거리에서 아는 사람을 만났다 하더라도 들고 있던 짐이나 또는 물건 등은 왼손으로 옮겨서 악수를 해야 함에 주의해야 한다.

※ **악수할 때의 에티켓**

ⓐ 반드시 오른손으로 악수를 해야 한다.

ⓛ 악수를 하면서 상대의 눈을 바라보아야 한다.

ⓒ 외국인과 악수할 때에는 허리를 꼿꼿이 세워 대등하게 악수를 해야 한다.

ⓓ 손을 쥐고 흔들 때에는 윗사람이 흔드는 대로 따라서 흔든다.

ⓜ 길에서 아는 사람을 만났을 경우에 들고 있던
　　물건은 왼손으로 옮긴다.

ⓗ 웃어른의 뜻에 의해 악수, 또는 황송하다고 생
　　각해 두 손으로 감싸는 것은 좋지 않다.

ⓢ 남녀 모두 장갑을 벗는 것이 원칙이다.

프로젝트	예산 편성액
A	2개 영역 통과→20 × 0.9 =18억 원
B	계획 대비 실적 영역 미통과→20 × 0.85 = 17억 원
C	전년 동일 20억 원
D	계획 대비 실적 영역 미통과→20 × 0.85 = 17억 원
E	2개 영역 통과→20 × 0.9 =18억 원
F	전년 동일 20억 원

55 ②

엘리베이터에서는 버튼 대각선 방향의 뒤 쪽이 상석
이 된다.

※ 엘리베이터 상석의 위치

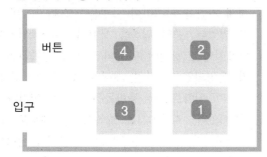

* 번호는 상석 순위

56 ②

각 영역의 '통과'와 '미통과'를 판단하면 다음과 같다.
모든 영역이 통과로 판단된 프로젝트인 C와 F는 전년
과 동일한 금액을 편성해야 한다.

프로젝트	계획의 충실성 (90점 이상)	계획 대비 실적 (85점 이상)	성과지표 달성도 (80점 이상)
A	96→통과	95→통과	76→미통과
B	93→통과	83→미통과	81→통과
C	94→통과	96→통과	82→통과
D	98→통과	82→미통과	75→미통과
E	95→통과	92→통과	79→미통과
F	95→통과	90→통과	85→통과

57 ①

각 프로젝트의 2018년도 예산 편성은 다음과 같다.
따라서 甲기업의 2018년도 A~F 프로젝트 예산 총액
은 110억 원으로 2017년보다 10억 원 감소한다.

58 ④

2016년 기준 최근 실시한 임기만료에 의한 국회의원
선거의 선거권자 총수는 3천만 명이고 보조금 계상단
가는 1,030원(2015년 1,000원＋30원)이므로 309억 원
을 지급하여야 하는데, 5월 대통령선거와 8월 동시지
방선거가 있으므로 각각 309억 원씩을 더하여 총 927
억 원을 지급해야 한다.

59 ④

A사를 먼저 방문하고 중간에 회사로 한 번 돌아와야
하며, 거래처에서 바로 퇴근하는 경우의 수와 그에 따
른 이동 거리는 다음과 같다.

• 회사 － A － 회사 － C － B : 20 + 20 + 14 + 16 = 70km
• 회사 － A － 회사 － B － C : 20 + 20 + 26 + 16 = 82km
• 회사 － A － C － 회사 － B : 20 + 8 + 14 + 26 = 68km
• 회사 － A － B － 회사 － C : 20 + 12 + 26 + 14 = 72km

따라서 68km가 최단 거리 이동 경로가 된다.

60 ④

최장 거리 이동 경로는 회사 － A － 회사 － B － C이
며, 최단 거리 이동 경로는 회사 － A － C － 회사 － B
이므로 각각의 연료비를 계산하면 다음과 같다.

• 최장 거리 : 3,000 + 3,000 + 3,900 + 3,000 = 12,900원

• 최단 거리 : 3,000 + 600 + 2,100 + 3,900 = 9,600원

따라서 두 연료비의 차이는 12,900 － 9,600 = 3,300
원이 된다.

61 ⑤

(가)시기는 영조와 정조, (나)시기는 세도 정치 기간, (다)는 붕당 초기(선조 – 효종), (라)는 붕당 후기(현종 이후)이다. (나)시기에도 권력에서 소외된 나머지 붕당들이 존재하였다.

62 ①

(다)와 (라)가 서로 반대로 쓰였다.

(다) 대동여지도는 거리를 알 수 있도록 10리마다 눈금이 표시되어 있어 매우 정밀하다.

(라) 동국지도는 100리를 1척으로 정한 백리척의 축척법을 사용하여 지도를 제작함으로써 과학적이고 정확한 지도를 만들 수 있다.

63 ⑤

제시문은 신채호의 조선상고사의 일부이다. 신채호는 당나라를 끌어들여 백제와 고구려를 멸망시킨 신라를 비판하고 있다. (가)에 해당하는 나라는 당나라이다. 당나라와 관련된 역사적 사실을 묻는 문제이다.

ⓒ 신라는 매소성 일대에서 당의 20만 병력을 격파하고, 또한 당의 해군을 기벌포에서 괴멸시켰다.

ⓔ 고구려는 당 태종 즉위 후 당의 침공에 대비하여 천리장성(부여성~비사성)을 쌓았다.

ⓐ 발해는 거란의 침략으로 멸망하였다.

ⓑ 칠지도는 백제의 근초고왕이 일본 규슈지방으로 진출하면서 왜왕에게 하사한 것이다.

※ 고구려시대 천리장성은 고구려 말기 중국으로부터 당나라의 침입을 막기 위해 고구려의 서부 변경(요동지방)에 연개소문의 지휘 하에 쌓은 장성이다. 연개소문은 성을 축조하는 동안 642년 10월 군사를 이끌고 평양성을 침공하여 영류왕과 자신을 반대하는 파를 모조리 제거하고 스스로 대막리지가 되어 무단독재정치를 실시하였다.

64 ④

제시된 자료에서 '백달사에서 좌선을 하고 있었는데'라는 표현을 유추할 때 통일신라 하대에 유행한 선종임을 알 수 있다. 고려 후기에도 선종이 유행하였으나, 고려 시대는 교종, 선종의 통합 운동이었다는 점이 신라 선종과의 차이점이다. 특히 이 시기 쌍봉사 철감선사 승탑은 통일신라 선종의 주요 유적이다.

④ 지방에서 호족이라 불리는 새로운 세력이 성장한 시기는 통일신라 하대에 대한 설명이다.

① 무신들이 중앙 권력을 독점한 것은 고려 후기에 대한 설명이다.

② 전민변정도감의 실시는 고려 후기 공민왕대의 일이다.

③ 신라시대에 6두품은 골품제의 한계로 관직진출에 제한을 받았다.

⑤ 문벌 귀족이 과거와 음서를 통해 관직을 독점한 것은 고려 중기에 대한 설명이다.

※ 통일 신라 하대인 8세기 후반 이후, 진골 귀족들은 경제 기반을 확대하여 사병을 거느리고 권력 싸움을 벌였다. 중앙 귀족들 사이에 왕위 쟁탈전이 치열해지면서 왕권이 약화되고 귀족 연합적인 정치가 운영되었다. 자연 재해가 잇따르고, 강압적인 수취가 뒤따르면서 농민들은 초적이 되거나 노비가 되었다. 지방에서는 호족이라는 새로운 세력이 등장하면서 스스로 성주 또는 장군이라 칭하며 행정권과 군사권을 장악했다. 또 당에 유학하였다 돌아온 6두품 출신의 일부 선종 승려들은 지방 호족 세력과 연계하여 사회개혁을 추구하였다.

65 ②

제시문은 「유취국사」의 내용 중 일부이다. '고구려 옛 땅', '백성에 말갈이 많고' 등의 내용으로 발해라는 것을 알 수 있다. 발해와 관련된 내용을 이해하고 있는지를 묻는 문제이다.

② 통일신라의 신문왕은 전국을 9주 5소경으로 정비하였다.

① 고구려 장군 출신인 대조영은 고구려 유민과 말갈집단을 구성원으로 하여 발해를 세웠다.

③ 발해 멸망 후 유민들의 부흥운동(정안국)으로 이어졌으나, 실패하였다.

④ 정혜공주 묘는 고구려의 고분양식을 계승하였다.

⑤ 해동성국은 발해국의 전성기였던 제10대 선왕 때의 발해국을 일컫던 말이다.

※ 발해의 대당관계

• 8세기 초 : 고구려 계승의식이 강하여 대립관계에 있었다.

• 8세기 후반 : 문왕 때 국교를 재개하여 사신과 유학생을 파견하였다.

66 ③

제시된 농민들의 대화에서 전염병이 유행하고 있고, 대응책을 찾는 내용으로 미루어 볼 때 '구제도감·구급도감'임을 알 수 있다. 의창은 백성들의 안정을 위해 미곡을 확보해 빈민을 구제하도록 하였다.

③ 구제도감·구급도감은 상설기관이 아닌 임시기관으로 설치되었으며, 각종 재해가 발생하였을 때 백성의 구제에 힘썼다.

① 사창제는 민간에서 곡식을 저장해두고 백성들에게 대여해주던 조선시대의 제도이다.

② 제생원은 조선 초기에 나라에서 세운 의료기관으로 국립병원이자 의학교의 역할을 하며 주로 서민을 치료 대상으로 삼았다.

④ 상평창은 물가를 안정시켜 백성들의 생활 안정을 추구하였다.

⑤ 흑창은 고려 초에 설치되었던 진휼기관으로 궁민에게 곡식을 빌려주었다가 추수기에 상환하도록 하는 것이었다.

※ 고구려에서 시행한 진대법과 유사한 의창은 고려시대 뿐만 아니라 봄 가뭄 현상이 유난히 심한 우리나라의 농업적 특성에 기인하여 조선시대에도 유사한 제도(환곡)가 시행되었다.

67 ②

이번 문제는 고려 후기의 농법과 농경에 대한 이해를 묻고 있다.

② 조선 중기에 농민과 권농관을 위한 전형적인 농업 지침서인 「농가집성」을 편술하여 간행하였다.

① 고려 후기에는 2년 3작의 윤작법이 확대되었다.

③ 고려 후기에 이앙법(모내기법)이 남부 지방 일부에 보급되어 농업 생산력이 증대되었다.

④ 고려 후기에 문익점이 원으로부터 목화씨를 들여왔다.

⑤ 고려 후기에는 농기구와 종자 개량, 소를 이용한 깊이갈이가 일반화되었다.

※ 고려 후기 경제 활동 모습 : 고려 후기에는 전기의 관청 수공업과 소·수공업 중심에서 사원 수공업과 민간 수공업으로 바뀌었다. 시전 규모가 확대되고 업종별로 전문화되며, 예성강 하구의 벽란도 등 항구가 발달하면서 원(여관)이 상업의 중심지로 성장하였다.

68 ⑤

제시된 자료는 고려시대의 불교와 성리학을 설명하고 있다. (가)는 의천에 대한 설명, (나)는 지눌에 대한 설명, (다)는 성리학에 대한 설명이다. 따라서 고려시대 불교 종파에 대한 이해와 고려말기에 들어온 성리학에 대한 이해를 묻는 문제이다.

⑤ 혜심은 수선사 2대 교주로 유교와 불교의 타협을 시도하기도 하였다. 장차 성리학을 수용할 수 있는 사상적 토대를 마련하기도 하였다.

① 의천과 지눌은 모두 교종과 선종을 통합하려 했다. 의천은 교종이 중심이 된 통합을 위해 교관겸수를 주장하였고 지눌은 선종이 중심이 된 통합을 위해 정혜쌍수와 돈오점수를 주장하였다.

② 대각국사 의천은 왕자 출신이기에 왕실의 후원을 받았다. 보조국사 지눌의 활동 시기는 무신정권 시기였으므로 무신 정권의 후원을 받았다.

③ 천태종이 선교의 절충적 단계에 머무른데 반해 지눌의 선에 와서 비로소 선교일치의 완성된 철학체계를 마련하게 되었다.

④ 고려 말에 불교 사원은 막대한 토지를 소유하고 상업에도 관여하여 부패가 심하였다. 보우 등의 교단을 정비하려는 노력도 성과를 못 거두었다. 이에 따라 새로운 사상적 기반인 성리학을 받아들인 신진사대부는 이와 같은 불교계의 사회, 경제적인 폐단을 크게 비판하였다.

※ 천태종 vs 조계종

천태종	조계종
대각국사 의천	보조국사 지눌
문벌귀족 집권기	무신 집권기
교종 중심의 선종통합	선종 중심의 교종 포용
교관겸수, 내외겸전 주장	정혜쌍수, 돈오점수 주장

69 ③

제시된 자료의 '이인좌의 난'을 통해 영조에 대한 설명임을 알 수 있다. 영조는 자신의 출생과 세자 책봉, 즉위 과정에서 붕당의 극심한 폐단을 목격하여 강력한 탕평책을 추진하게 된다.

ⓒ 영조는 국조오례의를 보완한 의례집인 「속오례의」를 편찬하였다.

ⓒ 영조는 민생 안정을 위하여 균역법을 실시하여 군역의 부담을 완화하였다.

ⓐ 정조는 국왕직속의 학술 및 정책을 연구하는 관서인 규장각을 설치하였다.

ⓔ 정조는 군사적 기반 강화를 위해 장용영을 설치하였다.

※ **영조 탕평책 vs 정조 탕평책** : 영조의 '완론탕평'은 군주가 중립적 입장에서 붕당의 강경파를 배제한 것이라면, 정조의 '준론탕평'은 군주의 정국 주도를 영조의 '완론탕평'보다 강력히 시행한다는 점에서 차이가 있다.

70 ②

제시된 자료는 조선 후기에 유행하였던 서민 문화의 다양한 형태인 봉산탈춤, 사자놀음이다. 이 시기에는 이앙법의 보급으로 생산량이 증가하고 상품경제의 발전으로 양난 이전의 생산량을 회복하면서 종래 양반 중심의 문화를 서민들도 향유하게 되었다.

② 성리학이 전래되는 것은 고려 말에 해당하는 내용이다.

① 서민 의식이 성장하면서 민화, 판소리, 구전 소설 등이 널리 읽혔다.

③ 이앙법의 보급, 대동법의 실시 등으로 조선에는 상품 경제가 발달하였다.

④ 조선 후기에는 신분제가 동요하면서 일부 부농은 족보를 매매하기도 하였다.

⑤ 이앙법의 보급은 종래 단위 면적당 쌀 생산량을 크게 증가시켰다.

※ 북청사자놀음은 함경남도 북청군에서 정월 대보름에 사자탈을 쓰고 놀던 민속놀이로, 사자에게는 사악한 것을 물리칠 힘이 있다고 믿어 잡귀를 쫓고 마을의 평안을 비는 행사로 널리 행해졌다. 이 지방에서는 동네마다 사자를 꾸며서 놀았는데 각 동네에서 사자가 모여들어 자연스럽게 경연이 벌어졌다.

71 ⑤

제시문은 「연암집」의 내용 중 일부이다. 허생과 같은 도고는 조선 후기 상품의 매점매석을 통하여 이윤의 극대화를 노리던 상행위 또는 그러한 상행위를 하던 상인이나 상인조직이었다.

ⓒ 조선 후기에 보부상이 농촌의 장시를 하나의 유통망으로 연계시킴으로서 상품의 원활한 유통을 담당하는 역할을 하였다.

ⓔ 조선 후기는 민간수공업자들이 공인이나 상인에게서 주문과 함께 자금과 원료를 미리 받아 제품을 생산하는 선대제 수공업이 발달하였다.

ⓐ 관영수공업은 조선 초기에 발달하였다.

ⓑ 조선 왕조는 개성에서 한양으로 천도한 이후 4대에 걸쳐 시전을 설치하는 사업을 벌였다.

※ 민영수공업은 도시의 인구가 급증하게 되고 시장판매를 위한 생산활동이 활발해지면서 발달하게 되었다. 대동법의 실시로 인한 관수품에 대한 수요증가는 상품화폐경제의 발달을 가져오게 되었다.

72 ④

제시된 자료는 조선 초기 세종의 3남이었던 안평대군의 꿈을 통해 이상향을 묘사한 안견의 '몽유도원도'이다. 즉 조선 초기에 존재하고 있었던 작물을 묻는 문제이다. 임진왜란 이후에 고구마, 감자 등이 들어온 것을 알아야 한다.

ⓑ 목화는 고려 말기 문익점에 의해 들어 왔으며, 목화로 만드는 '솜'은 조선 초기에 상용화되었다.

ⓔ 김치는 삼국시대부터 존재하였다.

ⓐ 고추는 임진왜란 이후에 들어온 작물이다.

ⓒ 호박은 임진왜란 이후에 들어온 작물이다.

※ 생활상을 묻는 문제가 간혹 출제가 되는데, 음식을 예시로 드는 경우가 있다. 지금의 식생활의 대부분을 차지하는 음식은 조선 후기에 들어온 경우가 대부분이었다. 고추, 고구마, 감자 등은 모두 조선 후기에 전래되었다.

73 ③

제시문은 금난전권의 폐단에 대해서 이야기하고 있다. 금난전권의 폐단을 해결하기 위해 취해진 조치는 바로 신해통공(1791)이다. 신해통공은 이전 시전상인들에게 주어졌던 금난전권을 단지 육의전에게만 허용하는 조치이다. 이 신해통공으로 난전이 합법화되었다.

③ 시전상인들은 서인과 결탁을 통해 독점이익을 보장받았으며, 서인의 재정적 기반이 되었다.

① 경시서는 시전과 도량형·물가 등을 관장하였고, 조선개국시에 설치되었다.

② 객주와 여각은 신해통공과 관계가 없다.

④ 난전이 합법화되면서 영세 상인과 수공업자들이 이득을 보았다.

⑤ 육의전을 제외한 시전상인들의 금난전권을 폐지하였다.

※ 신해통공(1791) : 17세기 후반부터 종로, 이현, 칠패 등에는 난전이 형성되었다. 그러나 시전상인들은 난전을 단속하는 금난전권을 가지고 있었고, 이를 이용하여 난전을 억압했다. 시전 상인들은 난전을 억압하여 큰 이득을 보았으며 서인들과 결탁했다. 이에 정조는 체제공의 건의를 받아들여 신해통공(1791)을 통해 금난전권을 철폐하여 난전을 합법화했다.

74 ⑤

제시된 자료는 조선의 교육기관에 대해 설명하고 있다. 각 기관의 명칭과 담당했던 교육에 대한 전반적인 이해를 묻는 문제이다.

⑤ 서당은 사학이자 초등교육기관으로 훈동·접장에게서 교육받았다.

① 성균관은 조선시대 최고의 교육기관으로 여기에서 수업한 학생은 대과에 응시할 수 있었다.

② 4부학당(4학)은 중앙에 설치된 중등교육기관으로 문묘가 없으며, 소학·4서를 중심으로 교수·훈도가 지도하였다.

③ 향교는 지방에 설치된 중등교육기관으로 지방양반·향리의 자제 및 양인이 입학하였다.

④ 서원은 봄, 가을로 향음 주례를 지냈고, 인재를 모아 학문도 가르쳤다. 서원은 이름난 선비나 공신을 숭배하고 그 덕행을 추모하였고, 유생이 한 자리에 모여 학문을 닦고 연구함으로써 향촌 사회의 교화에 공헌하였다.

※ 조선의 교육제도는 유학교육의 숭상과 특전에 있다. 문관양성을 위한 유학교육만이 숭상되었고 기술학인 잡학은 천시되었으며, 무관을 위한 교육시설은 거의 없었다. 학생은 군역이 면제되는 특권이 있었으나, 학업과 농사일을 겸하는 경우가 많았다.

75 ⑤

제시된 자료의 토지조사사업은 1910~1918년 일본이 한국의 식민지적 토지소유관계를 공고히 하기 위해 시행하였으며, 치안유지법은 1925년 일제가 반정부·반체제운동을 누르기 위해 제정한 법률이다. 문제는 일제의 식민지 지배 정책의 변천을 묻고 있으므로 (가)에 들어갈 수 있는 일제의 식민지 지배 정책은 1930~40년대의 정책이 된다.

⑤ 헌병 경찰제는 1910년대 일제가 헌병으로 하여금 군사, 경찰뿐 아니라 일반 치안 유지를 위한 경찰 업무도 담당하게 한 제도이다.

① 국가 총동원령은 일제가 1938년 4월 공포하여 5월부터 시행한 일본의 전시통제법이다.

② 징병제 실시는 1943년 8월 태평양 전쟁이 확대되면서 조선인에 대한 군사 징발을 실시하였다.

③ 황국신민서사는 일제가 1937년에 만들어 조선인들에게 외우게 한 맹세이다.

④ 신사참배는 일제가 1930년대에 들어 대륙침략을 재개하면서 이를 뒷받침할 사상통일을 이룩하기 위해 시행하였다.

※ 치안유지법 : 일본 역사상 가장 폭력을 휘둘러 언론 탄압법으로 악명 높은 법률이다. 처음에는 일본 공산당이 적용 대상이었지만 대상은 멈추지 않고 확대하여 사회주의와 노동 운동과 종교가도 경계의 대상이 되었고 나중에는 일체의 반정부적인 언론이 탄압되었다. 제2차 세계 대전 이후에 결성된 치안유지법 피해자 연맹은 치안유지법에 의해 고문 또는 처형당한 피해자 수는 내지에서만 75,000명에 이르렀다고 보고 있다.

76 ④

제시된 (가)에는 안핵사 이용태 파견 이후 1차 봉기의 발생부터 집강소의 설치 전까지의 내용이 들어갈 수 있다. 동학농민운동의 전개과정을 묻는 문제이다.

④ 정부의 요청으로 청군이 파견되고 톈진조약으로 일본군이 파견되자, 동학농민군은 외국 군대 철수와 폐정개혁안을 조건으로 정부와 화친을 하였다.

① 조병갑의 가혹한 수탈은 고부 농민 봉기의 원인이다.

② 전봉준 등의 동학지도자가 체포된 것은 공주 우금치에서 패퇴하면서 일어난다.

③ 고부를 점령하고 백산에서 집결한 뒤 농민 봉기를 알리는 격문과 4대 행동 강령을 하였다.

⑤ 일본이 경복궁을 점령하고 내정간섭, 개혁을 강요하면서 2차 봉기가 일어나게 된다.

※ 톈진조약은 중국 톈진에서 청나라가 외국과 맺은 여러 조약들이다. 이중 우리와 관계가 깊은 것은 1885년 갑신정변의 사후 처리를 위해 청나라와 일본이 맺은 조약이다. 당시 양국은 조선에 군대를 파견할 경우, 서로 통보하기로 합의를 하였다.

77 ①

제시된 사진자료는 정미의병의 모습이며, 사료는 유생 의병장의 한계를 보여준 이인영에 대한 것이다. 이인영은 부친상을 당하자 "불효는 곧 불충"이라 하여 서울진공작전의 지휘를 포기하고 고향으로 내려갔다.

① 정미의병은 이인영, 허위 등 유생 의병장의 주도로 13도 창의군을 결성하고 서울진공작전을 펼쳤다.

② 을사의병 때 신돌석, 홍범도와 같은 평민의병장이 등장하였다.

③ 명성황후가 시해당하는 을미사변이 계기가 되어 을미의병이 일어났다.

④ 고종의 해산권고조칙을 받아들여 을미의병은 해산하였다.

⑤ 을사조약으로 인해 을사의병이 일어났다.

※ 이인영은 13도 연합의병의 서울 진격을 앞두고 부친상을 당하자 의병해산을 통고하고 문경 집으로 돌아갔다. 장례식이 끝난 뒤 부하들이 다시 의병을 일으킬 것을 청하였지만, 충청도 항간에서 숨어 지내다 1909년 일본군에 체포되어 처형되었다.

78 ⑤

제시된 자료의 (가)는 강화도 조약이고, (나)는 조 · 미 수호통상조약이다. 강화도 조약과 조 · 미 수호통상조약이 체결되던 시기의 시대적 상황을 이해하고 있는지를 묻는 문제이다.

ⓒ 조 · 미 수호통상조약의 최혜국 대우 조항은 열강들에게 이권 침탈의 빌미를 제공하였다.

ⓔ 조 · 미 수호통상조약은 청의 알선으로 러시아와 일본을 견제하기 위해 이루어졌다.

ⓖ 강화도 조약으로 인해 일본 상품에 대한 무관세가 허용되었고 이를 계기로 일본 상인들의 조선 시장 진출이 활발해졌다.

ⓛ 강화도 조약(1876), 조 · 미 수호통상조약(1882)보다 한참 후에 황국 중앙 총상회(1898)가 만들어졌다.

※ **최혜국 대우** : 한 나라가 어떤 외국에 부여하고 있는

가장 유리한 대우를 조약 상대국에도 부여하는 것으로 미국 이후 모든 나라가 차례로 다 갖게 되었다.

79 ③

제시된 자료의 '신흥무관학교'를 지도에서 찾는 문제이다.

③ (다)지역은 '신흥무관학교'가 설립되어 활동한 지역이다.

① (가)지역은 북만주 지역으로 주요 활동은 안중근의 의거가 있다.

② (나)지역은 '천마산대'가 활동한 지역이다.

④ (라)지역은 '서전서숙', '명동학교'가 설립되어 활동한 지역이다.

⑤ (마)지역은 '대한국민의회'가 조직되어 활동한 지역이다.

※ 신흥무관학교는 1911년 이상룡을 주축으로 이시영, 이회영 형제와 김형선, 이장녕, 이장직, 이동녕 등 군인 출신이 중심이 되어 설립하였다. 신흥무관학교는 일제의 눈을 피하고 중국 당국의 양해를 얻기 위해 신흥강습소란 이름을 내걸었으나 초기부터 독립군을 양성하기 위한 군사학교의 성격을 지니고 있었다. 신흥이란 이름은 신민회의 신자와 부흥을 의미하는 흥자를 합쳐 만든 것이다. 신흥강습소는 1919년 삼일운동이후 신흥무관학교로 이름을 변경하였다.

80 ③

제시된 자료를 통해 독일 상인 오페르트의 남연군묘 도굴 사건임을 알 수 있다. 그러므로 밑줄 그은 '이 나라'는 독일을 의미한다. 이번 문제는 독일과 우리나라와 관련된 역사적 사실을 묻는 문제이다.

ⓛ 조선 주재 독일 부영사인 부들러는 조선 중립화론을 주장하였다.

ⓒ 우리나라 광부와 간호사는 1960년대에 독일에 파견되었다.

ⓖ 영국은 러시아의 남하정책을 저지하기 위해 거문도를 점령하였다.

ⓔ 영선사는 근대 무기제조기술과 군사훈련법을 습득하기 위해 청나라로 파견되었다.

※ **조선 중립화론** : 갑신정변 이후 한반도를 둘러싼 청, 일본, 영국, 러시아의 대립이 심화되자 조선의 독립을 지키기 위해 조선을 중립화해야 한다는 조선 중립화론이 제기되었다. 부들러는 조선 정부에 한반도의 영세 중립을 선포할 것을 건의하였고 유길준은 청을 중심으로 하는 열강들을 인정하는 조선의 중립화를 주장하였다.

81 ③

plight : 역경, 곤경

「그는 그 석유 부족 국가의 곤경을 어떻게 설명합니까?」
① 이상한 상황
② 행복한 인식
③ 나쁜 상황
④ 마지막 결정
⑤ 위험한 결정

82 ⑤

car alarm : 자동차 도난 방지용 경보 장치

「A : Mary, 우울해 보이네. 무슨 일 있어?
B : 넌 모르는 게 좋아, JAKE. 어제 밤 내 차에 도둑이 들었어.
A : 유감이구나. 네 차에 자동차 경보기 있잖아, 아니야?
B : 아니야, 나는 그것이 필요하다고 생각하지 못했어.
A : 이 지역에서 보안 시스템 없이 차를 두고 다니면 그렇게 되는 거야.
B : 내가 어리석었어.」

83 ⑤

desertification : 사막화

threaten : 위협하다

dwindling : 줄어들다

arable : 곡식을 경작하는

exacerbate : 악화시키다

marginalize : 하찮은 존재 같은 기분이 들게 하다

conflicts : 갈등

deter : 방해하다

「사막화는 이미 건조한 중동아프리카와 북아프리카의 20%를 위협하고 있어 늘어나는 인구를 먹여 살리기 위해 많은 국가들이 아프리카 농장에 투자하도록 만든다고 '불모지대 및 건조지역 연구를 위한 아랍 센터'의 Wadid Erian이 말했다. 곡식을 경작할 수 있는 땅은 줄어들고 식량에 대한 불안감이 커지는 것은 이미 존재하는 분쟁들을 더 악화시킬 수 있고 경제적 주변화는 오랫동안 불안정을 몰고 온 지역에 투자하는 것을 방해할 수 있다.」
① 향상시키다
② 정당화시키다
③ 오래 머물다
④ 배척하다
⑤ 악화시키다

84 ④

spook : 유령

ectoplasm : 심령체

sideshow : (서커스 등의) 곁들이 프로

distort : 비틀다, 왜곡하다

figment : 꾸며낸 것

「나는 볼 수 없는 사람입니다. 아니요, 나는 Edgar Allen Poe의 머릿속을 항상 지배했던 유령은 아닙니다. 또한 헐리웃 영화에 나오는 심령체 중의 하나도 아닙니다. 나는 뼈와 살, 섬유질과 액체로 되어 있는 실체를 가진 사람이며 나는 영혼도 소유하고 있다고들 말할 수조차 있을지 모른다. 나는 사람들이 나를 보기를 거부한다는 이유만으로 눈에 보이지 않는다. 서커스 소규모 공연에서 종종 여러분들이 보게 되는 몸 없는 머리처럼 나는 딱딱하고 왜곡된 거울로 둘러싸여져 있는 것 같다. 그들이 나에게 접근할 때 그들은 단지 나의 주변, 혹은 자기 자신 또는 그들의 상상의 산물들을 본다. ─나를 제외한 모든 것과 어떤 것이든지 다 본다.」
① 그는 물리적으로 투명하기 때문에
② 그는 유령이기 때문에
③ 그가 일그러지게 하는 거울로 비춰지기 때문에
④ 그의 실제적인 자아가 다른 사람들에 의해 무시당하기 때문에
⑤ 그가 복잡한 환경 속에서 살기 때문에

85 ①

dispense with somebody/something : 없애다, 생략하다
② 부정어가 문두에 나왔으므로 도치되어야 한다. No sooner he had gone → No sooner had he gone
③ dispense without → dispense with ~ 없이 지내다
④ ago 는 현재 완료와 함께 사용할 수 없다. 앞에 있는 have를 삭제해야 한다.
⑤ hardly는 부정부사이므로 앞에 있는 can't를 can으로 고쳐야 한다.

86 ③

significant : 중요한

incident : 사건

「때때로 당신이 어떤 중요한 경험을 써달라고 요구 받자마자 바로 그 사건이 머릿속을 <u>즉각적으로</u> 빠르게 스쳐지나갈 것이다. 그러나 많은 다른 경우에는 당신의 기억들을 떠올리는데 더 많은 시간이 필요할 것이다.」

① tardily 더디게

② gradually 점진적으로

③ immediately 즉각적으로

④ consistently 지속적으로

⑤ helplessly 어찌해 볼 수도 없이

87 ③

cannot afford to buy : ~을 살 수 없다

「(C) 인터넷은 그 어느 때보다 우리를 보다 서로 가깝게 만들어주고 있다.

(D) 이것은 Web에 접근할 수 있는 사람에게는 좋은 소식이다.

(B) 그러나, 전 세계의 수백 만 명의 사람들이 컴퓨터를 살 수 없다는 것은 나쁜 소식이다.

(A) 그들은 소위 정보화 시대가 도달하지 않은 세상에 여전히 방치되어 있다.」

88 ②

annual convention : 연례 회의

「연례 회의에서 한국무용가협회를 대표토록 선출된 <u>그녀는 짤막한 수락연설을 했다.</u>」

② 선출된 것은 사람이므로 분사구문의 의미상의 주어는 she가 와야 한다.

89 ⑤

request : 요청하다

「그녀는 그가 저녁 식사를 할 때까지 좀 더 오래 머물러 있을 것을 요구했다.」

⑤ request는 요구 동사이므로 종속절 안에 should가 생략되고 원형이 와야 한다.

90 ③

sentence : 형벌

mild(milder) : 가벼운

substitute : 대체물

torture : 고문

mutilation : 신체절단

exile : 추방

「징역형은 사형, 고문, 신체절단, 추방 등의 <u>가혹한</u> 처벌에 대한 가벼운 대체안의 <u>개혁</u>으로 18세기에 도입되었다.」

① supplement 보충 – irrevocable 변경할 수 없는

② sequel 속편 – overabundant 과다한

③ reform 개혁 – harsh 가혹한

④ suggestion 제안 – corrective 교정하는

⑤ catchall 포괄적인 것 – revised 개정된

91 ②

assignment : 과제, 임무

conviction : (강한) 신념, 확신

「감독관은 강한 책임감과 용기 있는 신념을 가지고 있다고 믿어지는 사람 누구에게나 그 임무를 부여하라는 충고를 받았다.」

whomever → whoever, 동사 had의 주어이므로 주격으로 고쳐야 한다.

92 ②

whether or : 어떻든

「면허를 취득하기 위해서든, 아이에게 약을 얼마나 줘야 하는지를 알기 위해서든 당신은 무엇인가를 배우기 위해 평생 동안 독서를 하여야 한다.」

② do it → do, something과 you 사이에 관계대명사 which나 that이 생략되었다. 그러므로 선행사를 나타내는 it을 지우고 do로 고쳐야 한다.

93 ③

valuable : 소중한, 귀중한

neutral : 중립적인, 중립의

central : 중심 되는, 가장 중요한

「지식으로 구성된 과학은 가치를 인정받아야 하지만, 그것이 기술로 구성되어 있어서 찬사를 받을지 비난을 받을지의 의문은 기술로 구성된 것의 유용성에 달려 있다. 본질적으로 그것이 중립적이기에 좋거나 나쁘지도 않다.」

94 ②

agent : 중개상, 에이전트, 중요한 사람

「당신은 런던에 도착하자마자 공항에서 만나야 하는 중요한 사람이 있으므로 달러를 파운드로 환전하거나 호텔을 예약하는 것에 대하여 걱정할 필요가 없다.」

② about changing와 병치이므로 reserving이 들어가야 한다.

95 ①

In practice : 실제는

appear : ~인 것 같다, 나타나다, 발생하다

practice : 습관, 실행, 실천

vigorous : 활발한, 격렬한

legalization : 합법화, 법률화

numerous : 많은

The Dutch : 네덜란드 사람

legalize : 합법화하다

mercy killing : 안락사

unofficial toleration : 비공식적으로 용인하다

euthanasia : 안락사

assassination : 암살, 훼손

extermination : 근절, 멸살, 멸종

massacre : 대학살

「"안락사"는 "행복한 죽음"을 의미하는 그리스의 두 단어로부터 유래되었다. 실제로, 그것은 늙거나 아픈 사람들을 선택적으로 죽이는 것을 의미하는 것이 되었다. 세계적으로, 안락사를 지지자들이 증가하는 것으로 나타났다. 안락사의 합법화를 위한 활발한 노력들이 많은 나라에서 진행되고 있다. 네덜란드는 '안락사'를 수년 동안 비공식적으로 용인하였다가 현재 합법화하였다.」

96 ①

ill health : 좋지 못한 건강

① not until ~하고 나서야

② no sooner ~than(when→than) ~하자마자 ~하다.

③ even though 비록 ~일지라도

④ It will not be long before 머지않아 ~일 것이다.

⑤ prevent from ~할 수 없도록 만들다

97 ⑤

by : (늦어도) ~까지는

until : ~(때)까지

since : ~한 이후로, ~한 때로부터

「A. 우리는 내일까지 다음 장을 읽어야 한다.
 B. 우리는 새벽 4시까지 그 술집에 머물렀다.
 C. 지난 일요일부터 비가 오락가락하고 있다.」

98 ②

swelter : 무더위에 시달리다

heat stroke : 열사병

exhaustion : 탈진, 기진맥진

regulate : 규제하다

fluid : 유체, 유동체

「이번 주 여름의 열기가 서울의 도시권을 강타하고 있다. 그 무더위와 함께 열사병이나 탈진의 가능성이 온다. 열사병은 몸이 온도를 조절하는 능력을 잃을 때 발생한다. 탈진은 조금 다르다. 왜냐하면 그것은 고온에의 노출과 체액들의 교체 실패의 결과로 며칠에 걸쳐서 발병할 수 있기 때문이다.」

② 주어가 the chances이므로, comes→come으로 고쳐야 한다.

99 ⑤

ensemble : 앙상블

atmosphere : (지구의) 대기

conducive : ~에 좋은

「최고의 연극들은 "단단한 앙상블"에 의해 만들어진다. 이 것은 배우들이 서로를 잘 알고 또 서로를 믿는 것을 의미 한다. 그들은 서로로부터 조언을 구하고 피드백을 요청한 다. 그들은 리허설에서 "실수들"을 하는 것을 두려워하지 않는다. 언어학습자 그룹에서도 마찬가지다. (A)그들은 건 설적인 태도로 서로를 비판하는 것을 자유롭게 느껴야 한 고, (B)그들은 (C)그들의 동료 앞에서 새로운 언어로 실 험하기를 즐기는 것을 배워야 한다. 언어교사들은 언어학 습자들의 억제를 최소화함으로써 이 분위기를 조성할 수 있다. 가장 확실한 접근방법은 (D)그들의 억제를 (E)그것 들이 지금 그러한 것보다 더 심하게 만드는 어떤 것이라 도 피하는 것이다. 언어 수업은 리허설처럼 그 두 번째 언 어를 가지고 실험을 시작하는 데 좋은 분위기가 되어야 한다.」

(A), (B), (C), (D)는 모두 language learners를 지칭 하지만, (E)는 inhibitions를 지칭한다.

100 ②

idleness : 게으름

mill : 제분소

segment : 부분

do away with : ~을 그만두다(없애다/끝내다)

delinquency : 비행, 범죄

endeavor : 노력, 시도

manufacturing : 제조업

「우리 도시의 만연한 게으름과 높은 범죄율의 상당부분은 인구의 큰 부분을 위한 정규 고용을 제공할 어떤 제분소 나 공장도 가지지 않았기 때문이다. 만약 우리가 현재의 비행 문제를 끝내길 원한다면, 우리는 우리의 도시를 제조 업의 중심지로 만들려고 노력해야 한다.」